# 是誰偷走我的專注力？

## 鍛鍊大腦、閱讀抄寫，中世紀僧侶如何抵抗分心的技巧

THE WANDERING MIND

WHAT MEDIEVAL MONKS TELL US ABOUT DISTRACTION

JAMIE KREINER
潔咪·克雷納——著
羅亞琪——譯

潔咪・克雷納的研究透徹、文字迷人、充滿人性，帶我們進入基督教苦修運動前幾百年歷史的核心之中。這本書以充滿感染力的同理心，讓讀者深切體會當時的男男女女——遠至愛爾蘭、波斯灣和中國西部——為了探索心智的運作方式而做出極大努力所產生的興奮情緒、策略和風險。幾乎不曾有過這麼一本書以如此強大的熱情與認識呈現出遠古時期的大變革，同時點出這些發現跟我們混沌世界之間未曾斷過的關聯。

——彼得・布朗（Peter Brown），普林斯頓大學（Princeton University）榮譽退休歷史學教授

這絕對不是一本由中世紀僧侶來教你如何冥想的書。這些被認為擁有一切解答的僧侶所寫的文字……充斥著為了克服這個世界令人分心的事物所面臨的挑戰、挫折、甚至失敗經歷。

潔咪・克雷納揭露了修道院靈性的奇幻世界，卻也證實了今天的我們儘管對宇宙感到困惑、擔憂的事情其實跟他們很像。這是一本迷人且令人信服的著作。

——保羅・弗里德曼（Paul Freedman），耶魯大學（Yale University）歷史學教授

潔咪・克雷納在本書證實了我們以為跟現代生活有關的許多問題，其實早在一千多年前的男男女女身上就出現。這本書研究做得相當透徹，同時可讀性高，每一頁都以生動的細節敘述了從愛爾蘭到中國許多充滿魅力的個人的生平事蹟。其中一些人我們馬上就能感同身受，也有一些人我們難以理解，他們全都在適應新的思考方式，並創造革新的技巧，以專注於對他們而言真正重要的事物。在克雷納的筆下，怪異的事物顯得有理、直覺熟悉的東西變得令人懷疑。這本精彩的著作會讓你對人類的創意大感驚嘆，並重新思考自己的人生。

——塞布・福克（Seb Falk），著有《光明時代：驚人的中世紀科學史》（*The Light Ages: The Surprising Story of Medieval Science*）

潔咪・克雷納闡述中世紀僧侶為了控制自己的心智所發起的複雜人道戰役，以令人信服的方式呼籲我們更嚴肅、更謙虛地面對當前這個分心的時刻。

——卡爾・紐波特（Cal Newport），著有《深度數位大掃除》（*Digital Minimalism*）、《Deep Work深度工作力》（*Deep Work*）

內容豐富、深入異地過往，卻又充斥著我們共通的人性。我很享受在閱讀的過程中被帶領認識一個我所知甚少的時代，並在那裡學到一些關於我自己的事。

——露絲・古德曼（Ruth Goodman），著有《維多利亞時代生活實錄》（*How to Be a Victorian*）、《都鐸王朝生活實錄》（*How to Be a Tudor*）

一位機智幽默、很棒的作家。在這本書，克雷納的文字沒有帶有懷舊色彩，而是真實呈現過去的樣貌——怪異至極，但在專注力的議題上卻又令人不悅地熟悉……這本書的精彩之處包括僧侶試圖操控自己的記憶、重塑自己的心智所使用的方式，還有他們在做這些事情時表現出的急迫感，因為他們知道就算消除了所有生理方面的誘惑，危險仍舊潛伏。

——凱西・塞普（Casey Cep），《紐約客》（*New Yorker*）

一個人過著禱告和隱世的生活，並不代表他不會分心。如同潔咪・克雷納在她的新書中所呈現的，古代晚期和中世紀初期（約西元四到十世紀）的僧侶曾經奮力奪回自己的專注力……非常迷人……作者運用了我們對分心這件事的文化執著訓練我們轉移焦點，引導我們從自己關注的事物轉向對僧侶生活的認識。

——珍妮弗・沙萊（Jennifer Szalai），《紐約時報》（*New York Times*）

這本書條理清晰且生動地檢視了早期基督教僧侶如何創造各種思考習慣，以便「把自己的心智與上帝連結在一起」，開啟「超越時空的宇宙全景視野」。在喬治亞大學擔任中世紀歷史教授的克雷納女士也在書中分享一些有趣的觀點，探討我們自己的價值觀和重視的事物……本書聚焦的不僅僅只有過去，它所蘊含的道理需要我們留心注意。

——多米尼克・格林（Dominic Green），《華爾街日報》（*Wall Street Journal*）

克雷納在這本機智易讀的著作中說明，那些拚命想要專注、努力不要分心的人很可能一直都存在著……如同克雷納所說的，專注是「各種狀態和程度的自相矛盾」，試圖透過縮小焦點來放大視野……這到頭來是一場內心的激烈奮鬥，而克雷納能把這些議題寫得這麼有趣，證實她擁有絕佳的敘事技巧……本書樂觀地提醒我們，這樣的堅持不懈是可以帶來成果的。

——史蒂夫・多納赫（Steve Donoghue），《公開信評論》（*Open Letters Review*）

除非你有驚人的自制力，否則分心很可能是你經常要對付的問題……潔咪・克雷納的新書為這個好像只存在於現代的議題，提供一個出人意料的參照標準，那就是生活在數百年前的僧侶。他們應付分心的經歷可能會使你感到驚訝；這也可能是讓二〇二三年減少分心的關鍵。

——托比亞斯・卡羅爾（Tobias Carroll），《內在吸引》（*InsideHook*）

克雷納是一位學者，但是她以簡樸的文字為非學術界的讀者寫下這本書，將她的研究發現用輕鬆的方式呈現出來。她的書超出平常對歐洲歷史的關注，探索了遠至卡達、伊拉克和伊朗的東方基督教修道院……克雷納研究這些社群的文獻，發現一套在庸碌世界中培養覺察的正確實踐做法。

——大衛・陸爾森（Dave Luhrssen），《牧者快報》（*Shepherd Express*）

你想解決分心的問題？歷史學家克雷納透過文獻告訴我們中世紀僧侶是如何努力找到專注力，也告訴我們可以從他們身上學到什麼。

——《時人》雜誌（*People*）

喬治亞大學的歷史學教授克雷納探討了分心這個歷久彌新的主題，探索中世紀基督教僧侶的行為習慣能給現代世界帶來什麼啟發……本書運用了橫跨整個中世紀基督教世界的多元一手史料，寫出宜人易讀的成品。這是分心問題不只存在於今日的絕佳證明。

——《科克斯書評》（*Kirkus Reviews*）

喬治亞大學歷史學教授克雷納（著有《中世紀初期西方世界的豬軍團》〔*Legions of Pigs in the Early Medieval West*〕）在這本精彩的歷史書中檢視了中世紀基督徒僧侶是如何對付分心……

本書內容詳盡、非常容易理解，為人類最古老的關注議題之一帶來新觀點。讀者一定會受到啟發。

——《出版者周刊》(*Publishers Weekly*)

目次

各界推薦　5
他們怎麼形容分心？　16

導論——中世紀探討分心成因的背景　21
人的心智難免會「脫軌」　24
僧侶率先關注分心問題　31
分心到底是怎麼來的？　35
現代人能參考僧侶對抗分心的經驗　40

第1章
俗世——分心的基本源頭　55
專注力第一步：練習放下雜念，從一次專注一件事開始。
現實生活的羈絆　59
物品和社交是必要的嗎？　62
打造自己內心的小室　67

該如何面對周遭紛擾？ 75
社交是一把雙面刃 80

第2章
社群——讓人際關係成為助力 103
專注力第二步：找到有相同價值觀的人，一起建立新的社會規範。
獨居好？還是群居好？ 106
學著擬定行事曆吧！ 111
心靈導師的重要性 119
同儕互助的重要性 123
社群內部衝突的破壞力 127

第3章
身體——讓生理自然而然影響心理 145
專注力第三步：開始養生吧！打造懂得適可而止的身體。
妝點外表是否必要？ 150

適度睡眠有益身心 156
性慾對心智的挑戰 161
吃營養的、而不是美味的食物 168

第4章
書本——透過不同視角閱讀，提升理解吸收力 193
專注力第四步：設計自己的閱讀法，讓書本成為鍛鍊心智的夥伴。
書本也可能會有風險 198
每個人都該經常閱讀 201
善用編排技巧幫助閱讀 207

第5章
記憶——強化大腦，打造活用自如的寶庫 239
專注力第五步：啟動感官力，整理大腦裡的元素，直到可靈活運用。
場景記憶法 242
圖像記憶法 249

冥想思考法 255
雨果的諾亞方舟冥想記憶法 266

第6章

## 心智——整合身心，思考著你的「思考」 285

專注力第六步：隨時思考並檢視思考，進而刺激心智自主分辨。

善用洞察力審視念頭 287
培養後設認知能力 295
專注引發的超驗經歷 304

**結論——專注力是永恆的功課** 330
謝辭 343
古代和中世紀的參考書目 345

# 他們怎麼形容分心？

他們曾經說到一個聖人，他在一次迫害期間見證自己的信仰，受到嚴厲的折磨，被迫坐在一張燒得極燙的銅椅。同一時間，受到祝佑的君士坦丁（Constantine）當上皇帝，基督徒自由了。這位聖人傷口復原後，回到自己的小室。他從遠方觀看這一切，說：「哎呀，我又回到眾多的不幸了！」他的意思是跟魔鬼之間的搏鬥。

——《長者格言》（*Apophthegmata patrum*），匿名文集，第四六九篇，約翰．沃特利（John Wortley）翻譯

例行事項、重複、乏味、單調、短暫、渺小、抽象、混亂、無趣、憂慮、厭倦，這些才

是英雄真正的敵人。不要懷疑，它們真的很可怕，因為它們真實存在。

——大衛・福斯特・華萊士（David Foster Wallace）《蒼白的國王》（*The Pale King*）裡的進階稅務代課老師

地圖來源：Lindsay Holman / Ancient World Mapping Center.

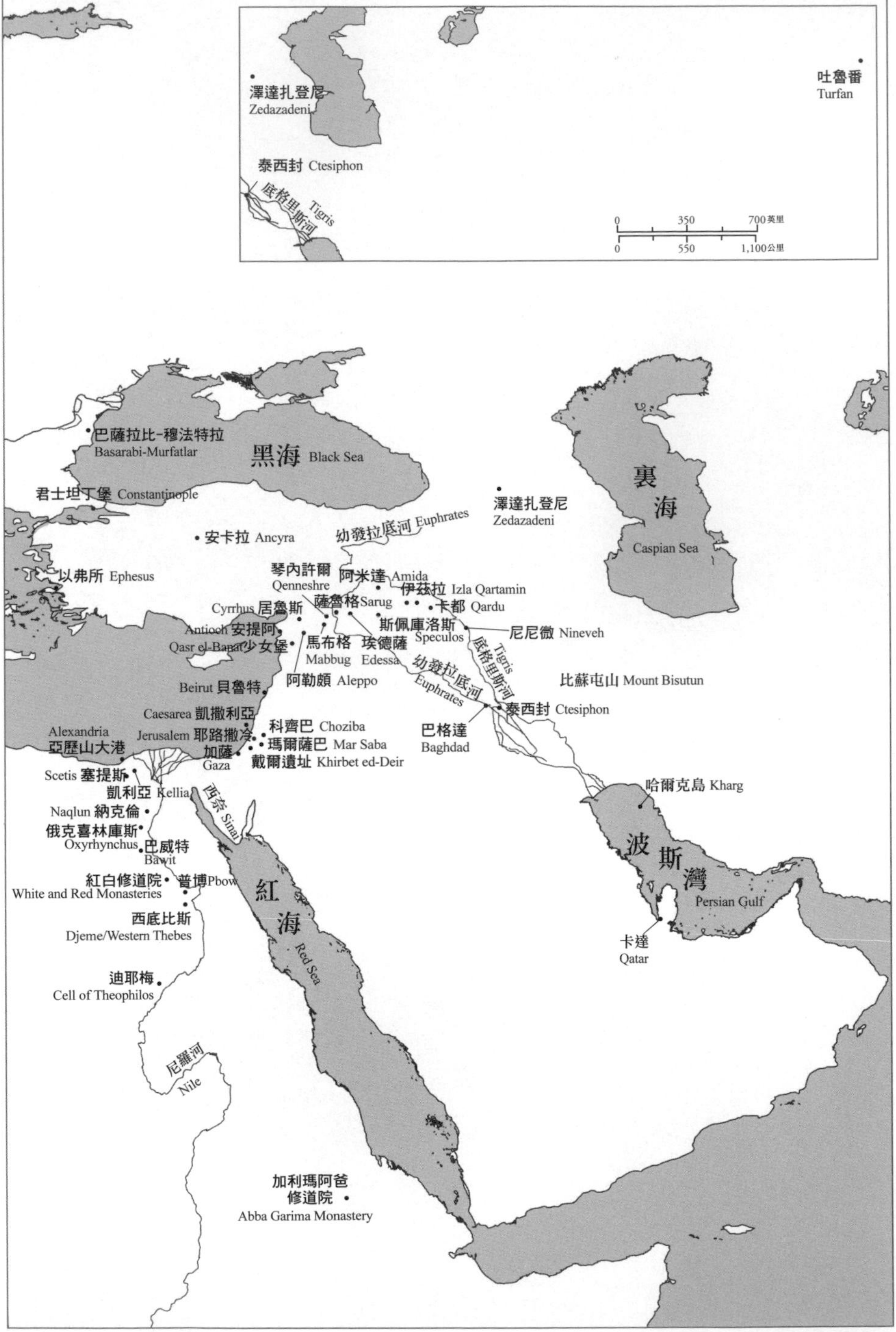
澤達扎登尼
Zedazadeni
吐魯番
Turfan
泰西封 Ctesiphon
底格里斯河 Tigris
0 350 700 英里
0 550 1,100 公里
巴薩拉比-穆法特拉
Basarabi-Murfatlar
黑海 Black Sea
君士坦丁堡 Constantinople
安卡拉 Ancyra
幼發拉底河 Euphrates
澤達扎登尼
Zedazadeni
裏海
Caspian Sea
以弗所 Ephesus
琴內許爾
Qenneshre
阿米達 Amida
伊茲拉 Izla Qartamin
薩魯格 Sarug
卡都 Qardu
Cyrrhus 居魯斯
Antioch 安提阿
斯佩庫洛斯
Speculos
尼尼微 Nineveh
Qasr el-Banat 少女堡
馬布格
Mabbug
埃德薩
Edessa
底格里斯河
Tigris
幼發拉底河
Euphrates
阿勒頗 Aleppo
比蘇屯山 Mount Bisutun
Beirut 貝魯特
泰西封 Ctesiphon
Caesarea 凱撒利亞
科齊巴 Choziba
巴格達
Baghdad
Alexandria
亞歷山大港
Jerusalem 耶路撒冷
瑪爾薩巴 Mar Saba
加薩
Gaza
戴爾遺址 Khirbet ed-Deir
Scetis 塞提斯
凱利亞 Kellia
西奈 Sinai
哈爾克島 Kharg
Naqlun 納克倫
俄克喜林庫斯
Oxyrhynchus
巴威特
Bawit
波斯灣
Persian Gulf
紅白修道院
White and Red Monasteries
普博 Pbow
紅海
Red Sea
西底比斯
Djeme/Western Thebes
卡達
Qatar
迪耶梅
Cell of Theophilos
尼羅河
Nile
加利瑪阿爸
修道院
Abba Garima Monastery

北海
North Sea
波羅的海
Baltic Sea
林迪斯法恩
Lindisfarne
韋爾茅斯-雅羅
Wearmouth-Jarrow
溫洛克
Wenlock
蘭托尼
Llanthony
馬梅斯伯里
Malmesbury
萊茵河 Rhine
哈米吉
Hamage
富爾達 Fulda
洛爾施 Lorsch
Mont-Saint-Michel
聖米歇爾山
Paris 巴黎
謝勒 Chelles
多瑙河 Danube
Tours 土爾
貝桑松 Besancon
聖蓋爾 St. Gall
克呂尼
Cluny
康達特 Condat
普瓦捷
Poitiers
奇瓦泰 Civate
里昂 Lyons
博比奧 Bobbio
Uzes 於澤
亞爾 Arles
安科納 Ancona
別爾索 Bierzo
沙拉哥薩
Saragossa
斯波萊托 Spoleto
納爾尼 Narni
沃爾圖諾河畔聖文森佐
San Vincehzo al Volturno
布拉加
Braga
斗羅河
Duero
羅馬 Rome
盧庫拉盧姆堡
Castellum Lucullanum
托雷多 Toledo
朋塔島
Punta de l'Illa
卡夫雷拉島
Cabrera
Guadalquivir
瓜達幾維河
韋華利
Vivarium
阿爾戈斯
Argos
賽維爾 Seville
迦太基 Carthage
希波 Hippo
魯斯佩
Ruspe
地中海
Mediterranean Sea

# 早期基督教僧侶的世界

0　790　1,580 英里

0　1,250　2,500 公里

# 導論

## ——中世紀探討分心成因的背景

你是否覺得現在比五年前、十年前或五十年前還容易分心？可以肯定的是，很多人都認為自己是這樣。在二〇一二年的民調中，人們傾向把這個問題歸咎於壓力、重大人生轉變、睡眠不足以及（排名第四的）手機。二〇一九年，由數據科學家和物理學家所組成的團隊則認為，集體分心的現象之所以越來越普遍，是資訊的洪流越來越龐大所造成的，想要引起我們注意的事物越多，我們談論或思索任何一件事的時間就越少，很快又得把焦點轉移到別的事物上。其他人則認為，分心的問題越來越嚴重，是因為媒體科技發展迅速、勞力與時間資本化以及全球連結加深的緣故，這些批評自從十九世紀就不斷有人激昂地提出。二〇二二年，記者約翰·海利（Johann Hari）匯集了十幾項慢性分心的原因，其中一些是相對近期才出現的，如「監視資本主義」和過度依賴注意力不足過動症的藥物。[1]

我們感覺分心的現象越來越嚴重，但這樣想其實是不好的。記者和科學家都告訴我們，分心會帶來嚴峻後果，包括缺乏生產力、長期感到無趣、睡眠不足、成績變差、人際關係薄弱、發生車禍、缺乏個人成就感、喪失公民團結心。即使跟重型機械保持安全距離，一點點分心仍可能令人發狂。[2] 在這個一切都感覺在快速惡化的時代，遙遠的過往似乎特別吸引人。歷史學家很了解這種嚮往過去的衝動，很多不斷變動的社會都曾看向更早的時代，試圖尋找已經遺失、感覺比較安穩的黃金時期。以分心這件事為例，現代令人震驚的分心現象已經開始讓人們緬懷起被視為專注典範的中世紀僧侶。我們一廂情願地認為他們沒有這些問題，他們知道如何對抗分心。[3]

不是只有現代學究把僧侶奉為楷模，就連中世紀的人也很佩服他們，僧侶似乎從來不會分散注意力。然而，他們自己很清楚，儘管沒有推特（Twitter）、YouTube或朋友發送的那些充滿連結的訊息串干擾，而且很多人都隱居，或是住在不鼓勵閒聊的修道院裡，但是他們其實總是不斷分心。

不僅如此，僧侶還非常在意分心這個問題。他們試圖找出原因，並擬定對抗分心的策略。雖然他們生活的世界跟我們的很不一樣，但是他們的掙扎可以提供我們一些新方式，思索我們在自己的人生中遇到的分心與專注問題。他們讓我們明白，分心的現象早在現代科技出現之前就已存在。他們提醒我們，我們的心智隸屬於更龐大的系統，而且這些系統必定是互相依賴且反覆多變的。他們也提供一套正經的做法，可以在不斷變動的世界培養專注。他們還讓我們得以把自己的困境怪罪在他們頭上——我們會說分心很不好，是因為他們早在一千五百年以前就已經這麼做。

這些男女僧侶活躍的年代為古代晚期和中世紀初期，約莫是西元三百年到九百年。他們思考很多有關的議題，因為最能定義他們這個職業的目標之一，就是把自己的心智跟上帝連結在一起，達到無法動搖的專注狀態。在這樣的狀態中，心智可以看見超越時空的宇宙全貌，那是目光清澈的平靜狀態，凌駕於混亂之上。

這種理想流行於這幾百年之間，從卡達（Qatar）到愛爾蘭（Ireland）的廣大地區都有存在。僧侶的聖徒傳、指南手冊、專著以及他們畫在牆上的冥想筆記，都有提及這種理想。但是，這會出現在僧侶書寫的各種文本中，並不是因為他們擅長驅散令他們分心的事物。僧侶也寫到，他們常常難以專注。他們將分心視為一個非常原始的問題，一部分源自魔鬼的不懷好意，一部分源自行為不檢點的自己，但是最主要源自上帝和祂創造的東西，在時間之初產生了分裂。然而，僧侶雖然知道容易分心是全人類共同的特性，卻不認為這在道德上是中性的。反之，他們認為自己有義務對抗分心。他們的掙扎變成辨識僧侶的方法之一，將心智轉移到重要的事物，而非較不符合倫理道德的其他事物，是僧侶之所以為僧侶的特徵。

僧侶的分心經驗令我們同理。雖然他們的生活和觀點在我們看來非常怪異，但是他們對自己心智的關注應該要使我們重新省思。

## 人的心智難免會「脫軌」

專注對古代晚期和中世紀初期的基督教僧侶而言，十分重要的其中一個證據，就是他們用了大量譬喻讚美它。在非常不錯的一天，僧侶的心智可以被形容成很有延展性、宛如火一般或清澈透明；他們的心智會建造觸及天空的建築，會花時間跟它所愛的事物相處；或者，他們的心智就像在深處優游以免被抓到的魚、帶領一艘船穿越風暴的舵手、製作陶器的陶藝家、緊咬老鼠不放的貓、小心翼翼孵蛋的母雞。[4]

旁觀者會很驚訝地發現，僧侶的內在狀態如此活躍，外在狀態看起來卻完全相反。他們的心智在努力專注的同時，身體卻如雕像般一動也不動，悄悄地打破世界紀錄。一個名叫霍爾（Hor）的僧侶據說在一間教堂住了二十年，卻從來沒有看向屋頂；莎拉（Sarah）據說住在一條河旁邊六十年，卻連一次也沒看過那條河；馬丁（Martin）跟一條蛇同在洞穴裡待了三年，卻從未因此感到困擾；卡盧帕（Caruppa）在一個洞穴裡禱告，常常有蛇掉到他身上，纏繞他的脖子，但他也沒有動作；蘭迪伯特（Landibert）站在戶外禱告，直到雪積到腳踝為止；詹姆斯（James）則是用更長的時間在外面禱告，導致完全被雪掩埋，他的鄰人必須把雪剷掉，救他出來。此外，著名僧侶帕科繆（Pachomius）更是勝過了一群為了要他分心而使出各種招數的魔鬼：他們化身為裸女，在他吃東西時坐在他旁邊；他們像士兵那樣組成隊形，一邊來回走動，一邊大喊帕科繆的名字；他們讓他住處的牆壁隆隆作響；他們把繩子繫在棕櫚葉上，在地面拖來拖去，模仿建築工人搬動大石頭的樣子，嘿喲嘿喲地喊叫，希望他會往他們這裡看並大笑。但帕科繆完全沒向那些折磨他的人瞄過一眼，在吸引他注意力的長期戰鬥中，魔鬼永遠都是輸家，因此他們最後便消失了。[5]

然而，這本書寫的不是各種成功事蹟，因為這些頌揚僧侶成就的故事指向了更有趣的歷史，講述絕大多數無法完美專注的僧侶所面臨的兩難。僧侶會一而再再而三述說這些認知功績，正是因為他們大部分的人都受到分心所苦，就連專家也經常因為失敗而感到挫折。生活在西元八世紀、現今伊拉克北部的僧侶和導師達里亞薩的約翰（John of Dalyatha）儘管受人敬重，也曾在信中對自己同為僧侶的兄弟抱怨：「我一整天就只有吃飯、睡覺、喝水和怠忽職守。」[6]在狀態很好的日子，約翰知道全心專注是什麼樣的感覺，他也開心地寫下這些經歷，但他的缺點還是令他難以招架。

僧侶用各種不同的方式定義分心。最基本的定義是心理上的「脫軌」，而這有時候是件好事。例如，一位名叫約翰（John）的阿爸（修道父親）在編籃子時想上帝想得太入神，因此編了兩倍的邊界。還有一個名叫約翰．科洛博斯（John Colobos）的僧侶跟駱駝車夫交易到一半分心了，本來要到房間拿一條繩子給車夫，結果冥想得太入神，完全忘了自己在做什麼，就讓車夫在外面一直等。後來，車夫敲他的門，提醒約翰要拿繩子，約翰才馬上回神，結果又再次分心。最後，他在第三次要拿繩子時總算成功了，因為他不斷唸「繩子、駱駝」這幾個字，直到完成任務為止——這是心在別的地方的人奮力專注所使用的記憶法。[7]其他僧侶分享這類故事時，感到既佩服又好笑。

不過，分心通常是指做一件你不想做的事、陷入你不希望浮現的想法。僧侶想要避開的是這類分心，教宗額我略一世（Gregory the Great）描述了一個有名的案例。額我略在成為執事、又於西元五九〇年當上羅馬主教之前，原本是一名僧侶，他常常覺得這個職位使他遠離他所熱愛的沉思活動。他在中世紀初期極其受歡迎的著作《對話》（*Dialogues*）的前言開頭，寫到自己偷偷離開工作崗位，想要獲取片刻的寧靜，從令他分心的事物之中分心。額我略對找到他躲在哪裡的執事抱怨：「我心智的船隻遭到暴風襲擊。」接著，他便開始為執事和讀者述說一系列的故事，描繪過得比他好的那些聖人的事蹟。[8]

然而，假如額我略繼續當僧侶，沒有變成中世紀初期最知名的主教，他大概也不會過得比較好。僧侶也得完成一些工作，強迫自己思考他們不喜歡的事物。比如說，科齊巴（位於現今的約旦〔Jprdan〕河西岸）的安東尼（Antony of Choziba）便抱怨擔任修道院的飲食負責人使他分心。[9]然而，更常見、也更嚴重的問題是，即使僧侶創造了完美的專注條件，他們還是無法專心在對他們而言最重要的事物上——也就是上帝、組成從創世到最後審判這個宇宙架構的神聖邏輯，以及他們在這個體系中需要履行的道德義務。將心智與自我專注在這些議題上是僧侶這份工作的核心內容，而更重要的是，僧侶把這視為永生與死亡的大事。他們的靈魂——甚至是他人的靈魂——的命運就掌握在這件事上。僧侶想專注，不只是希望完成更多工作，更是希望讓自己符合救贖的倫理。這其中涉及的風險非常重大。

早期修道主義的先驅凱撒利亞的巴西流（Basil of Caesarea）便是這麼理解分心及其意涵的。巴西流是個很精明的教育家，他在西元三七〇年代的羅馬行省卡帕多奇亞（Cappadocia）擔任主教，還花了十年的時間，撰寫一系列跟自己負責監管的修道社群交流所產生的反思與指南，之後數百年的僧侶都會拿來參考。巴西流告訴僧侶，一個人只要不想試著取悅上帝，就可能分心。他強調，應付分心是他的僧侶接受各個面向訓練的根本：「如果我們的心智一下往這邊、一下往那邊遊蕩，我們就無法成功遵循任何誡律。」[10]

分心會造成的嚴峻後果，成為古代晚期和中世紀初期的基督教僧侶之間十分盛行的主題。大量存在的譬喻再次證實了他們確實普遍都很關心和擔憂這件事：令人分心的東西就像必須蛻去的蛇皮、必須揮趕的蒼蠅、肉攤吸引野狗的氣味。它們好比是「一團巨大的塵土」、刺到眼睛的頭髮、鼠患、濃密的森林、危險的沼澤、水道的破口、匪徒。它們還是痛擊一棵樹的暴雨、使一艘船超載的貨物、圍攻城鎮的篡位者、衝破馬廄的馬、闖入民宅的小偷。它們讓僧侶變成在乾燥的地面喘不過氣的魚，使僧侶的禱告失敗。[11]

僧侶對於如何應付令人分心的事物所提出的建議，也充滿鮮明意象。塞提斯（Scetis）修道社群（位於今天尼羅河三角洲〔Nile Delta〕西邊的泡鹼谷〔Wadi el-Natrun〕）一位具有影響力的導師波門阿爸（Poemen）就因為很會比喻而出名。他的機智妙語組成了《長者格言》（*Apophthegmata patrum*）這部著作很大的一部分，書中包含許多廣泛流通且變化多端的故事，以人稱「沙漠教父」和「沙漠教母」的早期修道主義英雄為主角，他們大部分是埃及人，生活在西元四世紀和五世紀初。《長者格言》的敘利亞語（Syriac）版本寫到波門曾經說：「在所有邪性之中，遊蕩的思緒是第一名。」這句話也有出現在其他語言，而在一個稱作字母集（Alphabetical Collection）的希臘語（Greek）手抄本中，許多被認為出自他口中的格言也傳達了他幫助僧侶對付分心的決心。聽說，波門阿爸曾經說我們的心智跟一位君主一樣，需要擁有保鑣。同樣，僧侶應該像整理衣櫃裡的衣服般整理思緒；將不受歡迎的念頭如同蛇或蠍子般關進瓶子裡；或讓好的想法持續在爐火上沸騰，不要像廚餘那樣放涼，招致害蟲。[12] 若無法想像這些充滿創意的意象，也可以使用體育或軍事這類很受歡迎的題材：分心是體育場或戰場上的對手，必須加以殲滅。這種對付分心所採取的戰鬥姿態，便是體育明星或軍人能夠輕易皈依修道主義的原因之一。僧侶把自己視為體育選手或戰士，這是一場耐力賽，這是一場戰爭。[13]

修道文化會出現這麼多有關分心的譬喻，顯示僧侶為了捕捉認知經驗，付出了孜孜不倦的努力。從這個方面來看，他們跟我們沒有太大的不同。我們仍在尋找適當的譬喻來形容我們的大腦及其運作方式，[14]但是僧侶比一般的現代人更懂得對付分心，他們非常相信心智的傾向是可以轉變的。他們是全方位地思考分心這件事，探索分心跟超越大腦的龐大議題之間的連結，因此才會發展出各種複雜無比的專注策略。他們明白分心跟社會、金錢、文化等議題具有系統性的連結，因此才會想跟這個世界切割，根據共同的價值觀建立自己的社群和做法。他們會記錄自己的工作天，並且彼此問責；他們實行一套生活方式，以改善身心的共同功能；他們實驗圖書技術、記憶裝置、冥想和後設認知，以改善專注力和對性靈成長的投入。

僧侶對於不同的方法——更別說譬喻——沒有共識，他們也從來沒有成功用自己滿意的方式解決分心的問題。他們很清楚，每個策略都有風險和缺點。僧侶的歷史並沒有提供我們任何快速的解法，但他們的掙扎與成就可以作為警告和指引，給予之後數百年的人參考。

## 僧侶率先關注分心問題

分心並不限於現代世界和現代經歷，而僧侶也清楚地告訴我們，我們對於分心所產生的焦慮感也是。神經科學家亞當・葛薩利（Adam Gazzaley）和心理學家賴瑞・D・羅森（Larry D. Rosen）便說，我們擁有「古老的大腦」，使我們如此容易分心的神經機制是由我們共同的演化祖先賦予我們和古代僧侶的。不過，我們這些現代人其實也繼承了一套跟認知有關的文化價值觀，非常帶有修道特性，某種程度上也帶有基督教特性。這並不是說，跟專注和分心有關的問題只有基督教僧侶才有，在古代和中世紀的歐亞大陸，有很多性靈大師都想追尋平靜專注的心智，而道教和佛教僧侶也在同樣這幾百年間發明了許多專注技巧。他們有的人會漠視分心這件事，認為只要忽略它或等它消失，有的人則把分心視為邪惡的阻礙或是業障阻塞的徵兆。例如，在西元五到七世紀的中亞，佛教僧侶喜歡將魔鬼描繪成在僧侶冥想時對他們造成威脅的武裝入侵者。（這個觀點的證據集中在絲路沿線的吐魯番地區，而九到十世紀、甚至更早之前，許多基督教修道文本恰巧在這個地方受到熱烈的迴響。）無論如何，早期基督教僧侶顯然非常關注分心這件事，有時候比東方僧侶還要關心。由於基督徒對分心議題的注重延續許久，我們今天仍繼承了這點。諷刺的是，歐美地區很流行採用（和盜用）南亞和東亞的傳統，可能導致人們不明白對分心的關注最初其實是源自修道文化。[15]

古希臘羅馬世界的哲學家便已開始強調，專注——專注自己的思想和行為、專注當下、專注神祇——是自制的核心。但是，他們不太在意分心這件事，雖然他們有時會抱怨；他們通常認為分心是來自外在世界。以斯多葛學派（Stoic）為例，這些從西元前四世紀開始發展出這項傳統的哲學家，最鮮明的特色就是，他們不接受柏拉圖的理型論。然而，他們也對邏輯和倫理非常感興趣，包括心理學的倫理。當他們說到分心（perispasmos），他們想到的通常是害一個人無法認真鑽研哲學的那些義務和雜事。分心源自他人的需求，還有無法善加排定優先順序的自己。然而，斯多葛學派也承認，即使是毫無牽掛的哲學家，同樣有可能經歷另一種形式的分心：意外遭遇。人類常常遭遇他們沒有要求或預期的事情，斯多葛學派稱這類遭遇為「現身」。現身通常不是一個人所能掌控的，這包括一齣戲的其中一幕、突然意識到貧富差距、朋友的離世等。但斯多葛學派認為，人有可能控制自己對這些現身的反應，而這才是真正重要的。他們主張，對於不是那麼寶貴的事物所能做出最好的反應，就是不要有反應——你應該選擇完全不做出任何的評論或評估，因為這樣你就不會感受到某個結果會帶來的情緒。

這麼做的結果就是平靜的狀態，只要冷漠地看待現身，這些遭遇就無法干擾或打亂你。這樣的話，可能使你分心的事物就不會變成真正使你分心的事物。[16]

在很多方面，基督教僧侶都受到了地中海世界的古代哲學傳統所影響，包括斯多葛主義，但他們對分心這件事沒那麼有自信。對於試圖奪取他們注意力的意外和情況做出適當的反應，對他們而言還不夠。他們認為分心也可以不要那麼有互動感，認為分心是一種原先就存在的狀態，屬於內部的、無意識的、跟自我密不可分，會危害一個人對重要且好的事情的專注力。對許多基督教僧侶來說，分心不只是潛在的干擾，而是早就破牆而入，把他們的心智當成自己家。

這個修道文化特有的觀點，可從比較兩種針對多管閒事（僧侶認為跟分心有關的眾多行為之一）的看法來加以闡述。西元一世紀，身為散文家和哲學家的普魯塔克（Plutarch）針對這個主題寫了一篇短文〈論多管閒事〉（"On Nosiness"），是今天被稱作《道德小品》（*Moralia*）的文集其中一部分。普魯塔克自稱是柏拉圖主義者，但他書寫這類散文的目標不是要推廣某一哲學學派，而是試圖說服精英階層的讀者，哲學可以為他們的日常生活做出一些貢獻。普魯塔克對「多管閒事」的看法，使他隸屬於思考分心這件事的古代傳統，跟比他更早的許多希臘羅馬作家一樣，普魯塔克反對多管閒事的主要原因是，這不得體也無法帶來生產力。打聽八卦、窺看他人的房子或車輛、氣喘吁吁追逐最新的新聞、在鎮上漫步時觀看誰跟誰是好朋友的塗鴉——這些種種行徑都會使你無法專注在更促進學識的活動，以及管好自己事情的責任。多管閒事會讓原本就有哲學怠惰傾向的人繼續怠惰下去，普魯塔克指出，多管閒事的性格所帶來的影響會隨著時間而強化，每次都屈服於好奇心的雞婆人士最後會變得太容易分心，無法將真正重要的事物擺在第一位。[17]

相形之下，大約三百年之後，一個名叫約翰．卡西安（John Cassian）的僧侶也指出多管閒事是個有問題的行為，不過他認為這背後的問題更加嚴重。卡西安喜歡交際、充滿好奇心、經常自省，他跟最好的朋友、同是僧侶的傑曼努斯（Germanus）旅行將近二十年，到各地請教專家：僧侶該如何管理自我以及最重要的心智。他在西元五世紀初撰寫自己的修道手冊時，便根據這許多場對話做出一個結論：多管閒事（curiositas，卡西安所使用的拉丁文）是心理不穩的徵兆，更確切地說是屬於一種叫作「冷感」（acedia）的病。罹患冷感病的僧侶會同時感到不滿和無能為力，因為不知道該如何改變自己或自己的處境，所以採取適應困難時會選擇的解決辦法，就是跑去干涉其他僧侶的事情，就像一個討人厭的同事或鄰居那樣。

卡西安說這是使徒保羅（大約比普魯塔克年長一個世代）所做的判斷，但這透露的其實是古代晚期的基督教修道文化。分心仍被認為是脫離了真正重要的義務正軌，但分心不只是一種外在現象，讓人們可以逃避真正的工作或自省，還變成一種內在的認知疾病，就連下定決心以合乎倫理的方式思考和行動的人，也有可能「罹患」。由於分心源自內在的混亂，因此單純避開特定刺激或是決意實踐更好的意圖和做法，並無法加以矯正。僧侶必須有系統地應付分心，他們也認為這是應負的道德責任。我們如果也是這麼想，有一部分多虧了早期的基督教修道主義。[18]

## 分心到底是怎麼來的？

什麼事會讓僧侶分心？後面就會看到，他們提到一些我們會覺得很耳熟的外在刺激，包括日常生活的事務（與忙碌）、資訊超載和他人，但這些只是近因，僧侶也有提出形上學的解釋，需要比較冗長的說明。其中一個主流理論是，令人分心的事物是魔鬼造成的。古代世界的人們已經普遍相信，宇宙的力量會對人類施加影響，可是早期的基督教魔鬼論述中，這些惡意的媒介變得極為個人化。在原始的善惡之戰中，魔鬼會根據目標客製侵入性的思想，這些武器的設計極狡猾，讓有些僧侶覺得魔鬼彷彿可以讀懂他們的心思。卡西安和傑曼努斯甚至請教了一位修道長者，想知道是否確實如此。然而，阿爸瑟雷努斯（Serenus）表示，就連魔鬼也沒有那麼大的力量，他們只是很會分析人類的行為，如此而已。

可是，這並沒有讓魔鬼不那麼可怕，所以古代晚期的修道文獻才會充斥著魔鬼，包括對付帕科繆的那一群。壞脾氣修道院院長謝努特（Shenoute）——在上埃及領導一個重要的修道院聯盟將近八十年，直至西元四六五年去世——曾告訴一群聽眾，基督砍斷了魔鬼的四肢，因此魔鬼的思緒變成他全身最活躍的部分；但是，跟《聖杯傳奇》（*Monty Python and the Holy Grail*）的黑騎士不一樣，這裡說的魔鬼可不是玩笑。文獻中所提到魔鬼的能力，也不只是形容僧侶難以專注的隱喻，魔鬼是真實存在的對手，有時甚至具有實體。然而，凶狠的攻擊雖然是他們的手段之一，但他們難以察覺的認知計謀更陰險，就連想打盹的衝動這種看似無害的事情，也有可能是魔鬼造成的。這是本都的埃瓦格里烏斯（Evagrius of Pontus）在四世紀所提出的論點：「魔鬼的身體非常冰冷，像冰塊一樣。」因此，他們會碰觸僧侶的睫毛和頭顱，讓自己溫暖，同時也使僧侶睏倦——通常是在他們想要讀書的時候。[19]

埃瓦格里烏斯在安納托力亞（Anatolia）的黑海地區（Bleck Sea）出生，在經歷一段曲折的職業生涯，接觸許多傑出人物之後，他來到尼羅河三角洲最有名的修道重鎮凱利亞（Kellia），接受令人敬重的長者訓練，自己也成為一名導師。說到基督教修道院跟心智有關的理論與實踐，埃瓦格里烏斯可能是最具影響力的人物，因此獲得「心智啟發者」和「思想檢驗者」等綽號，儘管他的著作很容易引起爭議。但由於修道文化既傳統又具有實驗精神，僧侶並不害怕以自己學到的東西為進一步擴充的基礎，而非原封不動地保留。例如，卡西安是埃瓦格里烏斯的門生，雖然他也相信魔鬼的存在，但他傾向認為個人的弱點或缺陷（vitia）是更主要的分心原因。卡西安認為，大部分的弱點（如憤怒、慾望和悲傷）最初都是良善的力量，是上帝植入人體以作為有益的激發因子的，但是這些弱點遭到扭曲，被不當使用，因此才變成缺陷，進而使僧侶無法專心。[20]

有些僧侶把內心的掙扎和伴隨而來的分心事物歸因於意志（thelema或voluntas）。這個詞的意思類似「自我意識」，指的是他們明白意志會自我維護，也會自我分歧。意志可能同時想要互相矛盾的東西，但是通常會選擇最吸引人、最便利或最舒適的選項，而非對它最好的。意志弄亂一個人的動機，因此阻斷了通往上帝的道路。有些僧侶主張，強化意志、使之致力做出正確的行動，就能夠矯正分心的狀況，七世紀晚期的卡達僧侶達狄修（Dadishoʿ）便這麼認為。但有別的僧侶提出恰恰相反的論點，認為造成分心的其實是強烈的意志，而非薄弱的意志。這是巴爾薩努菲烏斯（Barsanuphius）和約翰這兩位隱居僧侶的看法；他們在六世紀時跟加薩（Gaza）城外的塔瓦塔（Tawatha）修道院有大量書信往來，扮演了性靈導師的角色。這兩位長者認為，意志必須被砍削成一片片，拒斥每一個出現的令人分心的慾望。[21]

僧侶雖然會怪魔鬼、個人缺陷和意志（強調各個原因的程度不一），但是也經常暗示這一切的背後還有另一個使人分心的來源。這個原因沒那麼個人，而是非常原始的——半遺傳性的分心是人類當初脫離上帝的結果。

這個理論主張，在創世之初，人類的境況帶有團結與不變的特性。但亞當和夏娃不聽上帝的話，選擇把注意力放在自己身上，因此淪落到心理起伏和分裂的地步，整個物種從出生到死亡都將如此。現存最早的修道文本（安東尼阿爸在西元三三〇和三四〇年代所寫的書信）便已經說明，修道院是為了要修復這道裂痕、跟上帝重新團結而興起的。同樣在四世紀稍晚的年代，一本敘利亞語講道文集更將分心的源頭明白指向人類的墮落：「亞當最初過著純潔的生活，會控制自己的思想。然而，自從他違背上帝的誡律，沉重的山脈便壓著他的心智，邪惡的思想混雜其中，完全變成心智的一部分，但這其實不是人類心智的本質，因為這些思想受到邪惡所玷汙。」分心是悲愴分裂的表現，反覆提醒一個人與神聖的遙遠距離。[22]

雖然是根植於《聖經》的創世神話，這種思維也帶有新柏拉圖主義的色彩。埃及哲學家普羅提諾（Plotinus）在三世紀時主張，分心不僅會分裂自我，也會讓自我與上帝分離。因此，人類的目標是要將這些令人分心的事物從靈魂的視野移除，創造望向神聖的清晰崇高視線。然而，對活躍年代比普羅提諾晚了一百年以上的僧侶來說，心智已經墜落到離天界太遠的地方，只靠清除視線的阻礙沒辦法達成專注。心智必須垂直向上延伸，同時對抗從內部和水平方向攻擊它的分心事物。心智必須動用手邊所有的工具，包括生理、社會和心理工具，才能奮力回到團結的狀態。[23]

簡言之，基督教僧侶將分心視為宇宙大戲的一部分，其吵雜的嗡嗡聲在他們安靜的小室裡特別明顯。管理分心、將心智伸向上帝，變成必須完成的義務。

僧侶自己也有察覺這道德和實踐上的轉變，他們甚至在以希臘語、拉丁語（Latin）和敘利亞語流通的《長者格言》中紀念這一點：一群非基督徒的哲學家啟程出發，要對基督教僧侶進行苦修評估，他們遇到的第一位僧侶穿著得體，但是他卻辱罵他們，因此他們繼續走。哲學家遇到下一位僧侶，以為他是個與世隔絕的老頭，開始毆打他，但是這位僧侶沒有回擊，這些哲學家很佩服，說他是真正的僧侶，同時很好奇他怎麼能如此不痛不癢。他們做了一番比較：他有禁食，他們也有；他獨身，他們也是。僧侶告訴他們，他信任上帝的恩典，並會看守自己的心智。哲學家無視他的上帝言論，但他的心智論點卻令他們震撼不已。他們下了結論，認為這就是他們跟他不一樣的地方。他們說：「我們不會看守心智。」接著就走了。[24]

這個故事有點扭曲事實，沒有強調僧侶為了達到專注所做出的掙扎，把心理習慣的差異歸因於能力，而非不同的認知文化，並且將僧侶和哲學家對立起來，掩蓋了彼此在這安排好的橋段之前呈現的互動。不過，這個故事確實傳達僧侶對分心的擔憂是前所未有、史無前例的。此外，還有另外一件事也說對了。這個故事出現了兩個僧侶，其中一人的形象不太好。這巧妙地暗示了「修道主義」從最早的時候開始，就是一個變化多樣、有時競爭激烈的文化。這樣的多樣性也對分心的歷史造成重大的影響。

## 現代人能參考僧侶對抗分心的經驗

修道主義不僅具有實驗精神，在古代晚期和中世紀初期還往往競爭激烈；在西元四到九世紀，修道團體並沒有很清楚的定義。如同兩位歷史學家所說的，這是一個「修道實驗室」的時期。在五世紀初一段虛構的對話中，一個名叫撒該（Zacchaeus）的基督徒也試著對一個名叫阿波羅尼烏斯（Apollonius）的哲學家解釋：修道院的做法有很多種（multiplex），世界上也有很多種僧侶（diversa genera monachorum）。[25]

在這五百年之間，僧侶以及支持他們的社會發展出許多不同的做法和觀點，本書連皮毛也無法完整說明，即使是修道主義本身的定義都有所爭議且時有變動。但是，這個實驗室極度活躍，大大豐富了分心的歷史。僧侶可以一致認同的是，分心是個嚴重的問題，而他們所想出的改正辦法本身也多元地令人屏息。

研究早期基督教修道主義的歷史時，一定會驚訝地發現，不同僧侶的巨大差異及將僧侶團結起來的理念和辯論之間，有著無所不在的緊張關係。這段緊張關係是本書的重點，在空間上橫跨中東、地中海和歐洲，時間上則跨越後尼西亞（post- Nicene）時期和中世紀初期基督教這兩個傳統的年代分界。（或者也可以說成跟羅馬、薩珊〔Sasanian〕王朝、「蠻族」、拜占庭〔Byzantine〕、倭瑪亞〔Umayyad〕和阿拔斯〔Abbasid〕等政體相對應的政治時期。）

這段緊張關係也連結起不同的宗派認同，堅守告解聖事標籤的僧侶自稱正統派或天主教，暗示自己的基督教版本是普世的標準。他們稱基督教的競爭對手為異端，還發明帶有貶義的稱呼，說他們盲目追隨誤入歧途的領袖。然而，很多僧侶都沒有特別使用這類語彙，而本書也加以避免，因為修道論述往往不分宗派，極少對於什麼才是對的達成共識。

因此，我把「僧侶」一詞用得比較廣泛，指涉所有實驗不同修道主義形態的男男女女。古代晚期和中世紀初期的基督徒使用許多不同的名詞來稱呼修道主義的實踐者，但是最基本的詞彙可適用於兩性，如希臘語和古埃及語的 monachos/monache、拉丁語的 monachus/monacha、敘利亞語的 iḥidaya、阿拉伯語（Arabic）的 rahib/rahiba 和古英語的 mynecenu/munuc。[26] 這些中性的詞彙顯示人們普遍認為基督教修道主義是男女皆可選擇的道路，人人都可以成為僧侶。但這並不是說他們擁有一模一樣的經驗，我們會在後面看到，女性和男性實踐的修道主義有時會受到性別很大的影響。此外，在我們的敘事文獻中，女性出現的比例太少（如沙漠教父的故事就比沙漠教母的故事多上許多），儘管偶然提到的女性僧侶多到足以看出僧侶之中有許多女性。無論如何，我們擁有的證據顯示，男女僧侶為自己設定的認知目標和做法是差不多的，他們進行的實驗和發揮的影響也都是雙向的。

儘管有這些侷限，我們擁有的早期基督教修道文化證據仍極為豐富。坦白說，僧侶可說是古代晚期和中世紀初期最多話的一類人，他們寫下的文字有很多都是為了實驗思考修道生活和對付其挑戰的新方法而留下來的。[27] 跟所有歷史證據一樣，這些文獻也有詮釋上的問題，因此歷史學家一直都很小心提醒，這些文獻提供的歷史觀點必有不完整之處。但他們也發現修道文化不是封閉的，基督教修道社群具有諮詢中心、智庫、慈善組織、房地產開發商、金融中心、禮拜重鎮和節慶場所的功用。很多修道院都有得到經濟資助，無論是非常樸實的禮物，抑或是基督教、拜火教和伊斯蘭教統治者的土地贈予。有些甚至變成敬重他們紀律（也很喜歡他們的書籍與美酒）的穆斯林精英人士刻意前往的目的地。有的修道社群會做出暴力行為，就像恐怖分子或國家支持的「突擊隊」；有的則扮演和平使者的角色。[28]

這代表的意思是，雖然我們永遠不會知道帕科繆實際對抗了多少魔鬼，但是我們可以確定，跟他有關的故事反映的是人們對分心這個問題及其解方的興趣。對抗分心對僧侶為大眾執行的工作而言是必要的（我們會在第一章談到）。更基本地說，住在鄰近社區或偏遠山壁的僧侶所達成的認知事蹟，擄獲了許多聽說這些故事的社群的想像力。知道有人能夠做到這種事，知道有人正在延伸自己的心智以服務更偉大的東西，令他們感到安心。

本書會由外到內探索他們採取的途徑。首先會探討僧侶專注在上帝的決定，接著一層層了解他們的思想和做法，從他們摒棄的世界、加入的團體、訓練的身體、閱讀的書籍、建構的冥想記憶、在腦袋裡設置的後設認知監控機制，一路談到他們部分人短暫成功實現的純粹專注時刻。僧侶為了打敗分心所想出的許多技巧至今仍然能夠帶來啟發，有些甚至跟現代的做法非常相似。同樣趣味盎然的是，他們有些觀點透露出跟我們之間的鴻溝。基督教僧侶雖然把他們對分心的關注、甚至他們用來對抗分心的一些策略傳承給我們，但並不是他們的一切都與現今相符。他們的頭腦有時會以出人意料的方式運作。

## 導論註釋

1 Philipp-Lorenz Spreen, Bjarke Mørch Mønsted, Philipp Hövel, and Sune Lehmann, "Accelerating Dynamics of Collective Attention," *Nature Communications* 10 (2019); Johann Hari, *Stolen Focus: Why You Can't Pay Attention—and How to Think Deeply Again.* (New York: Crown, 2022), pollnoted at 171–172. 十九世紀：Caleb Smith, "Disciplines of Attention in a Secular Age," *Critical Inquiry* 45 (2019): 884–909.

2 分心的後果：Adam Gazzaley and Larry D. Rosen, *The Distracted Mind: Ancient Brains in a High-Tech World* (Cambridge, MA: MIT Press, 2016), 123–141; Cal Newport, *A World without Email: Reimag ining Work in an Age of Communication Overload.* (New York: Portfolio/Penguin, 2021); James Danckert and John D. Eastwood, *Out of My Skull: The Psychology of Boredom.* (Cambridge, MA: Harvard University Press, 2020), 42–43, 148–157; James M. Lang, *Distracted: Why Students Can't Focus and What You Can Do about It.* (New York: Basic, 2020); Joshua Cohen, *Attention: Dispatches from a Land of Distraction.* (New York: Random House, 2018), 5–8; Hari, *Stolen Focus*, esp. 13–14.

3 E.g., Hari, *Stolen Focus*, 10; 更精闢的見解：Danièle Cybulski, *How to Live Like a Monk: Medieval Wisdom for Modern Life.* (New York: Abbeville, 2021), 73.

4 延展性：Isaac of Nineveh, Discourses 1.22, in Brock, Syriac Fathers, p.261. 火：Cassian, Collationes 9.18. 清澈透明：Cassian, Collationes 9.2. 建造：Cassian, Collationes 9.2–3. 也可參見第五章，愛：Hildemar, Expositio 52. 魚：Ephrem the Syrian, Hymns on Faith 20.5, in Brock, Syriac Fathers, p. 34; John of Dalyatha, Letters 15.7. 船：Cassian, Collationes 10.8; Shemʿon d-Ṭaybutheh, On the Consecration of the Cell 19. 陶器：Rufinus, Regula Basilii 58.3. 貓：

John Climacus, Klimax 27. 孵蛋：Shem῾on d-Ṭaybutheh, On the Consecration of the Cell 4.

5 *AP/S* 1.8.254 (Hor); *AP/G* Sarah 3; Gregory the Great, *Dialogi* 3.16.4 (Martin); Gregory of Tours, *Liber vitae patrum* 11.1 (Caluppa); *Vita Landiberti* 6; Theodoret, *Historia religiosa* 21.13 (James); *Bohairic Life of Pachomius* 21, in *Pachomian Koinonia* 1:44–45. Statues: *AP/G* Anoub 1 (likewise Isaiah, *Asketikon* 6.2); Gerontius, *Vita Melaniae* 44; Theodoret, *Historia religiosa* 5.6.

6 John of Dalyatha, *Letters* 10.1, trans. Hansbury, p. 46.

7 *AP/PJ* 11.14 (John); *AP/GS* 11.39 (John Colobos).

8 Gregory, *Dialogi* prol.5（“in naui mentis tempestatis ualidae procellis inlidor”我心智的船隻遭到暴風襲擊）.

9 Antony of Choziba, *Bios Georgiou* 8.35, trans. Vivian and Athanassakis, p. 65.

10 Basil, *Great Asketikon*, LR 5.1.74, trans. Silvas, p. 174; ibid., SR 295. (BASIL’S DEFINITION OF DISTRACTION 巴西流對分心的定義)

11 蛇皮：Isaac of Nineveh, *Discourses* 2.8.16. 蒼蠅：Leander, *De institutione virginum*, lines 6–7. 肉攤：John Climacus, *Klimax* 1. 塵土：Athanasius, *Vita Antonii* 5, trans. Gregg, p. 33. 頭髮：John Climacus, *Klimax* 27. 鼠患：*AP/GN*, N 535. 森林：Pseudo Macarius, *Logoi* 6.3 (collection 2); *RM* 7.12; Eugippius, *Regula* 18.12. 沼澤：PseudoMacarius, *Logoi* 4.2–4 (collection 2). 水道：Isaac of Nineveh, *Discourses* 1.37.288. 匪徒：Barsanuphius and John, *Letters* 448. 暴雨：Philoxenus of Mabbug, *Excerpt on Prayer*, in Brock, *Sryiac Fathers*, p. 128. 貨物：*AP/G* Syncletica 24. 篡位者：Isaiah, *Asketikon* 7.11. 馬：Cassian, *Collationes* 24.5. 小偷：John of Apamea, *Letter to Hesychius* 7, in Brock, *Syriac Fathers*; Babai, *Letter to Cyriacus* 40, in ibid.; Dadisho῾ Qaṭraya, *Commentaire* 3.12; Shem῾on d-Ṭaybutheh, *Book*

*of Medicine* 181a. 魚：John of Dalyatha, *Memre* 1.7. 導致流產：Isaac of Nineveh, *Discourses* 1.18, trans. Brock, *Syriac Fathers*, p. 250; Shemʿon d-Ṭaybutheh, *Book of Medicine* 194a.

12 *AP/S* 1.8.370, trans. Budge, p. 108.（還有阿拉伯文和喬治亞文版本所證實的類似說法：另外還有 *AP/GS* 2.24; *AP/PJ* 2.12. 被認為是帕斯特所寫不是波門）; *AP/G* Poemen 14.（保鑣）, 20（衣服）, 21（瓶子）, 111（爐火）. 本書只有挑選《長者格言》當中重疊和變化的版本，可以查閱隆德大學（Lund University）建立的資料庫，獲知更全面的樣貌：https://monastica.ht.lu.se/

13 跟體育和戰爭有關的譬喻非常普遍，請參見：Kate Cooper, *The Fall of the Roman Household* (Cambridge: Cambridge University Press, 2007), 17–19, 30–37; Michel Foucault, *Les aveux de la chair*, ed. Frédéric Gros, vol. 4 of *Histoire de la sexualité* (Paris: Gallimard, 2018), 224–230. 曾經當過摔角選手的僧侶：Anthony of Choziba, *Bios Georgiou* 4.15–19. 曾經當過軍人的僧侶：Sulpicius Severus, *Vita Martini* 4; more examples in Daniel Caner, *The Rich and the Pure: Philanthropy and the Making of Christian Society in Early Byzantium* (Oakland: University of California Press, 2021), 17, 246 n. 25. 不過，羅馬皇帝瓦倫斯（Valens）反倒在西元三七〇年代強迫僧侶從軍和採礦：Noel Lenski, "Valens and the Monks: Cudgeling and Conscription as a Means of Social Control," *Dumbarton Oaks Papers* 58 (2004): 93–117.

14 譬喻：Matthew Cobb, *The Idea of the Brain: The Past and Future of Neuroscience* (New York: Basic Books, 2020), esp. 207–365; Henry Cowles, "Peak Brain: The Metaphors of Neuroscience," *Los Angeles Review of Books*, November 30, 2020. 關於僧侶針對心智採取的方式跟現代神經可塑性的研究之間的相似之處，請見：Inbar Graiver, *Asceticism of the Mind: Forms of Attention and Self- Transformation in Late Antique Monasticism* (Toronto: Pontifical Institute of Mediaeval Studies, 2018), 177–183.

15 Gazzaley and Rosen, *The Distracted Mind*, esp. 1-98. 瑜珈、道教和佛教的比較：Halvor Eifring, "Spontaneous Thoughts in Meditative Traditions," in *Meditation and Culture: The Interplay of Practice and Context*, ed. Eifring (London: Bloomsbury, 2017), 200-215; Livia Kohn, "Guarding the One: Concentrative Meditation in Taoism," in *Taoist Meditation and Longevity Techniques*, ed. Kohn with Yoshinobu Sakade (Ann Arbor: Center for Chinese Studies at the University of Michigan, 1989), 125-158; Nobuyoshi Yamabe, "An Examination of the Mural Paintings of Visualizing Monks in Toyok Cave 42: In Conjunction with the Origin of Some Chinese Texts on Meditation," in *Turfan Revisited: The First Century of Research into the Arts and Cultures of the Silk Road*, ed. Desmond Durkin- Meisterernst et al. (Berlin: Reimer, 2004), 401-407; Yamabe, "Practice of Visualization and the *Visualization Sūtra*: An Examination of the Mural Paintings at Toyok, Turfan," *Pacific World: Journal of the Institute of Buddhist Studies*, 3rd ser., vol. 4 (2002): 123-143, at 130-134; see also Eric M. Greene, *Chan before Chan: Meditation, Repentance, and Visionary Experience in Chinese Buddhism* (Honolulu: Kuroda Institute and University of Hawai'i Press, 2021), 181-182.（關於《大乘方廣總持經》裡面提到的魔鬼干擾）吐魯番的東敘利亞基督徒：Scott Fitzgerald Johnson, "The Languages of Christianity on the Silk Roads and the Transmission of Mediterranean Culture into Central Asia," in *Empires and Exchanges in Eurasian Late Antiquity: Rome, China, Iran, and the Steppe, ca. 250-750*, ed. Nicola Di Cosmo and Michael Maas (Cambridge: Cambridge University Press, 2018), 206-219. 關於現代初期和現代有關基督教專注倫理概念的演變，請參見：Daniel Jütte, "Sleeping in Church: Preaching, Boredom, and the Struggle for Attention in Medieval and Early Modern Europe," *American Historical Review* 125 (2020): 1147-1174; David Marno, *Death Be Not Proud: The Art of Holy Attention* (Chicago: University of Chicago Press, 2016); Smith, "Disciplines of Attention in a Secular Age."

16 請參見：Richard Sorabji, *Emotion and Peace of Mind: From Stoic Agitation to Christian Temptation* (Oxford: Oxford University Press, 2000). 另可請參見：Brad Inwood, *Ethics and Human Action in Early Stoicism* (Oxford: Clarendon, 1985), 42-101, 127-81; Foucault, *Les aveux de la chair*, 106-45; Pierre Hadot, "Exercices spirituels," *Exercices spirituels et philosophie antique*, 2nd ed. (Paris: Études Augustiniennes, 1987), 13-58; Graiver, *Asceticism of the Mind*, 52-57, 83-89; 關於斯多葛學派對不分心的認知，請參見：David L. Balch, "1 Cor. 7:32-35 and Stoic Debates about Marriage, Anxiety, and Distraction," *Journal of Biblical Literature* 102 (1983): 429-439.

17 Plutarch, *Peri polypragmosynes* 11, 12, 15; Lieve Van Hoof, *Plutarch's Practical Ethics: The Social Dynamics of Philosophy* (Oxford: Oxford University Press, 2010), esp. 176-210.

18 Cassian, *De institutis coenobiorum* 10.6-16. 卡西安的冷感病概念源自本都的埃瓦格里烏斯：Gabriel Bunge, *Akedia: Die geistliche Lehre des Evagrios Pontikos vom Überdruß* (Cologne: Luthe, 1989). 這種病跟現代研究所提到的無聊心理類似：James Danckert and John D. Eastwood, *Out of My Skull: The Psychology of Boredom* (Cambridge, MA: Harvard University Press, 2020), 7-8. 關於各種不同的診斷，請參見：Andrew Crislip, "The Sin of Sloth or the Illness of the Demons? The Demon of Acedia in Early Christian Monasticism," *Harvard Theological Review* 98 (2005): 143-169. 關於斯多葛學派對內在衝突的不以為意，請參見：Inwood, *Ethics and Human Action in Early Stoicism*, 132-139.

19 Cassian, *Collationes* 7.7-15; likewise Evagrius, *Peri logismon* 37; Shenoute, "A Beloved Asked Me Years Ago," in *Discourses*, p. 181; quotation from Evagrius, *On Thoughts* 33, trans. Sinkewicz, p. 176; David Brakke, *Demons and the Making of the Monk: Spiritual Combat in Early Christianity* (Cambridge, MA: Harvard University Press, 2006); Graiver, *Asceticism of the Mind*; Columba Stewart, "Evagrius Ponticus and the 'Eight Generic *Logismoi*,'" in *In the Garden of*

*Evil: The Vices and Culture in the Middle Ages*, ed. Richard Newhauser (Toronto: Pontifical Institute of Mediaeval Studies, 2005), 3-34.

20 Cassian, *De institutis coenobiorum* 7.3-4（人體、扭曲），這也是源自埃瓦格里烏斯的思想：Columba Stewart, "Evagrius Ponticus and the Eastern Monastic Tradition on the Intellect and Passions," *Modern Theology* 27 (2011): 263-275, at 269-271; and more generally Stewart, *Cassian the Monk* (New York: Oxford University Press, 1998). 埃瓦格里烏斯緊密連結的社交網絡：Elizabeth A. Clark, *The Origenist Controversy: The Cultural Construction of an Early Christian Debate* (Princeton: Princeton University Press, 1992), 20-38, 60-61, 188-191. 心智啟發者：Isaac of Nineveh, *Discourses* 2.3.3.92 (= *Centuries on Knowledge* 3.92). 思想檢驗者：Brouria Bitton- Ashkelony, "Pure Prayer and Ignorance: Dadishoʿ Qaṭraya and the Greek Ascetic Legacy," *Studi e materiali di storia delle religioni* 78, 1 (2012): 200–226. 並引用p.202收錄的達狄修信件內容。關於看似傳統的修道文本如何大幅脫離傳統影響的精闢分析，請參見：Albrecht Diem, *The Pursuit of Salvation: Community, Space, and Discipline in Early Medieval Monasticism* (Turnhout, Belgium: Brepols, 2021), esp. 243– 345.

21 Dadishoʿ Qaṭraya, *Shelya* 32a-34a; Barsanuphius and John, *Letters* 250 (among many others); Peter Brown, *The Body and Society: Men, Women, and Sexual Renunciation in Early Christianity* (New York: Columbia University Press, 1988), 224-35; Brouria Bitton- Ashkelony and Aryeh Kofsky, *The Monastic School of Gaza* (Leiden: Brill, 2006), 152-53; Jonathan L. Zecher, *The Role of Death in* The Ladder of Divine Ascent *and the Greek Ascetic Tradition* (Oxford: Oxford University Press, 2015), 167-172.

22 Pseudo- Macarius, *Logoi* 15.25 (collection 2), trans. Maloney, p. 118; Brakke, *Demons*, esp. 21– 22; Graiver, *Asceticism of*

*the Mind*, 45– 47. 關於究竟是什麼自私的衝動造成人類當初墮落的各種詮釋，請參見：Brown, *Body and Society*, 220, 326-327, 408-427; Shaw, *Burden of the Flesh*, 175-176. 埃瓦格里烏斯具有爭議的立場跟這些觀點不一樣，他認為墮落在物質被創造出來之前，人類的智識狀態跟上帝分離時就已經發生：Clark, *Origenist Controversy*, 71-74

23 Patricia Cox Miller, *The Corporeal Imagination: Signifying the Holy in Late Ancient Christianity* (Philadelphia: University of Pennsylvania Press, 2009), 19, 24-27, 31; Luke Dysinger, *Psalmody and Prayer in the Writings of Evagrius Ponticus* (Oxford: Oxford University Press, 2005), 27-31, 172-195; Columba Stewart, "Imageless Prayer and the Theological Vision of Evagrius Ponticus," *JECS* 9 (2001): 173-204, at 176.

24 *AP/GS* 16.25; *AP/PJ* 16.16; *AP/S* 1.6.185.（這個版本沒提到第一位僧侶的穿著）。在希臘文和敘利亞文的版本，第二位僧侶被描述為「利比亞人」，意思是在羅馬帝國以外的地方出生的人；拉丁文版本所使用的詞彙則是「鄉下男孩」。關於古典和修道主義自律概念的關聯，請參見：Zachary B. Smith, *Philosopher- Monks, Episcopal Authority, and the Care of the Self: The Apophthegmata Patrum in Fifth- Century Palestine* (Turnhout, Belgium: Brepols, 2017), 171-280.

25 *Consultationes Zacchei* 3.4. Diversity: *Cambridge History of Medieval Monasticism in the Latin West*, ed. Alison I. Beach and Isabelle Cochelin (Cambridge: Cambridge University Press, 2020), esp. Claudio Rapp and Albrecht Diem, "The Monastic Laboratory: Perspectives of Research in Late Antique and Early Medieval Monasticism," 1:19-39.

26 關於敘利亞語的 *iḥidaya* 一詞的演變，請參見：Sidney H. Griffith, "Monks, 'Singles,' and the 'Sons of the Covenant': Reflections on Syriac Ascetic Terminology," in *Eulogema: Studies in Honor of Robert Taft, S.J.*, ed. E. Carr et al. (Rome: Centro Studi S. Anselmo, 1993), 141-160. 古英語的詞彙最早在十世紀出現：Sarah Foot, *Veiled Women*, vol. 1,

*The Disappearance of Nuns from Anglo- Saxon England* (Aldershot, England: Ashgate, 2000), xiii, 26-30.

27 請參見以下的概述：*Cambridge History of Medieval Monasticism in the Latin West*, ed. Beach and Cochelin, vol. 1; *La vie quotidienne des moines en Orient et en Occident (IVᵉ– Xᵉ siècle)*, vol. 1, *L'état des sources*, ed. Olivier Delouis and Maria Mossakowska- Gaubert (Cairo and Athens: Institut Français d'Archéologie Orientale and École Française d'Athènes, 2015); *Monachismes d'Orient: Images, échanges, influences. Hommage à Antoine Guillaumont*, ed. Florence Jullien and Marie-Joseph Pierre (Turnhout, Belgium: Brepols, 2011).

28 僧侶與非僧侶之間的社交網絡：Edward J. Watts, *Riot in Alexandria: Tradition and Group Dynamics in Late Antique Pagan and Christian Communities* (Berkeley: University of California Press, 2010), 95-130. 慈善、禮拜、贈予：請參見下一章。房地產、金融中心：Michel Kaplan, "Aumônes, artisanat, domaines fonciers: Les monastères byzantins et la logique économique (Vᵉ– Xᵉ siècle)," in *La vie quotidienne des moines en Orient et en Occident (IVᵉ– Xᵉ siècle)*, vol. 2, *Questions transversales*, ed. Olivier Delouis and Maria Mossakowska- Gaubert (Cairo and Athens: Institut Français d'Archéologie Orientale and École Française d'Athènes, 2019), 2:359-371; *Monastic Estates in Late Antique and Early Islamic Egypt: Ostraca, Papyri, and Essays in Memory of Sarah Clackson*, ed. Anne Boud'hors et al. (Cincinnati: American Society of Papryologists, 2009); Jean- Pierre Devroey, "Monastic Economics in the Carolingian Age," trans. Michael Webb, in *Cambridge History of Medieval Monasticism in the Latin West*, ed. Beach and Cochelin, 1:466-484. 信奉其他宗教的捐贈者：Jack Tannous, *The Making of the Medieval Middle East: Religion, Society, and Simple Believers* (Princeton: Princeton University Press, 2018), 381. 知識中心：請參見第四和五章。穆斯林訪客：Elizabeth Campbell, "A Heaven of Wine: Muslim- Christian Encounters at Monasteries" (PhD diss., Uni versity of Washington, 2009); Suleiman

A. Mourad, "Christian Monks in Islamic Literature: A Preliminary Report on Some Arabic Apophthegmata Patrum," *Bulletin of the Royal Institute for Inter- Faith Studies* 6 (2004): 81-98; Sabino Chialà, "Les mystiques musulmans lecteurs des écrits chrétiens: Quelques échos d'Apophtegmes," *Proche-Orient Chrétien* 60 (2010): 352-367. 暴力：Brent D. Shaw, *Sacred Violence: African Christians and Sectarian Hatred in the Age of Augustine* (Cambridge: Cambridge University Press, 2011), esp. 247, 472, 780; Watts, *Riot in Alexandria*, 19 ("shock troops"); Lenski, "Valens and the Monks," 114. 和平使者：Pablo C. Díaz, "Social Plurality and Monastic Diversity in Late Antique Hispania (Sixth to Eighth Century)," trans. Susan González Knowles, in *Cambridge History of Medieval Monasticism in the Latin West,* ed. Beach and Cochelin, 1:195-212, at 197.

# 第 1 章

# 俗世

## ——分心的基本源頭

專注力第一步：練習放下雜念，從一次專注一件事開始。

「很多人住在山中，行為卻像人在城鎮似的，他們這是在浪費時間。一個人有可能身處人群，內心卻與自己獨處；一個人有可能隱居，內心卻是住在人群之中。」

在今天，當我們感覺無力對抗令人分心的事物時，我們會離開。我們會在社群網站上宣布我們要遠離自己的社群網站帳號，進行數位排毒，躲到森林裡的小木屋。這段時期令我們放鬆，提醒我們的大腦仍能夠感到平靜，但由於這些解方都是短暫的，有時也不是每個人都能享受，因此到頭來，這些方法不是那麼令人滿意。

古代晚期和中世紀初期的僧侶肯定能理解我們。他們也會用自己的方式「離開」，藉此專注在上帝、以及他們在上帝的宇宙中所擁有的倫理義務。但僧侶的理論是要永久離開，因為他們認為分心是他們社會的結構特徵，必須摒棄這個世界，而不只是其中一部分。

「離開俗世」的修道概念源自許多地方，僧侶們也寫了很多不同的起源故事。一個名叫亞斯特里烏斯（Asterius）的評論者在五世紀初寫到，亞當是有史以來的第一位僧侶，因為他在夏娃出現前過著安靜的隱居生活。有些僧侶喜歡把自己的根源回溯到摩西（Moses）身上，因為是沙漠定義了他對上帝的遵從。還有一些僧侶認為《使徒行傳》（Acts）是他們的源頭，因為書中寫到，使徒們「一心一意，沒有一人說他的任何東西是自己的，都是大家公用。」（第四章第三十二節）你現在比較有可能會在非專業的記述中讀到，安東尼（約二五一－三五六）才是第一個基督教僧侶，而他的埃及同伴帕科繆（約二九二－三四六，就是我們前面提過的那位、難以使他分心的帕科繆）則是共居修道主義的創始人。可是，其實在安東尼走進沙漠之前，就已經有僧侶存在，帕科繆在西元三二〇年代開始把他們聚集起來之前，就已經有修道院出現。這種簡化的歷史幾乎就跟修道院的歷史一樣悠久，古代晚期和中世紀初期的基督徒跟我們一樣喜歡起源故事，因此會把焦點放在幾個因為某些非常受歡迎的文本而成為國際巨星的人物。[1]

不過，他們也很喜歡閱讀個別僧侶的起源故事，因為不管發生多少次，摒棄俗世的選擇，向來是一個令人興奮的轉折點。衣索比亞摩西（Moses the Ethiopian）放棄土匪生活，成為僧侶；牧羊人阿波羅殺了一名孕婦，只是為了想看看胎兒長什麼樣子，他後來逃到修道院懺悔改過；巴爾－沙得（Bar-Sahde）搭乘一艘前往印度的商船時遇到海盜攻擊，因此他發誓只要能逃過一劫就出家修行；保羅撞見自己的妻子跟別人發生關係，便轉身直接走進沙漠，接受偉大的安東尼的訓練。[2]

大部分的僧侶並沒有這麼轟轟烈烈的背景故事，但無論這些記述聽起來多麼不切實際，都強烈傳達了每一位僧侶想要追求的分離。[3]僧侶的生活就從摒棄「世界」、選擇一個新的倫理體系開始。這是所謂的「conversio」：一百八十度大轉變。

這個「世界」不是原本就很糟。基督徒閱讀創世紀世界創始的故事時，通常會說上帝創造的一切都很好。但「世界」也是修道文化用來表示羈絆的委婉語，這個世界有家庭、朋友、財產、工作和日常事項的羈絆，有法律糾紛和農務牲畜無止盡的討論，有八卦，有新消息，有日常生活的刺激、悲痛與平庸，使你的注意力超載。[4]

因此，這個世界雖然很好，但是有些基督徒——尤其是僧侶——卻認為它會使人分心，無法專注在創造它的上帝身上。身為主教和修道理論家的凱撒利亞的巴西流堅稱：「有這些各式各樣把靈魂拖來拖去、讓人跟世俗事務糾纏不清的東西，根本不可能在冥想和禱告上取得進展。」奇瓦泰修道院的院長希爾德瑪（Hildemar of Civate）在將近五百年後更直白地說，要同時專注在兩件事情上是不可能的。二十一世紀的神經科學家和心理學家發現，大腦無法同時處理多種非反射性的任務，如果巴西流和希爾德瑪聽到一定不會感到驚訝。大腦只能在不同的任務和網絡之間來回切換，很快就會開始表現欠佳。[5]在僧侶看來，如果沒有切斷這些所有潛在的「東西」，你就無法真正專注。這個世界充斥著對性靈成長不感興趣的人，使一個人難以改變生活的慣常互動與義務，以及想要吸引你注意的各種事物。

即使基督教在西元四世紀原本是小眾宗教，後來在接下來的幾百年成為歐洲和地中海地區的主要宗教，僧侶仍持續這麼想，因為宗教只是古代晚期和中世紀初期引導多數基督徒（還有猶太人、多神論者、拜火教徒、摩尼教徒和穆斯林）行為舉止的其中一個信念和認同。6 這個紛雜的世界就是僧侶想要摒棄的東西，以便實現關注神聖事物這個更專一的目標。雖然這份工作吸引了各色人等，但是他們最終都發現自己不可能完全拋棄這個世界，或是把這個世界變得完全安靜。專注需要一輩子的努力。

## 現實生活的羈絆

僧侶面臨的種種挑戰一開始就有徵兆。大部分的出家過程都沒有摩西、阿波羅、巴爾-沙得或保羅的故事那麼壯烈，但卻比較複雜。就連「放下」，如此的前置作業對大部分的人來說都很困難。舉例來說，在波斯灣地區的居民把馬爾．尤南（Mar Yawnan）視為聖人的數十年前，他因為父母要他從醫而備感壓力，不敢告訴他們，其實自己想當僧侶，而是等到有一次被派去進行草藥田野調查時，才趁機逃跑。同樣地，在西北方數千公里的高盧（Gaul）北部（今天法國的東北部），另一個家世很好的年輕人旺德雷吉塞爾（Wandregisel），他也不敢向父母透露自己的修道夢，而是等到結婚後才採取行動，對妻子洗腦、說服她一起出家，而據說他的妻子也非常興奮。他很幸運，因為在沒有得到配偶同意的情況下拋棄對方，普遍被認為是不負責任的，在有些地方這種行為甚至是犯法的。但旺德雷吉塞爾的家人不是唯一的阻撓，他當時在國庫工作，國王要求高層官員必須獲得准許才能離開宮廷成為僧侶。雖然國王也是基督徒，但他不總是願意放他們走。旺德雷吉塞爾（跟馬爾・尤南一樣）企圖逃避這場對話，於是一聲不響地辭職。可是，他被召喚回朝，最後還是得在國王和同事面前替自己辯護。[7]

在社會階級的另一端，有些基督徒發現，摒棄世界的主要障礙在於他們缺乏資源（真是諷刺）。雖然僧侶理應放棄自己擁有的一切，他們還是得在信奉修道主義之後養活自己。要全心全意地追尋一樣東西需要特權，而這對窮困的女性來說特別不容易。此外，女性結婚的年齡通常也比男性小，因此當她們選擇離開婚姻、過著修道生活時，很可能只有十幾歲。面對這樣的情況，有些女性會跟苦修的男性建立務實的夥伴關係，像室友一樣住在一起。這種男女同住的情況早在西元四世紀就已經出現，延續了好幾百年，這讓僧侶可以共同承擔經營一個家所需的花費，很可能也提供了人身保護。北非主教、神學家兼修道院院長的希波的奧古斯丁（Augustine of Hippo）曾記錄一個案例，一位獨自隱居的北非苦修者被替她房東工作的某個人強暴；僧侶約翰・莫斯克斯（John Moschos）也分享了一個故事，說到亞歷山大港的一位女性苦修者被人跟蹤騷擾。8

侵入僧侶新生活的不只有罪犯，「俗世」也有辦法使用非暴力手段潛入修道生活。在一些例子中，僕人、奴隸、甚至所有的眷屬都會陪伴主人住進修道院，並在過程中解散了彼此的階級關係。有些父母會把孩子當作禮物送給修道院，這被稱為「獻身者」，孩子的父母不是要拋棄他們（至少通常不是），而是為了跟僧侶和他們神聖的盟友建立密切連結。有些家人會一起加入修道院，朋友也是。此外，僧侶也會帶著回憶前來；本書後面會談到，有一些方法可以防止昔日的記憶侵入冥想的過程。但是，有些僧侶不希望放下這些回憶：愛爾蘭詩人狄葛德（Dígde）在年老喪夫後成為僧侶，但卻仍十分懷念美麗的自己，並穿著漂亮衣裳跟年輕俊俏的國王發生關係、在宴會上暢飲美酒的日子。9

要完全拋下俗世及其令人分心的事物是不可能的，唯有在你死之後，才有可能完全摒棄這一切。我們可以看看一位名叫法蘭吉（Frange）的僧侶的例子，他在西元八世紀倭瑪亞王朝統治埃及時，把自己關在迪耶梅（Djeme）的一個法老墳墓裡。就算四周是喪葬環境，法蘭吉還是跟活人有所聯繫，他留下成堆的通信紀錄，刻在陶片上被考古學家發現。法蘭吉的信件證實，他通信的人數超過七十人，其中有許多是非僧侶的男男女女。他寫信問候他們，純粹為了保持聯繫；他也會祝福他們、他們的小孩和他們的牲畜；他提醒收件者還欠他錢（法蘭吉是靠製作書本和織品養活自己）；他寫信要借書、要一些小豆蔻；他邀請別人來拜訪他；但有時候他也說想要自己一個人獨處。[10]

修道領袖經常指出，放棄和皈依不是馬上就能做到的，這是一個不斷持續的分離過程。長期來看，要完成的工作量很驚人。在七世紀的西奈（Sinai），修道院院長約翰・克利馬庫斯（John Climacus）寫道：「假如人們真的明白，就不會有任何人想放棄俗世。」[11]就算僧侶在那一瞬間決定拋棄一切，他們還是必須不斷努力脫離自己的財物、社會連結、日常事件和其他在這之前佔據他們注意力的重要事物。

## 物品和社交是必要的嗎？

「放下」是沒有固定公式的，僧侶會用不同的方式脫離俗世，因為要判斷什麼算是「俗世」、什麼算是「放下」，意味著必須區隔那些顯然不適合、所以要加以區隔的東西。上帝無所不在，所以什麼才算是使人從上帝身上分心的事物？自我位於整個宇宙體系之中，所以什麼才算是使人從自己的倫理義務上分心的事物？

舉例來說，放棄自己的財物這個規定在實踐上就有許多不同的形式。僧侶很喜歡分享這樣的故事：有一些隱士對於財物放棄得很徹底，連福音書也不要了。然而，這些案例會特別突出是因為很少見。希波的奧古斯丁曾告誡四世紀末住在他修道院的男男女女要放棄自己的財產，不過從奧古斯丁的信件可以看出，僧侶要真正拋棄自己的資產需要一些時間，通常是因為他們想要確保自己的母親、手足或其他被撫養人沒有那些東西也能過得舒服。假如他們是住在羅馬帝國，且屬於市政行政階級的成員，他們還得處理重要的官僚和納稅義務，這會延遲放棄財產的過程。由於財務是如此麻煩（即使是對財產狀況不複雜的僧侶來說），有些修道院傾向把放棄財產的舉動當成絕對的法律程序看待，堅持僧侶在穿上修道服之前，必須轉讓自己擁有的一切，並將交易記錄下來。他們可以把資產捐給修道院或他們想要贈予的任何人，重點是他們一開始就確實放棄所有的財物。[12]

另一方面，許多埃及修道院允許僧侶留下私人財物，晚至西元九世紀都可以找到證據證實這點：莎草紙記錄的合約和其他法律文件顯示，有些僧侶會持有並買賣土地、工作坊、奴隸，甚至是自己修道的房間。至於地中海地區的僧侶則嘗試兼差，多賺一些額外的收入，有時是出於焦慮感，而不是貪心。例如，心思總是敏銳的約翰．卡西安知道有些僧侶擔心自己生病或老邁，會沒有足夠的資源可負擔醫療支出。他認為這不是賺取收入的適當理由，但是有些人顯然不同意。[13]

這些分歧的做法顯示，人們對於財物和零工會不會形成任何心理負擔、拖累僧侶，有相當不一的看法。畢竟，放棄財物並不是最終的目標，只是讓僧侶放棄他終極的資產——即四世紀一個很受歡迎的訓誡文集所說的，「他的祕密資產，也就是他的心智和思緒」——先決條件。[14]最寶貴的資產其實是專注力，不是財物，所以僧侶對於個人物品是否會影響他們的思緒、他們應該如何管理自己的物品，則有不同的結論；有些僧侶認為特定形式的持有不會對心智有害。

某些僧侶團體會吩咐成員不要把東西說成是「自己的」，有些則期許僧侶共享衣物。但也有些社群分配成套的衣物給個別僧侶，有一套敘利亞語指南甚至允許僧侶在衣服上寫名字。同樣地，高盧哈米吉（Hamage）修道院的女性僧侶也會在杯子窯燒好後刻上訊息，至少有一人是刻了自己的名字：歐希珥德（Aughilde）。[15]

臥室也很棘手。大部分的團體會給每個僧侶各一張床，有些人甚至有自己的小室。但是，僧侶很容易就會把臥室或宿舍當成個人的儲藏空間，放置「自己的」東西，讓佔有慾佔據自己的心思。因此，他們常常被告誡不可以鎖房門或櫃子（但是考古紀錄顯示，有些僧侶確實鎖了自己的房間和家具）；僧侶也被禁止在床墊下藏東西。[16]

關於社交關係的放棄，也有很多需要安排的。搬家是不夠的，親朋好友還是會對僧侶的專注力造成風險。僧侶可能想起父母與美麗的家，對自己的「小室」感到「反感」；他可能在禱告時想起摯愛的人，因此心思和聲音分離；他可能沒有夢到性靈事物或祥和地沉睡，而是夢到家人被拘捕、變窮或死亡。如果有親屬關係的僧侶住在同一間修道院，甚至會被鼓勵要保持距離。雖然基督教文化的社群概念受到古羅馬的家庭價值觀很深的影響，雖然對一般教徒發表講話的佈道者傾向主張人有可能同時對家庭和上帝付出，修道文獻卻傾向把這兩者視為兩極。家庭需要一個人的付出，修道生活也需要一個人的付出，兩者都在爭取僧侶的注意力。[17]

這便是為何大部分的修道院都會希望院長檢查僧侶的郵件，有些人還禁止僧侶接收包裹。收件匣不用塞滿，就會使人分心——就連偶爾收到的信件和禮物也會強化社交連結，妨礙僧侶對其他事情的付出。[18]基於同樣的理由，僧侶不該接受晚宴、婚禮或甚至是基督教節慶活動的邀請，他們被吩咐不可以執行洗禮、擔任教父教母或是到當地教堂、墓園參加紀念聖人的活動。問題不在於忙不忙碌，而在任何活動所產生的吸引力，如同六世紀的《塔恩修道院規範》（*Rule of the Monastery of Tarn*）所說的，在這些活動上「身心會被這個世界給吸走」，而且不只有活動期間的那幾個小時是如此，只要僧侶回憶起活動的場景還是會受到刺激。[19]

基於同樣原因，探望家人也會造成問題。大部分的僧侶確實偶爾會去見見自己的原生家庭，但他們的內心其實很衝突。法蘭吉（住在墳墓仍會維繫人脈的那位）定期會跟妹妹特希（Tsie）聯繫，她會替他處理事情。特希堅持要法蘭吉親自造訪，而不是只來拿她替他買的衣物，是真的來做客。努西亞的本篤（Benedict of Nursia）的妹妹思嘉（Scolastica）也是僧侶，每年見哥哥一次，但有一次思嘉想跟他聊久一點，他卻怎麼樣也不答應。比較誇張的是，皮歐（Piôr）變成僧侶後，有五十年沒跟家人聯繫，就連他的同僚也覺得這太過頭，因此當他們收到皮歐妹妹的來信詢問她哥哥的近況時，他們逼迫皮歐去見她。博比奧的喬納斯（Jonas of Bobbio）去探望九年沒聯絡的父母，卻在抵達當天生病，因此他認為這是必須馬上返回修道院的徵兆。[20]

僧侶在這些情況下感覺十分矛盾，因為他們覺得只要前往「俗世」就有可能使他們脫離正軌。住在個別居所的僧侶，會鼓勵彼此在禱告時間不要去找任何藉口起身走到外面；住在修道院裡的僧侶通常需要獲得准許才能離開（雖然院長常常因為要處理教區和政治事務而出門在外，處理修道院法律事宜的僧侶也沒少外出）。就連談論別人的旅程也有可能分神。無論是實際從事旅行或只是講到旅行，都會增加分心的機會，做出輕則觀察路人、重則嫖妓的行為。[21]

最好還是待在室內。可是，如果真的有必要出門，僧侶應該心無旁騖。僧侶很容易就能被基督徒和非基督徒認出，是因為他們在公共場所常常眼睛往下看；有一條規範甚至建議僧侶出門在外時應該背誦木簡上的聖歌。最重要的是，僧侶應該要像西元五世紀的一套修道規範所說的：「把你的愛侷限在你的小室，將它當成天堂看待。」[22]

## 打造自己內心的小室

對於沒有成為隱士或修道院成員的人來說，皈依修道主義和摒棄俗世更加複雜。這些人雖然致力放下、紀律與禱告，但是他們住在家裡，或者沒有一個稱作家的地方，而是四海為家，靠乞討或資助維生。然而，儘管有其挑戰，他們為了脫離俗世所做出的努力證實，與世隔離不一定是成為僧侶的關鍵要素。

一位名叫瑪克麗娜（Macrina）的年輕卡帕多奇亞女子（凱撒利亞的巴西流和尼撒的貴格利〔Gregory of Nyssa〕的姊姊），在十二歲時遭遇未婚夫意外死亡後，便決定「自己」生活。實際上，這表示她要跟家人住在一起，但永不結婚，並接下富有的父母通常會交給家中奴隸去做的工作。敘利亞語稱作「聖約兒女」的團體成員也是住在家裡，跟家人或其他成員同住，住在皈依新生活之前就一直居住的房子或公寓。但是，他們沒有進行商業交易、訴訟或從軍，也不吃肉、喝酒、結婚，他們熟記聖歌、照顧窮人、不斷禱告。至少，這是他們埃德薩當地的主教拉布拉（Rabbula of Edessa）希望他們做到的事。相較之下，埃及出土的一份法律文件證實敘利亞（Syria）北部有些僧侶住在家中，卻持續參與社區事務，拉布拉認為不太得宜；例如，他們出租自家的房間，還進行司法訴訟。[23]

西元四世紀，離開俗世的埃及僧侶（不管有沒有加入修道院）稱自己為「放棄者」（apotaktikoi或apotaktikai）。然而，這個詞彙沒有延續下去，僧侶很快開始爭辯誰才真正稱得上是「僧侶」。早在四世紀晚期，就開始有人批評四海為家的僧侶無法養活自己，嘲笑流浪外地和住在家中的僧侶懶惰、自私、沒有專心。五世紀的修道院院長安卡拉的尼魯斯（Nilus of Ancyra）說四海為家的僧侶是高明的騙子，自制力很差。《大師規範》（*Rule of the Master*）和《本篤規範》（*Rule of Benedict*）這兩部關聯密切的拉丁文本直截了當地排斥住在家裡的僧侶，說他們「想做什麼就做什麼」，不遵守任何規矩。賽維爾的莉安德（Leander of Seville）在六世紀告訴他的妹妹佛羅倫蒂娜（Florentina），住在鎮上是「私人生活」的一種形態，會對個人的專注力造成各種限制，「請避免！」[24]

這些反對言論持續了好幾個世紀，因為還是有僧侶會住在家中或四海為家。批評者提出以哲學為依據的反對言論，但是他們其實也覺得，自己似乎受到這些高尚的性靈形式所威脅，而他們的抱怨通常帶有階級和性別差異。務農一輩子的男性可以成為充滿領袖魅力的流浪導師，獲得社會流動的機會；他們有很多贊助者是女性。此外，雖然任何人都可以在家過著苦修生活，但選擇這麼做的基督徒似乎女多於男。舉一個證據充足的例子，在埃及城市俄克喜林庫斯（Oxyrhynchus）出土的大量莎草紙文物便顯示，女性的「apotaktikai」跟男性的「apotaktikoi」人數為二比一。

然而，選擇走這條路的女性假如有錢有勢，批評者就比較小心謹慎。人脈廣又愛爭論的耶柔米（Jerome，後世將他奉為聖人和教父）便對選擇這種生活的友人抱怨居家苦修的做法。其中一人瑪榭拉（Marcella）甚至把自己位於阿芬廷（Aventine）的豪宅變成苦修女子的中心。

但是，耶柔米（他自己也是搬家一次以上的僧侶！）不想直接批評這些羅馬精英女性，因為她們是他的朋友，也是他的經濟支柱。於是，他把這類異端僧侶稱作「Remnuoth」，是以古埃及語的貶抑詞為基礎的外來語，用來暗示這是後來才流傳到羅馬的偏門埃及習俗。他沒有說他的朋友是不好的僧侶，只說有些這樣生活的僧侶做得不對。25

不是所有的僧侶都會詆毀在家苦修的基督徒。西元五到六世紀之際，約翰．魯夫斯（John Rufus）這位僧侶便讚美高加索伊比利亞王國（Iberia in the Caucasus）的王室一邊治理國家，還能一邊「過著修道生活」。同樣地，在大約半個世紀後出版修道聖人傳的以弗所的約翰（John of Ephesus），也對於合夥做生意的一對兄弟感到非常佩服，因為他們不但在家奉行苦修主義，還因為童叟無欺和慈善捐款，而成為受人尊敬的成功商人。沙漠教父皮亞芒（Piamun，不要跟愛比喻的波門搞混了）告訴卡西安和傑曼努斯一個故事，說亞歷山大港有一個虔誠的女子，住在父母留給她的一棟房子裡，她請亞歷山大港的主教送來一個貧苦的寡婦，她要照顧她，可是這個寡婦行為太端正了，因此苦修女子請主教再送別的人來。來來回回的交涉令主教覺得很煩，於是送來一個憤怒吵鬧的酒鬼，會羞辱、甚至攻擊收留她的女子，結果苦修者從容地應付。皮亞芒講述這個故事，是為了讓那兩位僧侶感到羞愧。他尖刻地說，這個亞歷山大港女子的耐心和紆尊降貴程度，換作是別人，只有在逃離人類社會、住在山洞裡才有辦法達成。[26]

皮亞芒點出了修道文獻中兩個互相衝突的主題：注重居住地的偏遠性；明白光是住得偏遠無法成為僧侶。俗世——或者更確切地說，是俗世令人分心的各種事物——不管在哪裡都找得到你。不過，關於居家或流浪修道形態的史料，很多都是由批評者、而非仰慕者或實行者所寫的。雖然有這個情形，但是時常遭其他僧侶貶低的這些「另類」苦修生活形態，很可能比隱居或共居的修道形式更普遍。[27]換句話說，我們認為典型的那些僧侶似乎只是很愛發表意見的少數族群。但如同皮亞芒指出的，即使沒有實際抽離一個充滿挑戰的環境，仍有可能保持專心致志。似乎有很多僧侶沒有藏身之處，也能成功抵抗多工的謬誤。

那些真的離開家、在固定的地方閉關的僧侶，也用很有創意的方式詮釋棄世的概念。他們把自己的環境描寫成沙漠地貌、小室和牆壁，但是他們的住處卻以非常不同的方式體現這個美學。有些隱士會睡在山洞或帳篷，或直接在杳無人煙的地方就地露宿；有一個僧侶得到了「低窪人」馬其多尼烏斯（Macedonius "the Pit"）的綽號，因為他不管走到哪裡都喜歡睡在地面上的凹洞。有些僧侶則是住在村落邊緣、教堂或修道院的塔裡、空蕩蕩的貯水池底部，或者需要靠滑輪才能把食物、飲水送上去的柱子頂端。最後這類僧侶被稱作「柱子居民」（stylite），這個詞源自希臘文的柱子「stylos」。在西底比斯（位於尼羅河邊，對岸是一座名叫樂蜀〔Luxor〕的城市），很多僧侶都像法蘭吉那樣，把法老的陵寢和古代的停屍間變成修道建築群；有時，他們在這些地方做出的唯一更動，就是重新上一層油漆而已。[28]

修道院跟隱士住的地方一樣，也用許多不同的形式存在於「俗世」。聖薩巴修道院（The Great Laura of Saint Sabas featured）是由在猶大沙漠的溝壑峭壁挖出的隱士住處所組成；在波斯灣的哈爾克島（Kharg，今天伊朗外海），僧侶故意把修道院建在這座風大、其實不宜人居的島嶼，將建築群使用一道石牆包圍，其中至少有兩面蓋了讓個別僧侶居住的小室（圖1）；在高盧，一個在政壇上很有權勢的寡婦葛楚（Geretrude）則是將哈米吉女子修道院建在斯卡爾普河（Scarpe）濕軟、多沙、林木茂密的谷地，四周設立了木樁和有水的壕溝，姊妹住在一間一間的木棚，彼此距離很近（圖2）。[29]

有些修道院是建立在城市、郊區或農地上。帕科繆在埃及成立的修道院聯盟坐落在尼羅河肥沃平原上的村莊，而敘利亞的修道院也經常位於村莊內或離村莊非常近。建築本身建造在很多不同的地方，或是從很多不同種類的建築空間——墳墓、廟宇、私人莊園、體育館、宅邸和頽圮的村落等，這邊只有寫出其中一些例子——改建而來，因此要定義「典型」的修道院建築是不太可能的，這讓考古學家連要看出這是修道院都有困難。例如，西元六或七世紀時，有一小群僧侶把阿戈斯（Argos）的浴場建築群翻新成一座修道院，只有一塊可以證明這是修道院的碑文流傳到後世：碑文要盜墓者不要侵擾這裡的僧侶。[30]

今天在我們眼中感覺很偏遠的修道院，一千五百年前不一定有人這麼想。在伊朗（Iran）西部，亞茲丁（Yazdin）和佩提恩（Pethion）這兩位僧侶在比蘇屯（Bisutun）崎嶇的山巒建造了自己的小室，但是這裡一點也不落後，而是薩珊帝國（Sasanian Empire）最顯著的地

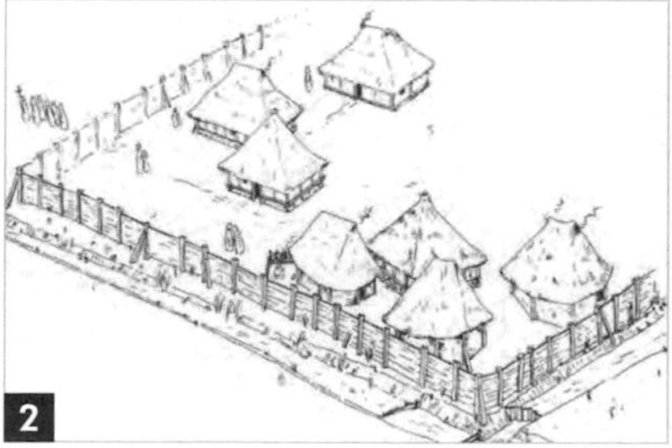

- 圖1：哈爾克島上的修道院俯瞰圖，面南。北牆與西牆蓋了七十間多房的小室；教堂和其他公共區域位於建築群的中央，很可能建於西元七世紀。
  圖片約拍攝於一九五九至一九六〇年間，由羅曼・葛施曼（Roman Ghirshman）指導的法國考古團進行勘查時拍攝，轉載於Marie-Joseph Steve, L'Île de Khārg: Une page de l'histoire du Golfe Persique et du monachisme oriental (Neuchâtel: Recherches et Publications, 2003), plate 55.1.
- 圖2：西元七世紀晚期哈米吉女子修道院西南角的重建圖，這個部分是在修道院成立後的數十年建造的。
  圖片來源：Etienne Louis。

標。在西邊地中海的另一端，卡夫雷拉島（Cabrera，巴利阿里群島的其中一座島）的修道聚落位於繁忙的貿易和海洋交通樞紐，那裡的僧侶會從遠至黎凡特（Levant）的地方進口商品。同樣在六世紀，瓦倫西亞的主教查士丁尼（Justinian of Valencia）在當時還是島嶼的庫列拉（Cullera）建立了朋塔島（Punta）修道院，他的墓碑自豪地說這座修道院同時被波浪和高牆所圍繞。考古學家確實在庫列拉的南面挖出一堵高牆的殘跡，但是儘管被高牆與波浪包圍，那裡的僧侶仍跟島外的人有所聯繫，從他們的錢幣和陶器就能看出與地中海地區的交流；他們甚至進口了安納托力亞的藥膏。[31]

然而，這些代表距離與界線的不同形式不能證明僧侶不是他們自稱的那樣，反之這些只是強化了僧侶對彼此強調的事情——無論處於什麼樣的環境，僧侶應該對任何想瓜分他對上帝的專注的一切感到疏離。他們分享了帕拉狄烏斯（Palladius）的故事：一名天使稱讚一個僧侶很專心，責罵另一個僧侶破壞自己的孤立性：「她的心從來不曾遠離上帝，而你雖然住在這裡，卻在腦中逛遍城市。」有些僧侶也記得沙漠教母阿瑪．辛克萊蒂卡（Amma Syncletica）曾說過：「很多人住在山中，行為卻像人在城鎮似的，他們這是在浪費時間。一個人有可能身處人群，內心卻與自己獨處；一個人有可能隱居，內心卻是住在人群之中。」最重要的應該是

「內心的小室」。[32]

## 該如何面對周遭紛擾？

近幾十年來，歷史學家漸漸發覺僧侶會必須強調脫離俗世，正是因為他們皈依後仍持續被捲入俗世。他們努力建造內心的小室，是為了替民眾提供不夠超脫的人無法提供的服務，這些服務相當多。幾百年下來，僧侶和資助他們的社群發展出重要的關係，使修道主義變成基督教社會的核心，而非邊陲——在社會、性靈、經濟和學識上都是如此。

僧侶在「俗世」扮演的角色非常廣。在黎凡特地區，尤其是距離沿岸大都會很遠的農業社群，僧侶扮演了解決問題者的角色，信徒會找他們解決棘手的事情，例如剝削他們的地主、財產糾紛和疾病。一部敘利亞語寫成的修道指南文集《瑪魯塔正典》（*So-Called Canons of Maruta*）甚至認為每一個城鎮都要選出一位僧侶擔任當地監獄的聯絡人，負責探視獄友、替他們辯護、為他們募集官司費用的捐款、確保他們受到妥善照顧等。[33]

僧侶也得應付各式各樣數也數不清的特殊請求。舉一個例子就好：在耶柔米為敘利亞僧侶希拉里翁撰寫的傳記《希拉里翁的一生》（*Life of Hilarion*）中，寫到有一個賽馬場主人找上希拉里翁，請他幫忙破解一個壞心的魔術師對他的馬下的咒語。起初，希拉里翁不想浪費時間在這種事情上，但是賽馬場主人接著強調，他希望透過基督教的方式解決問題，不想尋求魔法（對僧侶這樣說很有效，因為這暗示了唯一的替代方式是異教手段），於是希拉里翁便答應治療他的馬匹。耶柔米表示，這件事做得很值得，因為希拉里翁的服務，讓被他治好的馬匹後來在賽場上取得勝利，最後導致許多賽馬迷皈依基督教！[34]

致力將古代晚期基督教聖人放在真實的人類環境觀看的歷史學家彼得．布朗（Peter Brown）在幾十年前指出，僧侶既跟社會保持距離，又是社會不可或缺的元素。他們必須同時具備兩者，因為與社會脫節的生活，使他們可以自由淬鍊支持者所重視的洞見，也能使他們成為中立的協商者和顧問。許多基督徒認為，僧侶之所以擅長擔任中立的中間人，都要感謝他們所摒棄的社群，儘管僧侶有時候認為這麼做會分散他們的專注力。以弗所的約翰在六世紀寫到，去探視柱子居民馬羅（Maro the Stylite）的訪客很不悅，因為他抱怨他們使他無法專注於上帝。將近一百年前，《柱子居民西緬的一生》（*Life of Simeon Stylites*）的敘利亞語版本則寫到，西緬（他可說是最有名的柱子居民）出現一個可怕的異象，有一個宏偉莊嚴的男子被一大群人包圍，因為西緬受夠了訪客而大力痛責他。這是一個艱難的教訓，在黎凡特，基督教聖人必須「在社會中跟社會搏鬥」。[35]

在北非，俗世與棄世之間的平衡則不一樣，這裡的隱士跟黎凡特的不同，沒有很多崇拜他們的追隨者。修道院從六世紀才開始在偏遠地點興建起來，僧侶似乎也是從那個時候才開始穿著特殊的服裝。相較之下，西元四和五世紀的埃及僧侶呈現的形象是自給自足的局外人，他們這麼做的原因是要避免被懷疑自己虧欠任何人。可是，就連他們的傳記作者也承認，他們確實仰賴他人給予的物資和支持：頌揚埃及隱士的修道離俗形式的文獻提到很多訪客造訪僧侶、希望得到建議或鼓勵的故事。就連被要求不要來訪的女性也還是想盡辦法去找他們，成功得到某些協助，儘管隱士一開始不願意幫助她們。這些故事跟完全脫離俗世和自給自足的描述一起被放入修道聖人傳，因為這些傳記的作家知道，摒棄世界的哲學是相對、而非絕對的。[36]

在地中海的其他地區，僧侶發展出一套信徒熱烈贊助的特殊服務——代禱，這是從人們長久以來普遍深信僧侶的禱告能通向上帝的認知演化而來的。約翰．卡西安把這比作宇宙興建工程：僧侶的專注和訓練可以協助他們建造一座通往天上的禱告塔，這些溝通管道被認為對社會有益。早在西元四世紀中葉，敘利亞的耶福列木（Ephrem the Syrian）便熱忱地告訴隱居僧侶：「被罪淹沒的世界因為你們的禱告而受到強化。」[37]

幾百年下來，這些禱告塔承載的禱告越來越多，柱子居民西緬的禱告被比作「支撐創造」的「建築樑柱」。查士丁尼（Justinian）大帝自信滿滿地說，當僧侶過著正確的生活，他們的禱告「能為整個疆域帶來上帝的恩惠」，像是成功的軍隊、安穩的城市、豐盛的收成以及海上的漁獲。基督徒也開始期許僧侶替他們的靈魂禱告。於澤的費羅勒斯（Ferreolus of Uzès）說到他創立的修道社群：「現在他們像一群虔誠的蜜蜂般聚集在一起，我希望他們替我許多的罪貢獻禱告的花朵，因為替我代禱而產出非常甜美的蜂蜜。」有的捐款者非常直截了當，地中海東岸的捐款人要求僧侶在禱告時一直惦記他們、保障他們獲得永生。在歐洲，源自七世紀以降的禮物證明有很多都說到捐贈者是在尋求「靈魂受到保護和治癒」（*remedium animae meae*）。

捐助的東西包括：土地、現金、珠寶、織品和牲畜等可移動資產；小孩、減稅優惠等。贈送這些禮物的捐獻者認為這不只是某種交易，還是「轉變」。捐贈的舉動無法「買到」救贖，這是一種資源的犧牲，在較小的程度上仿效僧侶摒棄世界時做出的龐大犧牲，禮物讓捐獻者參與了摒棄世界和專注於神聖這兩件事。一位北非的聖人傳作家明白地說：捐獻者的支持讓僧侶不會因為擔心物質短缺而「分心」。所有的基督徒（不只僧侶）還是應該要禱告，但是基督徒相信，那些不斷試著把俗世令人分心的事物拒於門外、同時與上帝連結的專家，可大大增強將世間財富轉變為天上寶藏的效果。[38]

有些修道院教堂會禁止訪客參觀，透過把僧侶跟外在干擾隔絕的做法，加強僧侶禱告的強度。不過，有些僧侶則歡迎民眾來到他們神聖的空間。少女堡（Qasr el-Banat）的社群便將教堂蓋在非常靠近安提阿（Antioch）和阿勒頗（Aleppo）之間的主要幹道上，讓旅人很容易就能看到並探訪。在西北方位於多瑙河和黑海之間的蘇哈雷哈（SuhaReha）谷，由白堊岩山脈挖成的巴薩拉比－穆法特拉（Basarabi- Murfatlar）修道院也很歡迎朝聖者，這從他們在修道院教堂的白堊岩牆面留下的塗鴉就能知道。

修道社群也有可能提供其他服務給民眾，如救濟品和醫療照護，但是這些不只有他們會做。他們也能發揮感化中心的功能，讓想要（或被法官判定要）彌補自己罪過的人過著像僧侶的生活，雖然他們不見得就會出家成為僧侶。大部分的僧侶也認為他們應該歡迎來到修道院的訪客，特別是來避難的人或旅人。[39]

僧侶知道這一切事項和照料都很重要，認為自己在道德上有義務提供這些，但他們還是擔心這會使他們分心。他們可能會想翻訪客的包包，或在他們面前炫耀；有些人會問訪客一大堆問題，或感覺自己必須陪客人；也有些人會生氣。加洛林王朝（Carolingian）著名的評論家在九世紀緬懷他們的修道偶像聖本篤（Saint Benedict）時，假定他沒那麼歡迎他那個時代的訪客，因此不必負擔後來的僧侶所面對的繁重義務。但這只是懷舊心理作祟，僧侶已經把自律和好客這兩個互相衝突的責任提了好幾百年。東敘利亞的一部中世紀初期苦修文集（吐魯番地區說粟特語的基督徒寫的）提出令人慰藉的一點：不好的念頭和旅人終究都會離開，關鍵在於不要受到這些干擾的擾亂。[40]過了一個世紀又一個世紀，僧侶始終都有感覺到利用自己的性靈專注來造福民眾、卻反過來可能因為民眾的要求而害自己分心的這種矛盾。

## 社交是一把雙面刃

古代晚期和中世紀初期留存至今最壯觀的兩座修道院教堂，彼此僅相隔四公里，鄰近上埃及的泰赫塔（Tahta）和索哈傑（Sohag），一棟以石灰岩建造、一棟以磚頭建造，今天稱作白修道院與紅修道院教堂（圖3、圖4）。那位想像魔鬼沒有四肢、思緒到處飄盪的修道院院長謝努特，在西元四五〇年左右蓋了白修道院的教堂，當時修道院建築比較像市政建築，而非修道院。雖然有些僧侶對富麗堂皇的建築抱持保留態度，但是謝努特決定建造一座奢華的長方形大教堂，以表達他的社群投入上帝的倫理觀（同時聲明自己的領導權威）。大約一百年後，紅修道院的僧侶也仿效這個模型建造了一座新教堂，這兩棟建築都表現出僧侶跟俗世的雙面關係，也就是既互相分離、又共生並存。這些龐大的修道院空間是由一般民眾的大量捐款所資助完成的，因為他們想要支持只有修道院聯盟那些脫離俗世、專心致志的局外人才能完成的社會工作。[41]

在某些人眼裡，富有贊助者的慷慨程度真的很誇張。教宗額我略一世在《對話》分享了一個故事：有一個名叫以撒的敘利亞人出現在斯波萊托（Spoleto）的教堂，在那裡禱告了整整三天。教堂的工友很嫉妒這個高度專注的訪客，因此被魔鬼附

- 圖3：在西元四五〇年左右建造的白修道院教堂（長寬約為七十五公尺乘以三十七公尺）——謝努特稱這是他的「大房子」
- 圖4：六世紀中葉建造的紅修道院教堂（大小約白修道院教堂的三分之一）。
圖片來源：Elizabeth S. Bolman。

身，以撒就為他驅逐魔鬼。斯波萊托的精英分子雖然根本算不上認識他，卻主動提出要替以撒建造專屬他的修道院（他拒絕了，令額我略非常敬佩）。大約一百年前，在西元五〇〇年左右，多神論的歷史學家佐西默斯（Zosimos）陰沉地說，僧侶就像非常厲害的海綿，摒棄了一切，卻還是成功得到一切。

佐西默斯質疑這種情況，但他也做了準確的觀察，身為歷史學家，他注意到基督徒改變了花錢的方式。更近代的歷史學家則預估，在西元四到八世紀的幾百年間，尤其是六世紀，基督徒共捐了當時和先前的羅馬帝國境內大約三分之一的地產給修道院和教堂。[42]

生活優渥了，人們的檢視也放大了。公關大師謝努特反覆敦促他的僧侶思考他們的買賣關係會對外界造成什麼樣的印象。他們應該用合理的價格進行買賣；他們應該支付水上交通的現行費用；他們不應該先跟顧客收取訂金；他們買東西應該付全額；他們不應該從百姓那裡收集過多木柴。最重要的是，他們不應該接受免費的東西，這會讓他們看起來像「乞丐」，使大眾「譴責〔修道服〕偉大光榮的制服」。埃德薩的拉布拉和希波的奧古斯丁也有表達過類似的顧慮，他們有專注於上帝的自由，但他們不能揩他人的油。[43]

捐獻者很愛打招呼。位於現今瑞士的聖蓋爾（St. Gall）修道院曾接待一位以上的皇帝，他們想知道自己的投資值不值得，因此嘗試讓一動也不動的僧侶分心。這些皇帝很高興地發現，就連兒童僧侶連一根汗毛也沒動。我們會知道這件事，是因為一個名叫艾克哈德（Ekkehard）的僧侶在十一世紀記錄了這些事件。專注對修道院的廣大資助圈（不只神聖羅馬帝國的皇帝）來說也很重要，艾克哈德敘述這些故事是為了聖蓋爾修道院的名譽。幾百年前，有一套敘利亞修道院政策也對捐獻關係表達類似的實用方針：「〔修道院的領袖〕不可鄙視修道院的朋友、恩主和導師，但是他應當以自己擁有的東西接待他們。」跟俗世維繫良好關係很重要，但是僧侶有時候不喜歡這麼做。44

當然，他們有權利放棄當僧侶，很多人確實也這麼做了，這些例子再次點出修道院和俗世之間的糾葛。許多主教一開始都是僧侶，當上主教後仍保持自己的苦修訓練。到了五世紀，這基本上已經成為某種資格，因為基督徒已把脫俗視為性靈天賦的象徵之一（雖然有一些基督徒認為，這些人能當上主教是基於他們的家世背景，而非修道訓練）；有些人的職涯就沒那麼幸運。許多精英分子在政界失去光芒，會選擇隱退或被迫「隱退」到修道院，但這些人可能從來沒有成為僧侶，或至少不像其他僧侶那樣。他們往往還是繼續扮演權力掮客的角色，政壇風向一轉，有些人就會離開隱退的生活。45

就連比較平庸的僧侶回歸俗世案例，也顯示了神聖和世俗場域之間並非無孔不入。僧侶分享不少這樣的故事，因為回來的僧侶告訴我們，無論僧侶離開的理由是什麼——外遇、打鬥或身心俱疲，沒有什麼是不可逆的。在侏羅（Jura）山的康達特（Condat）修道院，一名資深的僧侶曾向院長抱怨，做得不好的弟兄應該要被踢出修道院。院長很震驚，認為任何人都能改變，值得擁有再試一次的機會。他引述許多《聖經》情節來支持自己的立場，也指向自己的僧侶，說他因為他們許多人做了不光彩的事而哀痛很多次，他們有的人甚至離開了兩三次，但是他們又會再回來。46

簡言之，皈依修道主義雖然困難，但是要切斷那些不斷把僧侶的心智拉回俗世的人事物更難。僧侶出於道德責任感所提供的服務，就有可能危及他們對上帝的專注。好的棄世故事令人嚮往，卻是不可能的。人沒辦法完全拋下俗世。由於摒棄這個世界無法帶來絕對的解方（雖然這比我們自己實行的閉關還要有效），僧侶會互相幫助，共同對付分心。

## 在這章我們能了解到……

①這個世界有家庭、朋友、財產、工作和日常事項的羈絆，有法律糾紛和農務牲畜無止盡的討論，有八卦，有新消息，有日常生活的刺激、悲痛與平庸，使你的注意力超載。

②二十一世紀的神經科學家和心理學家發現，大腦無法同時處理多種非反射性的任務。大腦只能在不同的任務和網絡之間來回切換，很快就會開始表現欠佳。在僧侶看來，如果沒有切斷這些所有潛在的「東西」，你就無法真正專注。

③修道領袖經常指出，放棄和皈依不是馬上就能做到的，這是一個不斷持續的分離過程。

④俗世——或者更確切地說，是俗世令人分心的各種事物——不管在哪裡都找得到你。

⑤專注需要一輩子的努力。

## 第一章註釋

1 《使徒行傳》：Asterius, *Liber ad Renatum* 3–4. Moses: Claudia Rapp, *Holy Bishops in Late Antiquity: The Nature of Christian Leadership in an Age of Transition* (Berkeley: University of California Press, 2005), 112–114, 128–138; Bitton-Ashkelony and Kofsky, *The Monastic School of Gaza*, 62–81. Acts: Peter Brown, *Through the Eye of a Needle: Wealth, the Fall of Rome, and the Making of Christianity in the West, 350–550 AD* (Princeton: Princeton University Press, 2012), 167–172; Conrad Leyser, *Authority and Asceticism from Augustine to Gregory the Great* (Oxford: Clarendon, 2000), 8–12, 45–47; Christian C. Sahner, "Islamic Legends about the Birth of Monasticism: A Case Study in the Late Antique Milieu of the Qur'ān and Tafsīr," in *The Late Antique World of Early Islam*, ed. Robert G. Hoyland (Princeton: Darwin Press, 2015), 393–435. 多種起源故事：James E. Goehring, *Ascetics, Society, and the Desert: Studies in Early Egyptian Monasticism* (Harrisburg, PA: Trinity Press International, 1999), esp. 13–35, 137–161; Samuel Rubenson, *The Letters of St. Antony: Monasticism and the Making of a Saint* (Minneapolis: Fortress Press, 1995).

2 Moses: Palladius, *Historia Lausiaca* 19. Apollo: *AP/G* Apollo 2. Bar Sahde: Isho'denah · of Basra, *Ktaba d-nakputa* 77. Paul: *Historia monachorum in Aegypto* 24.1; Palladius, *Historia Lausiaca* 22.7.

3 有一個特例傳達了這個規則：一個名叫塞維利努斯（Severinus）的僧侶對自己的出生地和出身背景吞吞吐吐、不願透露，導致他的傳記作者覺得有需要花很多篇幅解釋傳記裡為什麼沒有寫到相關資訊：Eugippius to Paschascius, in *Vita Severini*, pp. 2–3.

4 美好的創造：Basil, *Great Asketikon*, SR 92.，至於創世記針對這一點所做的評語，請參見：Basil, *Hexaemeron* 4.6–

7, 5.4; Ambrose of Milan, *Exameron* 2.5, 3.9; Augustine of Hippo, *De Genesi ad litteram* 2.6, 8.6, 8.13–16; Eucherius, *Instructiones* 1.11; *Intexuimus*, lines 249–251; Bede, *In principium Genesis* 1.18, 2.9, 2.16–17. 羈絆的範例：Basil, *Great Asketikon*, LR 8（家庭、朋友、財產、工作和日常事項）；*AP/GN*, N. 739（朋友、法律糾紛、財產、農務牲畜）；Babai, *Rules* 16（八卦和新消息）, in Vööbus, *Syriac and Arabic Documents*, p. 181.

5 Basil of Caesarea, *Great Asketikon*, LR 6, quotation 6.1.99, trans. Silvas pp. 178–179; Hildemar, *Expositio*, prologue（同時專注在兩件事情上是不可能的）; similarly Isaiah, *Asketikon* 11.82. 多工不可能辦得到：Adam Gazzaley and Larry D. Rosen, *The Distracted Mind: Ancient Brains in a High-Tech World* (Cambridge, MA: MIT Press, 2016), 60–62, 72–73, 76–79.

6 例子請參見：Éric Rebillard, *Christians and Their Many Identities in Late Antiquity, North Africa, 200–450 CE* (Ithaca and London: Cornell University Press, 2012); Seth Schwartz, *Were the Jews a Mediterranean Society? Reciprocity and Solidarity in Ancient Judaism* (Princeton: Princeton University Press, 2012); Alan Cameron, *The Last Pagans of Rome* (Oxford: Oxford University Press, 2011); Richard E. Payne, *A State of Mixture: Christians, Zoroastrians, and Iranian Political Culture in Late Antiquity* (Berkeley: University of California Press, 2015); Jason BeDuhn, *Augustine's Manichaean Dilemma*, vol. 1, *Conversion and Apostasy, 373–388 C.E.* (Philadelphia: University of Pennsylvania Press, 2010); Jack Tannous, *The Making of the Medieval Middle East: Religion, Society, and Simple Believers* (Princeton: Princeton University Press, 2018).

7 *History of Mar Yawnan* 3; *Vita Wandregiseli* 4, 7. Contexts: Richard Payne, "Monks, Dinars and Date Palms: Hagiographical Production and the Expansion of Monastic Institutions in the Persian Gulf," *Arabian Archaeology and*

Epigraphy 22 (2011): 97–111; Kreiner, *The Social Life of Merovingian Hagiography in the Merovingian Kingdom* (Cambridge: Cambridge University Press, 2014), 67–69, 208–209. 關於婚姻是基督徒倫理義務的這個概念是如何發展的：Kate Cooper, *The Fall of the Roman Household* (Cambridge: Cambridge University Press, 2007); Michel Foucault, *Les aveux de la chair*, ed. Frédéric Gros, vol. 4 of *Histoire de la sexualité* (Paris: Gallimard, 2018), esp. 268–280. 有關已婚修道者的規範：Basil, *Great Asketikon*, LR 12; Cassian *Collationes* 21.1–10; Fulgentius of Ruspe, *Letters* 1.14（已婚人士就連想要放棄性愛，也得獲得配偶的同意）; *So-Called Canons of Maruta* 54.30, 54.32, in Vööbus, *Syriac and Arabic Documents*; Isho' Bar Nūn, *Canons* 16–17, 19, in ibid.; Barsanuphius and John, *Letters* 662. 也可參見貝內狄克塔（Benedicta）的例子，她的未婚夫因為她決定取消婚約而拖她上法院（不過她最後贏了官司）：*Vita Fructuosi* 15.

8 John Moschos, *Pratum spirituale* 60; Leslie Dossey, "The Social Space of North African Asceticism," in *Western Monasticism ante litteram: Spaces of Monastic Observation in Late Antiquity and the Early Middle Ages*, ed. Hendrik Dey and Elizabeth Fentress (Turnhout, Belgium: Brepols, 2011), 137–157, at 140–146 (citing Augustine's *Ep.* 15* at 141); Susanna Elm, *Virgins of God: The Making of Asceticism in Late Antiquity* (Oxford: Claren don, 1994), 50–51, 158; Albrecht Diem, "The Gender of the Religious: Wo/Men and the Invention of Monasticism," in *The Oxford Handbook of Women and Gender in Medieval Europe*, ed. Judith Bennett and Ruth Karras (Oxford: Oxford University Press, 2013), 432–446, esp. 437–439; Ville Vuolanto, *Children and Asceticism in Late Antiquity: Continuity, Family Dynamics and the Rise of Christianity* (London: Routledge, 2015), 人口統計數字的部分在p. 95-129；也可參見以下關於兩性之間性靈伴侶關係的真誠吸引力：Peter Brown, *The Body and Society: Men, Women, and Sexual Renunciation in Early Christianity* (New York: Columbia University Press, 1988), 266–268. 關於能夠付出時間和心力的特權：Samuel Rubenson, "Early

Monasticism and the Concept of a 'School,'" in *Monastic Education in Late Antiquity: The Transformation of Classical Paideia*, ed. Lillian I. Larsen and Samuel Rubenson (Cambridge: Cambridge University Press, 2018), 13–32, at 16–20.

9 眷屬和家人：Shenoute, *Rules* 37–41, 73, 258, 587; *Regula sanctorum patrum* 2.35; Leander, *De institutione virginum* 22; *RB* 69; *Regula monasterii Tarnatensis* 1.14–15, 12.9–11; *Vita Fructuosi* 3; Jonas of Bobbio, *Regula cuiusdam ad virgines* 23; Pablo C. Díaz, "*Regula communis*: Monastic Space and Social Context," in *Western Monasticism ante litteram*, ed. Dey and Fentress, 117–135; Vuolanto, *Children and Asceticism*, 147–176. Children: Mayke de Jong, *In Samuel's Image: Child Oblation in the Early Medieval West* (Leiden: Brill, 1996); Arietta Papaconstantinou, "Notes sur les actes de donation d'enfant aumonastère thébain de Saint-Phoibammon," *Journal of Juristic Papyrology* 32 (2002): 83–105; Maria Chiara Giorda, "Children in Monastic Families in Egypt at the End of Antiquity," in *Children in Everyday Life in the Roman and Late Antique World*, ed. Christian Laes and Ville Vuolanto (London: Routledge, 2017), 232–246; Carrie Schroeder, "Children and Egyptian Monasticism," in *Children in Late Ancient Christianity*, ed. Cornelia B. Horn and Robert R. Phenix (Tübingen, Germany: Morh Siebeck, 2009), 317–338. 朋友：Claudia Rapp, *Brother-Making in Late Antiquity and Byzantium: Monks, Laymen, and Christian Ritual* (Oxford: Oxford University Press, 2016), 88–179. Dígde: *Aithbe damsa bés mara*; Maeve Callan, "Líadain's *Lament*, Darerca's *Life*, and Íte's *Ísucán*: Evidence for Nuns' Literacies in Early Ireland," in *Nuns' Literacies in Medieval Europe: The Kansis City Dialogue*, ed. Virginia Blanton, Veronica O'Mara, and Patricia Stoop (Turnhout, Belgium: Brepols, 2015), 209–227, at 209–213.

10 Boud'hors and Heurtel, *Les ostraca coptes de la TT 29*. 關於僧侶對法老墳墓的興趣，請參見：Elisabeth R. O'Connell, "Transforming Monumental Landscapes in Late Antique Egypt: Monastic Dwellings in Legal Documents from Western

Thebes," *Journal of Early Christian Studies* 15 (2007): 239–273; Darlene L. Brooks Hedstrom, *The Monastic Landscape of Late Antique Egypt: An Archaeological Reconstruction* (Cambridge: Cambridge University Press, 2017), 115–116, 237–245, 284–289.

11 John Climacus, *Klimax* 1, trans. Luibheid and Russell, p. 79.

12 福音書：Jerome, *Vita Hilarionis* 25; *AP/G* Theodore of Pherme 1; *AP/GN*, N. 392, 566; *AP/PJ* 6.5. 奧古斯丁：Brown, *Through the Eye of a Needle*, 177–183; Przemysław Nehring, "Disposal of Private Property: Theory and Practice in the Earliest Augustinian Monastic Communities," in *La vie quotidienne des moines en Orient et en Occident (IV$^{e}$–X$^{e}$ siècle)*, vol. 2, *Questions transversales*, ed. Olivier Delouis and Maria Mossakowska-Gaubert (Cairo and Athens: Institut Français d'Archéologie Orientale and École Française d'Athènes, 2019), 393–411; 類似的擔憂還有：Barsanuphius and John, *Letters* 571–572. 教廷財產：Avshalom Laniado, "The Early Byzantine State and the Christian Ideal of Voluntary Poverty," in *Charity and Giving in Monotheistic Religions*, ed. Mariam Frankel and Yaacov Lev (Berlin: De Gruyter, 2009), 15–43. 特許轉讓：Shenoute, *Rules* 243, 593, 595; Caesarius of Arles, *Regula ad virgines* 6; Caesarius, *Regula ad monachos* 1; Aurelian of Arles, *Regula ad virgines* 2; Aurelian, *Regula ad monachos* 3–4, 47; Donatus, *Regula* 7; cf. the Galician *Consensoria monachorum* 9. 這裡提到僧侶必須要在有關修道院所有權政策的書上簽名！

13 私人財物：Martin Krause, "Die koptischen Kaufurkunden von Klosterzellen des Apollo-Klosters von Bawit aus abbasidischer Zeit," in *Monastic Estates in Late Antique and Early Islamic Egypt: Ostraca, Papyri, and Essays in Memory of Sarah Clackson*, ed. Anne Boud'hors et al. (Cincinnati: American Society of Papyrologists, 2009), 159–169; Ewa Wipszycka, "Les ressources économiques des communautés monastiques en Égypte aux IV$^{e}$–VIII$^{e}$ siècles," in *La vie*

*quotidienne des moines*, ed. Delouis and Mossakowska-Gaubert, 2:347–358, at 348–349; Hedstrom, *Monastic Landscape of Late Antique Egypt*, 133–137. 兼差：Cassian, *De institutis coenobiorum* 7.7, 7.14; see also Shenoute, *Rules* 14, 17, 88, 288–89, 294, 376, 592; *Rule of Naqlun* 32; Donatus, *Regula* 9; Typikon of Pantelleria 16, in Thomas and Hero, *Byzantine Monastic Foundation Documents*.

14 Pseudo-Macarius, *Logoi* 14.3, trans. Maloney, p. 106 (my emphasis), similar is *Logoi* 45.1 and Cassian, *Collationes* 10.11.1.（心智放棄「一切思緒的豐富與龐大資源」）See also Sebastian P. Brock, "Radical Renunciation: The Ideal of Msarrqûtâ," in *To Train His Soul in Books: Syriac Asceticism in Early Christianity*, ed. Robin Darling Young and Monica J. Blanchard (Washington, DC: Catholic University of America Press, 2011), 122–133.

15 「自己的」：Cassian, *De institutis coenobiorum* 4.13; Shenoute, *Rules* 472; Aurelian of Arles, *Regula ad monachos* 25; *RB* 33; Fructuosus of Braga, *Regula* 11. 衣物：Augustine, *Praeceptum* 5.1（共享衣物）; Eugippius, *Regula* 1.99.（分配衣物）; *RB* 55.1–12（分配衣物）; *Regula Pauli et Stephani* 27（分配衣物）; *So-Called Canons of Maruta* 54.22, in Vööbus, *Syriac and Arabic Documents*（衣服上寫名字）; Babai, *Rules* 14, in ibid.（借衣物）歐希珥德的杯子：Étienne Louis, "Espaces monastiques sacrés et profanes à Hamage (Nord), VII$^{e}$–IX$^{e}$ siècles," in *Monastères et espace social: Genèse et transformation d'un système de lieux dans l'occident médiéval* (Turnhout, Belgium: Brepols, 2014), 435–472, at 462.

16 上鎖：*Precepts* 107, in *Pachomian Koinonia* 2:162; Cassian, *De institutis coenobiorum* 4.15.1; Caesarius of Arles, *Regula ad virgines* 9, 51; Caesarius, *Regula ad monachos* 3; Aurelian of Arles, *Regula ad virgines* 6; Aurelian, *Regula ad monachos* 6; *Regula monasterii Tarnatensis* 2.1; Donatus, *Regula* 11.1; Isidore, *Regula* 19; Francesca Sogliani, "Proposte di ricostruzione

dell'arredo di alcuni ambienti monastici fra IX e XI secolo sulla base dei nuovi risulatati di scavo nel monastero volturnense," in *Monasteri in Europa occidentale (secoli VIII–XI): topografia e strutture*, ed. Flavia de Rubeis and Federico Marazzi (Rome: Viella, 2008), 523–550, at 335–338.（聖文森佐修道院出土的鎖和鑰匙）在床墊下藏東西：*RB* 55.16–19. 各自的床：請參見第三章。

17 Vuolanto, *Children and Asceticism*, 45–80. 父母的家：Evagrius, *Antirrhetikos* 3.22. 想起友人：Hildemar, *Expositio* 19.7. 惡夢：John Climacus, *Klimax* 3. 親戚住在同一間修道院：e.g., Gregory, *Life of Theodora of Thessalonike* 25–30, in Talbot, *Holy Women in Byzantium*.

18 Cassian, *De institutis coenobiorum* 4.16.2; Shenoute, *Rules* 597; Caesarius of Arles, *Regula ad virgines* 25; Caesarius, *Regula ad monachos* 15; Aurelian of Arles, *Regula ad virgines* 3–4; Aurelian, *Regula ad monachos* 6; *RB* 54; *Regula monasterii Tarnatensis* 19.1–4; Donatus, *Regula* 53; *Rules for Nuns* 9, in Vööbus, *Syriac and Arabic Documents*.

19 宴會：*Canons which are necessary for the monks* 8, in Vööbus, *Syriac and Arabic Documents*; *Rules attributed to Rabbula* 28, in ibid.; *Rule of Naqlun* 30; Donatus, *Regula* 53.3; Jacob of Edessa to Johannan the Stylite 49.14, in Vööbus, *Synodicon* 1:231. 婚禮：*Regula monasterii Tarnatensis* 13.1–3. Baptisms and godparenting: Caesarius of Arles, *Regula ad virgines* 11; Caesarius, *Regula ad monachos* 10; Aurelian of Arles, *Regula ad virgines* 16; Aurelian, *Regula ad monachos* 20; Ferreolus of Uzès, *Regula* 15; Donatus, *Regula* 54.1; *Rules for Nuns* 8, in Vööbus, *Syriac and Arabic Documents*; *Canons which are necessary for the monks* 6; *Rules attributed to Rabbula* 28; Jacob of Edessa to Johannan the Stylite 49.14; Theodore Studites, *Testament* 8, in Thomas and Hero, *Byzantine Monastic Foundation Documents*. 但是請參見：John Moschos, *Pratum spirituale* 3.（某間迦克墩教派的修道院所舉行的洗禮）聖人紀念活動：*Rules for the Nuns* 2; Jacob

of Edessa to Johannan the Stylite 49.14; Jacob of Edessa, *Canons* 8, in Vööbus, *Syriac and Arabic Documents*.

20 不探視家人：Rabbula, *Admonitions for the Monks* 13, in Vööbus, *Syriac and Arabic Documents*; *Rule of Naqlun* 9, 11. 探視家人：Boud'hors and Heurtel, *Les ostraca coptes*, no. 252 (Frange); Gregory the Great, *Dialogi* 2.33–34 (Benedict); Palladius, *Historia Lausiaca* 39.1–2 (Piôr); Jonas of Bobbio, *Vita Columbani* 2.5.

21 關於外出或離開小室的疑慮與限制：Rabbula of Edessa, *Admonitions for the Monks* 2–3, in Vööbus, *Syriac and Arabic Documents*; Evagrius, *Ad monachos* 55; Cassian, *De institutis coenobiorum* 10.3, 10.6, 10.17–25; Cassian, *Collationes* 1.20.5; *AP/G* Arsenius 11; Isaiah, *Asketikon* 10.4, 10.75–80; Canons of Mar Mattai 1, in Vööbus, *History of Asceticism in the Syrian Orient* 3:173; Shenoute, *Rules* 215, 290; *RM* 57.7–12（木簡）; *RB* 67.7; *Regula monasterii Tarnatensis* 2.2, 3.1; Ferreolus of Uzès, *Regula* 20; Columbanus, *Regula coenobialis*, 219B; Donatus, *Regula* 31.4; John of Dalyatha, *Memre* 5. 院長：e.g., Christina Harrington, *Women in a Celtic Church: Ireland 450–1150* (Oxford: Oxford University Press, 2002), 54–63; Albrecht Diem, "Gregory's Chess Board: Monastic Conflict and Competition in Early Medieval Gaul," in *Compétition et sacré au haut Moyen Âge: Entre médiation et exclusion*, ed. Philippe Depreux, François Bougard, and Régine Le Jan (Turnhout, Belgium: Brepols, 2015), 165–191, at 169. 出遠門的抄寫員：*Lebenswelten des frühen Mittelalters in 36 Kapiteln*, ed. Peter Erhart (St. Gallen, Switzerland: Stiftsarchiv, 2019), 37. 談論旅程：*Statuta partum* 15–16; *RB* 67.5. 觀察路人：*AP/GN*, N. 161; Augustine, *Praeceptum* 4（偷看異性）; Hildemar, *Expositio* 67.（偷聽到不妥當的對話）性愛和市場：*AP/GN*, N. 179 (= *AP/GS* 5.31; *AP/PJ* 5.27).

22 天堂：*Regula sancti Macharii* 6. 眼睛往下看：e.g., John of Ephesus, *Lives of the Eastern Saints* 21, at 2:563; Sabino Chialà, "Les mystiques musulmans lecteurs des écrits chrétiens: Quelques échos d'Apophtegmes," *Proche-Orient Chrétien*

60 (2010): 352–367, at 365. 也可參見第三章關於僧侶在家也得注意不能亂看的義務。心無旁騖：Cassian, *Collationes* 1.5.1.

23 瑪克麗娜：Elm, *Virgins of God*, 39–47, 78–91. 聖約兒女（或復活）：Rabbula of Edessa, *Commands and Admonitions to the Priests and the Benai Qeiāmā*, in Vööbus, *Syriac and Arabic Documents*; Arthur Vööbus, "The Institution of the Benai Qeiama and Benet Qeiama in the Ancient Syrian Church," *Church History* 3 (1961): 19–27; Brown, *Body and Society*, 101–102, 204, 329; Sidney H. Griffith, "Monks, 'Singles,' and the 'Sons of the Covenant': Reflections on Syriac Ascetic Terminology," in *Eulogema: Studies in Honor of Robert Taft, S.J.*, ed. E. Carret al. (Rome: Centro Studi S. Anselmo, 1993), 141–160. 莎草文件：Caroline T. Schroeder, "Women in Anchoritic and Semi-Anchoritic Monasticism in Egypt: Rethinking the Landscape," *Church History* 83 (2014): 1–17.

24 *RM* 1, 7.22–45; *RB* 1; Leander of Seville, *De institutione virginum* 26. ( "Pro lege eis est desideriorum uoluntas, cum quicquid putauerint vel elegerint" appears in *RM* 1.8–9 and *RB* 1.8–9.) *Apotaktikoi*: James E. Goehring, *Ascetics, Society, and the Desert: Studies in Early Egyptian Monasticism* (Harrisburg, PA: Trinity Press International, 1999), 53–72; Wipszycka, *Moines et communautés monastiques*, 308–316. Nilus: Daniel Folger Caner, *Wandering, Begging Monks: Spiritual Authority and the Promotion of Monasticism in Late Antiquity* (Berkeley: University of California Press, 2002), 177–190. 關於*RM*和*RB*依循卡西安所使用的一個詞彙「Sarabaite」（用來描述「想做什麼就做什麼」的僧侶），請參見：Béatrice Caseau, "L'image du mauvais moine: Les remnuoths et les sarabaïtes de Jérôme et de Cassien," *Zbornik Radova Vizantološkog Instituta/Receuil des Travaux de l'Institut d'Études Byzantines* 46 (2009): 11–25.「僧侶」一詞被當成一種身分的核准：David Brakke, "Heterodoxy and Monasticism around the Mediterranean Sea," in *The*

*Cambridge History of Medieval Monasticism in the Latin West*, ed. Alison I. Beach and Isabelle Cochelin (Cambridge: Cambridge University Press, 2020), 1:128–143, at 132.

25 四海為家的僧侶：Caner, *Wandering, Begging Monks*, esp. 199–205. 居家苦修的女性：Goehring, *Ascetics, Society, and the Desert*, 53–72; Schroeder, "Women in Anchoritic and Semi-Anchoritic Monasticism"; Elm, *Virgins of God*; Brown, *Body and Society*, 259–284; Eliana Magnani, "Female House Ascetics from the Fourth to the Twelfth Century," trans. Lochin Brouillard, in *Cambridge History of Medieval Monasticism in the Latin West*, ed. Beach and Cochelin, 1:213–231; Kim Bowes, *Private Worship, Public Values, and Religious Change in Late Antiquity* (Cambridge: Cambridge University Press, 2008), 71–99, 152–157; Lisa Kaaren Bailey, *The Religious Worlds of the Laity in Late Antique Gaul* (London: Bloomsbury, 2016), 38–42; Harrington, *Women in a Celtic Church*, 35–36, 112–118. 耶柔米：Andrew Cain, "The Letter Collections of Jerome of Stridon," in *Late Antique Letter Collections: A Critical Introduction and Reference Guide*, ed. Cristiana Sogno, Bradley K. Storin, and Edward J. Watts (Oakland: University of California Press, 2017), 221–238; Caseau, "L'image du mauvais moine." 後來的僧侶仍持續沿用這些帶有性別歧視的批評：e.g., Lynda L. Coon, *Dark Age Bodies: Gender and Monastic Practice in the Early Medieval West* (Philadelphia: University of Pennsylvania Press, 2010), 77–79, 111–112.

26 John Rufus, *Vita Petri* 11, trans. Horn and Phenix, p. 13; John of Ephesus, *Lives* 31; Cassian, *Collationes* 18.14（皮亞芒）.

27 Caseau, "L'image du mauvais moine." 關於僧侶批評另類修道型態的習慣，請參見：Diem, "Gregory's Chess Board," esp. 165–169. 關於完全抽離的幻想，請參見：e.g., *Historia monachorum* 1.36, 1.44. 相關評論請參見：

Cassian, *Collationes* 24.（也還是反對居家修道主義）

28 Darlene L. Brooks Hedstrom and Hendrik Dey, "The Archaeology of the Earliest Monasteries," in *Cambridge History of Medieval Monasticism in the Latin West*, ed. Beach and Cochelin, 1:73–96; Brooks Hedstrom, *The Monastic Landscape of Late Antique Egypt*, 198–273; *Western Monasticism ante litteram*, ed. Dey and Fentress; *Monasteri in Europa occidentale*, ed. De Rubeis and Marazzi; Luis Caballero Zoreda, "El conjunto monástico de Santa María de Melque (Toledo). Siglos VII–IX (Criterios seguidos paraidentificar monasterios hispánicos tardo antiguos)," in *Monjes y monasterios hispanos an la Alta Edad Media*, ed. José Angel García de Cortázar and Ramón Teja (Aguilar de Campoo: Fundación Santa María le Real—Centro de Estudios del Románico, 2006), 99–144; Eleonora Destefanis, "Archeologia dei monasteri altomedievali tra acquisizioni raggiunte e nuove prospettive di ricerca," *Post-Classical Archaeologies* 1 (2011): 349–382; Slobodan Ćurčić, *Architecture in the Balkans: From Diocletian to Süleyman the Magnificent* (New Haven: Yale University Press, 2010), 142–146; Joseph Patrich, "Recent Archaeological Research on Monasteries in *Palæstina Byzantina*: An Update on Distribution," in *La vie quotidienne des moines*, ed. Delouis and Mossakowska-Gaubert, 2:77–106. p. 83-84寫到有塗鴉的貯水池。O'Connell, "Transforming Monumental Landscapes in Late Antique Egypt," p. 251寫到牆壁的油漆。Macedonius: Theodoret, *Historia religiosa* 13.2.

29 聖薩巴修道院：Joseph Patrich, "Monastic Landscapes," in *Recent Research in the Late Antique Countryside*, ed. William Boden, Luke Lavan, and Carlos Machado (Leiden: Brill, 2003), 413–445, at 428. 哈爾克島：Marie-Joseph Steve, *L'Île de Khārg: Une page de l'histoire du Golfe Persique et du monachisme oriental* (Neuchâtel: Recherches et Publications, 2003), 85–153. 哈米吉修道院：Louis, "Espaces monastiques sacrés et profanes." Punta de l'Illa: epitaph of Justinian

in *Inscriptiones Hispaniae Christianae*, ed. Emil Hübner, Supplement (Berlin: Reimer, 1900), no. 409（"Hic miro maris insolam munimine saepsit / In qua maris circumfluentibus undis"）.

30 Patrich, "Monastic Landscapes," 428–433; Goehring, *Ascetics, Society, and the Desert*, 89–109; Brooks Hedstrom, *The Monastic Landscape of Late Antique Egypt*, 157–164; Jakob Ashkenazi, "Holy Man versus Monk—Village and Monastery in the Late Antique Levant: Between Hagiography and Archaeology," *Journal of the Economic and Social History of the Orient* 57 (2014): 745–765; Olivier Delouis, "Portée et limites de l'archéologie monastique dans les Balkans et en Asie Mineure jusqu'au Xe siècle," in *Vie quotidienne des moines*, vol. 1, *L'état des sources*, ed. Olivier Delouis and Maria Mossakowska-Gaubert (Cairo and Athens: Institut Français d'Archéologie Orientale and École Française d'Athènes, 2015), 251–274, at 257（浴場）.

31 Richard E. Payne, *A State of Mixture: Christians, Zoroastrians, and Iranian Political Culture in Late Antiquity* (Berkeley: University of California Press, 2015), 59–92（亞茲丁和佩提恩）; Mateu Riera Rullan, "El monasterio de la isla de Cabrera (Islas aleares, siglos V–VIII D.C.). Testimonios arqueológicos de los monjes reprobados por el pap Gregorio Magno," *Hortus Artium Medievalium* 19 (2013): 47–61; Miquel Rosselló, "El conjunto monástico de la Punta de l'Illa de Cullera," in *Los orígenes del cristianismo en Valencia y su entorno*, ed. Albert Ribera i Lacomba (Valencia: Ajuntamenta de València, 2000), 143–150.

32 Palladius, *Historia Lausiaca* 34.4, trans. Wortley, p. 79; *AP/G* Syncletica 19, trans. Ward, p. 234; Darlene L. Brooks Hedstrom, "The Geography of the Monastic Cell in Early Egyptian Monastic Literature," *Church History* 78 (2009): 756–791, esp. 762–763, 779–791（「內心的小室」）.

33 *So-Called Canons of Maruta* 47, in Vööbus, *Syriac and Arabic Documents.*

34 Jerome, *Vita Hilarionis* 11.

35 最具先驅性的文章是：Peter Brown, "The Rise and Function of the Holy Man in Late Antiquity," *Journal of Roman Studies* 61 (1971): 80–101; 也可參見：Brown, *Treasure in Heaven: The Holy Poor in Early Christianity* (Charlottesville: University of Virginia Press, 2016), 51–70 (quotation at 51); John of Ephesus, *Lives of the Eastern Saints* 4; *Syriac Life of Saint Simeon Stylites* 59. 但是請留意埃德薩的雅各在七世紀提出的看法：柱子居民應該少說點話，才不會禱告分心。假如他們想干涉他人的生活，應該從柱子上下來！(49.5 in Vööbus, *The Synodicon in the West Syrian Tradition.*)

36 Dossey, "The Social Space of North African Asceticism," 148–152; Brown, *Treasure in Heaven*, 71–108. 女性訪客：*Historia monachorum* 1.4– 9, 1.12; *AP/G* Arsenius 28. 向來獨樹一格的修道院院長謝努特非常積極干預勞動和土地持有的事務，跟敘利亞的僧侶很像：Ariel G. López, *Shenoute of Atripe and the Uses of Poverty: Rural Patronage, Religious Conflict, and Monasticism in Late Antique Egypt* (Berkeley: University of California Press, 2013), esp. 37–66, 96–127.

37 Cassian, *Collationes* 9.2–3 (Abba Isaac); Vööbus, *History of Asceticism in the Syrian Orient*, 3:39, quoting Ephrem's memra "On Solitaries and Mourners."

38 Daniel Caner, *The Rich and the Pure: Philanthropy and the Making of Christian Society in Early Byzantium* (Oakland: University of California Press, 2021), 24（查士丁尼）and 180（西緬）; Ferreolus, *Regula*, prologue; Ferrandus, *Vita Fulgentii* 10 ( "distracted" trans. Eno, p. 26). 為了靈魂捐贈以及替俗人禱告：Brown, *Ransom of the Soul*, 149–211 (*remedium* as "protection" at 166); Caner, *The Rich and the Pure*, 192–228; AnneMarie Helvétius, "Le sexe des anges,"

in *De la différence des sexes: Le genre en histoire*, ed. Michèle Riot-Sarcey (Paris: Larousse, 2010), esp. 110–121; Albrecht Diem, *Das monastische Experiment: Die Rolle der Keuschheit bei der Entstehung des westlichen Klosterwesens* (Münster: LIT, 2004), 173–185, 200–202, 208–214, 310–321; Gisela Muschiol, *Famula dei: Zur Liturgie in merowingischen Frauenklöstern* (Münster: Aschendorff, 1994), esp. 178–191; Philippe Jobert, *La notion de donation: Convergences, 630–750* (Paris: Belles Lettres, 1977), 205–225.

39 教堂禁止參觀：Barbara Rosenwein, *Negotiating Space: Power, Restraint, and the Privileges of Immunity* (Ithaca, NY: Cornell University Press, 1997), 59–73; Mayke de Jong, "Monastic Prisoners or Opting Out? Political Coercion and Honour in the Frankish Kingdoms," in *Topographies of Power in the Early Middle Ages*, ed. Jong and Franz Theuws (Leiden: Brill, 2001), 291–328; Diem, *Das monastische Experiment*, esp. 191–193, 255–257, 314–316; Kreiner, *Social Life*, 220–222; Albrecht Diem, *The Pursuit of Salvation: Community, Space, and Discipline in Early Medieval Monasticism* (Turnhout, Belgium: Brepols, 2021), 265–331, 376–377. 少女堡：Beat Brenk, "La progettazione dei monasteri nel Vicino Oriente, ovvero quello che i testi non dicono," in *Monasteri in Europa occidentale*, ed. de Rubeis and Marazzi, 21–37, at 25–26. 塗鴉：Silviu Anghel, "Early Rock-Carved Monasteries in the Northwestern Balkans," in *Western Monasticism ante litteram*, ed. Dey and Fentress, 239–272. 醫療和社會服務：Brown, *Treasure in Heaven*, 89–108; López, *Shenoute*; Andrew T. Crislip, *From Monastery to Hospital: Christian Monasticism and the Transformation of Health Care in Late Antiquity* (Ann Arbor: University of Michigan Press, 2005), 100–142; Heidi Marx-Wolf, "Religion, Medicine, and Health," in *A Companion to Religion in Late Antiquity*, ed. Josef Lössl and Nicholas J. Baker-Brian (Hoboken: Wiley, 2018), 511–528; Daniel Caner, *The Rich and the Pure*, 35–70. Penance: Guy Geltner, "*Detrusio*, Penal Cloistering in the

Middle Ages," *Révue Bénédictine* 118 (2008): 89–108.

40 訪客的行囊：*So-Called Canons of Maruta* 51.10, in Vööbus, *Syriac and Arabic Documents.* Showing off: John Climacus, *Klimax* 4, 22. 問題與談話：Isaiah, *Asketikon* 12.9; Barsanuphius and John, *Letters* 309–312. 加洛林時期的緬懷：Coon, *Dark Age Bodies*, 128. 加洛林時期的義務：e.g., Janneke Raaijmakers, *The Making of the Monastic Community of Fulda, c. 744–c. 900* (Cambridge: Cambridge University Press, 2012), 53. 不好的念頭和旅人：Sims-Williams, *An Ascetic Miscellany*, E28/66, p. 169.

41 Elizabeth S. Bolman, " 'The Possessions of Our Poverty': Beauty, Wealth, and Asceticism in the Shenoutean Federation," in *The Red Monastery Church: Beauty and Asceticism in Upper Egypt*, ed. Bolman (New Haven: Yale University Press, 2016), 17–25; López, *Shenoute*, 67–95.

42 Gregory, *Dialogi* 3.14.2–5; Brown, *Treasure in Heaven*, 72, citing Zosimos, *Historia nova* 5.23; more generally Brown, *Through the Eye of a Needle*; Ian Wood, *The Transformation of the Roman West* (Leeds: ARC Humanities Press, 2018), 91–108; Lukas Amadeus Schachner, "Economic Production in the Monasteries of Egypt and *Oriens*, AD 320–800" (PhD diss., Oxford University, 2005–6), 84–99; Charanis, "The Monks as an Element in Byzantine Society," 83, with reference to the work of V. G. Vasilievsky; 關於這些錢財很少重新流通，請參見：Brent Shaw, "Charity and the Poor in Roman Imperial Society," *Religion in the Roman Empire* 6 (2020): 229–267, at 257–263. 由於這些錢都是捐給當地的修道院（當時沒有集中捐給「教會」的做法），有些修道院便沒有得到什麼捐獻，因此存在時間不長：e.g., Michel Kaplan, "Aumônes, artisanat, domaines fonciers: Les monastères byzantins et la logique économique ($V^e$–$X^e$ siècle)," in *La vie quotidienne des moines*, ed. Delouis and Mossakowska-Gaubert, 2:359–371.

43 Shenoute, *Rules* 247, 250, 267, 316–17, 323, 378, 404, quotation no. 522, trans. Layton at p. 315. See also Rabbula, *Admonitions for the Monks* 25, in Vööbus, *Syriac and Arabic Documents*; Augustine, *Ordo monasterii* 8; Isaiah, *Asketikon* 11.52–53. 關於謝努特如何表現自己，請參見：López, *Shenoute*, 37–66.

44 Ekkehard IV, *Casus sancti Galli* 14（這裡講的是試圖利用蘋果引誘兒童僧侶轉頭的康拉德一世）, 146（這裡講到故意在安靜的教堂把權杖掉在地上的鄂圖一世）; *So-Called Canons of Maruta* 50.6, in Vööbus, *Syriac and Arabic Documents*, p. 131.

45 主教：Claudia Rapp, *Holy Bishops in Late Antiquity: The Nature of Christian Leadership in an Age of Transition* (Berkeley: University of California Press, 2005), 100–152; Brown, *Through the Eye of a Needle*, 423–428. 隱退：Judith Herrin, "Changing Functions of Monasteries for Women during Byzantine Iconoclasm," in *Byzantine Women: Varieties of Experience, 800–1200*, ed. Lynda Carland (Aldershot, England: Ashgate, 2006), 1–15; Jong, "Monastic Prisoners"；想要了解更多脈絡，請參見：Julia Hillner, *Prison, Punishment and Penance in Late Antiquity* (Cambridge: Cambridge University Press, 2015), 194–274.

46 *Vita patrum Iurensium* 1.10–12; see also Gregory of Tours, *Libervitae patrum* 1.3（同一個修道院院長羅曼努斯在這份文獻也有表達相同的擔憂）.

# 第 2 章

# 社群
## ——讓人際關係成為助力

專注力第二步：找到有相同價值觀的人，一起建立新的社會規範。

「獨自奔跑的馬匹可能常常以為自己是在全速疾馳，但跟一群馬在一起時才發現自己有多慢。」

帕特努斯（Paternus）的母親在他小時候把他送給修道院，而他跟大部分聖人傳的主角一樣，有著早熟的性靈發展。沒多久，他便說服比他年長的室友跟他一起離開修道院，到諾曼第海岸的聖米歇爾（Mont-Saint-Michel）山當隱士。三年後，修道院的院長傑內羅蘇斯（Generosus）找到他們，發現他們住在山洞中。令傑內羅蘇斯擔心的並不是他們離開修道院這件事，而是帕特努斯把修道主義發揮得過於極端。他因為辛苦工作和極端禁食把身體操壞，且多年來除了室友之外，拒絕見其他人或跟他們說話。修道院院長把帕特努斯比喻成剛被繫上韁繩就跑掉的馬，對修道院的規範反應過度了。因此，院長堅持要帕特努斯做出一些調整。他允許帕特努斯待在山洞裡，但是告訴他禁食要有所節制，並盡量偶爾見見其他僧侶，跟他們說話。這似乎很有用，因為帕特努斯在同一個地方當僧侶到七十歲。[1]

帕特努斯從來沒有說自己為什麼要離開修道院，三年來幾乎切斷所有跟人類的聯繫；至少，他的傳記作者沒有解釋原因。然而，古代晚期和中世紀初期也有其他僧侶做了這個決定，他們有些人確實說了原因。隨著地中海地區和其他地方的修道院地點與網絡變得越來越多，僧侶開始擔心這種類型的社群會帶來腐敗，儘管他們認為這有進步的潛力，這包括了社群可能造成的分心。專注力可能因為集體行動而受益，也可能因為其他人的存在而動搖。

今天關於社群媒體注意力經濟的爭論，似乎跟這個現代以前就存在的弔詭有異曲同工之妙。理論上，僧侶組成的社群讓個別僧侶以及其他擁有同一個目標的人互相連結，所以應該對他有幫助。僧侶可以一起建立新的社會規範，以服務他們共同的價值觀。在這個過程中，他們可以啟發彼此、同理彼此、教導彼此，把自己的知識和技能集合起來。約翰．克利馬庫斯在七世紀說過，僧侶就像互相撞擊的粗糙石頭，最後會透過碰撞把自己的尖銳邊緣磨平。他講的是磨蝕作用，不是打鬥。約翰和其他許多僧侶都很清楚，僧侶可以互相提升，但也有可能撞破彼此，群體生活有好有壞。[2]

摒棄世界——或試圖摒棄世界——是成為僧侶、把心智的注意力往神聖集中的第一步，下一步是學習跟擁有相同認知與性靈目標的人合作。但跟別人同住的優缺點使僧侶很難針對最好的社會安排達成共識，僧侶應該自己住，還是住在一個社區？如果是社區，什麼樣的生活規範最能讓僧侶專心？他們需要什麼樣的領導者？他們要如何互相幫助，卻又不會分散對神聖秩序的注意力？僧侶知道，大部分的人無法完完全全獨居。可是這麼一來，他們要如何逃離分心的命運？

## 獨居好？還是群居好？

西元四世紀時，頌揚隱居生活的敘利亞人耶福列木說到，獨自住在敘利亞和美索不達米亞（Mesopotamia）偏遠地區的僧侶處於極為寧靜的狀態，只有沉默的墳墓勝過那種寂靜。相較之下，比他年輕的凱撒利亞的巴西流則在西元三六〇和三七〇年代列出許多理由，說明群居的修道生活形態為什麼比隱居好。巴西流認為獨居是很自私的，跟別人一起住才有機會不斷實踐愛鄰人和為集體福祉服務的誡律。他點出，一群互相合作的僧侶可以做到的，比起個別僧侶能做到的總和還多，這不只是因為沒有人能完全自給自足（以最根本的生存角度來說），也是因為有組織的社群可以把優點集合起來，將他們實現的善行最大化；僧侶集體禱告的效果也比較大。巴西流補充說，社群也會帶來紀律方面的好處，跟別人住在一起，他們可以監督你的行為，讓你知道哪裡有改進的空間。然而，有些僧侶還是認為住在社群中的概念令人驚駭，因此故意跟野生動物住在一起——至少，有不少這樣的故事流傳著。[3]

這兩種論點都對人類心理有非常敏銳的了解。提倡隱居生活的人認為，更高階的禱告只有在孤立的狀態下才有可能做到，因為其他僧侶也有可能令人分心。他們說，這就像海豚只會在平靜的水域浮出海面。然而，群居修道主義的提倡者懷疑孤立狀態會造成自欺欺人。在大約要進入七世紀的時候，約翰．克利馬庫斯曾過著隱居生活幾十年，他也很擔心處於孤立狀態很容易以為自己進步了很多：「獨自奔跑的馬匹可能常常以為自己是在全速疾馳，但跟一群馬在一起時才發現自己有多慢。」八世紀時，約瑟夫．哈扎亞（Joseph Hazzaya）便警告，如果僧侶沒有充分訓練自己就進入隱居生活，他的小室可能對他投以各種邪惡思想，如同彈弓對他射石頭般。（約瑟夫本人並沒有在小室中度過一生，他在伊朗的拜火教家庭出生，後來被阿拉伯商人抓去當奴隸，又被賣給伊拉克北部的一個基督徒，接著皈依基督教、成為僧侶、當上修道院院長，最後才成為隱士。）雖然沒有人會把約瑟夫和其他傑出的隱士視為騙子，但是隱居修道主義最常被批評的一點，就是許多隱士都是看似很了不起、實則虛假的表演者而已，只想迎合大眾對令人欽佩的聖人的胃口。今天那些喜歡在社群媒體張貼文章說自己多有生產力的人，也引發了類似的怨言。[4]

雖然僧侶不用應付社群媒體，但他們仍擔心隱居其實是很難實現的。早在西元五世紀初，有些人就隱約感覺適合「真正」隱居生活——他們在描述一、兩個世代前還很活躍的沙漠長者的故事裡所理想化的那種生活——的時代已經漸漸消失。他們帶著既懷舊又批判地語氣說，沙漠教父教母已成了觀光景點。住在埃及和黎凡特的隱居僧侶越來越氣惱，因為他們不斷受到來找他們尋求建議、治療或性靈紀念品的人們打擾，甚至搬到他們隔壁試圖過著隱士生活。有些僧侶認為，隱居修道生活太受歡迎，因此削弱了其效力。經常提供約翰・卡西安各種消息的迪歐柯斯的約翰阿爸（John of Diolkos），他在居住的沙漠地區變成熱門景點後便離開那裡。他本來很喜歡獨居的，認為這比群居還難，但也比較令人開懷。他告訴卡西安，他以前會專心思考到忘記自己有肉體，甚至完全失去感官認知。為了提醒自己每天都要吃東西，他會在每個星期的開始，放七條麵包在籃子裡，就像陽春的藥盒。可是，沙漠越來越多人，他感覺現在的隱士已經不像過去那些嚴格的苦修者了，他們甚至會在扁豆上加起司！[5]

然而，雖然很多僧侶都明確區分隱居和群居修道主義，但是實際上這種形式往往會混在一起——基於古代晚期和中世紀初期如此多元的修道形態，這並沒有那麼令人意外。埃及的凱利亞遺址（埃瓦格里烏斯曾在這裡住了十五年）便是由眾多的隱士住所組成，彼此只距離幾百公尺，而且數百年來，這個社區的密集程度越來越高。黎凡特地區有許多社群是呈現「拉伏拉」（lavra或laura）的形式，也就是僧侶住在獨立的小室中，但是會一起進行禮拜儀式，並有公共設施；還有一種形式是，隱士雖然隸屬於某間修道院，卻沒有住在裡面。坐落在尼西比斯（Nisibis）這座大城上方影響力極大的伊茲拉（Izla）修道院便是如此，那裡的僧侶在經過三年的試驗期之後，就不再住在社群中，而是搬進個別的小室。在英格蘭東北部的潮汐島林迪斯法恩（Lindisfarne，因為是維京人最早侵擾英格蘭的地點而出名），那裡的修道院僧侶則會利用附近的小嶼作為隱居點。另外，在西元八到九世紀，安納托力亞沿岸則出現許多住在山中的僧侶組成的蓬勃「聚落」，他們既是一個人，又擁有密切的網絡。這些只是眾多例子中的一部分。[6]

就連提倡更明確的群居修道主義的人，也提出許多競爭理論，探討如何打造性靈群體，修道院不是只靠信仰經營。根據苦苦思索修道院機制的設計者所說，修道院必須小心設計和規範。史料充斥著許多讓修道社群運作良好的不同方法，以建議、指南、規範和典範故事的形式呈現，更別說這些建議、指南、規範和故事也被無數次地調整與改動。

這些文獻雖然不能完全相信是修道院實際運作的指南，但是書寫者確實有把修道院紀律的挑戰納入考量，使它們成為內容豐富的史料，詳盡說明修道理論家發現並試圖減輕的困難。不只一位僧侶曾經煩惱，假如外人打開一本修道規範，可能會產生不怎麼好的印象。然而，這些史料突顯的不只有僧侶的缺點，還有他們的創意以及探索人類改變能力的決心。[7]

僧侶明白，要建立和凝聚一個團體有很多可能的方式。比較不同形式、批評其他類型的修道主義，是他們茶餘飯後的消遣。英格蘭東北部的韋爾茅斯－雅羅（Wearmouth-Jarrow）修道院的僧侶一再指出，他們的修道規範體系比其他體系都要來得好。他們自豪地說，他們的創始人本篤．波斯哥（Benedict Biscop）遊覽許多地方，一共造訪了十七座修道院，將這些修道院的規範最好的元素匯集成自己的一套政策，供他位於英格蘭的修道院遵循。

不過，韋爾茅斯－雅羅最有名的僧侶比德（the Venerable Bede）也觀察到，有些僧侶並不歡迎這類實驗。他在撰寫林迪斯法恩的卡斯伯特（Cuthbert of Lindisfarne）的故事時，提到修道院院長試圖實行新的規範體系時，那間修道院爆發激烈且使人身心俱疲的衝突。然而，比德撰寫卡斯伯特的生平所依據的主要文獻——林迪斯法恩的某位僧侶在西元七〇〇年左右所寫的匿名文本——卻很明顯沒有提及修道院管理諮詢所造成的埋怨。比德會寫下卡斯伯特遭遇的困難，有可能是想點出他很看好某些修道紀律形式，但也有可能是，那位林迪斯法恩的僧侶歷史學家刻意不寫令人痛苦的機構回憶，這種團體文化的爭執可能碰到他的痛點了。

說到修道規範就像「心智頸部」的枷鎖，於澤的主教費羅勒斯曾經在西元六世紀中葉告訴他的僧侶：這是駕馭心理力量的技術。這門技術的規格與應用有百百種。8

## 學著擬定行事曆吧！

每日的例行事項就是其中一種，僧侶同意這是對抗分心的實用策略。他們相信，要維持性靈專注，遵循某種固定行程是有必要的。僧侶嚴格的工作天非常出名，甚至被拿來說笑：在西元五世紀的貝魯特（Beirut），一位法學學生試圖說服自己的同學，只要擁有安排完美的行事曆，他們就會有時間兼顧宗教與課業，他的朋友開玩笑地說：「別想把我變成僧侶！」好幾百年之後，日常生活行程仍是修道主義的特色之一。奇瓦泰的希爾德瑪（Hildemar of Civate）在西元八四五年左右為《本篤規範》寫了充滿熱忱的長篇評論，認為光是遵循《本篤規範》的日常行程，就能體現其中幾乎所有的大原則。

但在九世紀以前，並不是所有僧侶都認同《本篤規範》，就連在拉丁世界也一樣。（值得一提的是，《本篤規範》很可能不是努西亞的本篤所寫的。盎格魯-撒克遜〔Anglo-Saxon〕的僧侶在《本篤規範》出現一兩百年後，開始認為額我略《對話》的主角才是作者。）在整個古代晚期和中世紀初期，修道院的行事曆有很多種排序變化，每一個都有不同的心理和社會原因。希波的奧古斯丁在他的著作《僧侶這一行》（*The Work of Monks*）哀傷地說，他真希望知道使徒保羅是怎樣安排自己的一天，這可以為僧侶帶來清楚、有用的指引。[9]

但是，保羅沒寫到這件事，僧侶只得自求多福。他們熱忱地分享成功僧侶的日常行程，就像今天的作家想要知道其他作家如何安排工作並維持專注。僧侶聽說一位名叫亞麗桑德拉（Alexandra）的隱士的生活，她會在日出到午後這段期間紡亞麻紗，接著在心中複習基督教英雄（聖祖、先知、使徒、殉教者）的生平事蹟，最後吃點點心，殷殷期盼地思索自己的死亡；他們聽說一位名叫朱利安・薩巴（Julian Saba）的長者，他讓僧侶兩人一組整天在外面禱告，其中一人站著唱十五首聖歌，另一人跪著敬拜，接著兩人交換，就這樣輪流從日出禱告到日落；他們也有讀到約翰・卡西安著名的過度概括論點，說所有的埃及僧侶都會一邊唱聖歌一邊工作一整天，而黎凡特的僧侶則有安排固定時間唱聖歌——他的論點本身也衍生出各種模仿。[10]

無論哪一種行事曆都有同樣的假定，那就是不同的活動會用不同的方式制約僧侶，而其中包含的變化則會帶來心理上的益處。亞麗桑德拉曾告訴一個訪客，她的日常事項使她不會無聊；有人記得安東尼說，在工作和禱告之間切換是解決分心的辦法。就連聖母馬利亞據說也有透過這種方式獲得認知方面的好處，一個源自七世紀的傳說（很可能是在高盧的某個女子修道院所寫的）寫到：馬利亞住在所羅門神廟的那十年，她謹遵一個固定的修道行程，而她固定的禱告、工作和讀書間隔時間使她難以動搖（constans, immobilis）。這樣的例行事項改變了她的思想，替聖子降生鋪好了路。一個天使告訴她：「妳在心中為上帝準備好居住的地方了。」三天後，她懷孕了。[11]

不像亞麗桑德拉這樣的隱士或馬利亞這樣的特例，住在社群裡的僧侶通常會遵守同一個修道院行事曆，因為集體參與理論上可以幫助所有人專注，幾乎每一個社群都把勞動、閱讀和禱告設定為行事曆的三大核心，但是細節的部分則有所差異。在西元六世紀初，亞爾的主教凱撒里烏斯（Caesarius of Arles）期許高盧修道院的僧侶起床後閱讀到早上過半的時間，接著在一天剩下的時間裡完成指定的勞務，同時一整天要定時禱告。然而，同一個時代在義大利南部的盧庫拉盧姆堡（Lucullanum）擔任院長的尤吉皮烏斯（Eugippius），則希望他的僧侶工作到中午、閱讀到下午過半的時間，然後再次工作，並且也是一整天穿插禱告。還有另一個版本是，比凱撒里烏斯和尤吉皮烏斯晚了八十年左右的賽維爾的伊西多爾（Isidore of Seville），他告訴僧侶要根據不同的季節調換閱讀和工作的順序，此外他在夏天也會給他們午睡時間。[12]

這些差異源自人們對專注機制的不同認知。就算是差不多的行事曆，背後的原因也可能不一樣。有些理論家認為同時禱告和工作是最好的，但是理由可能是工作可以防止心思溜走、工作和禱告能使身心同時靜下來、勞動可讓僧侶在深夜禱告時保持清醒，或者是禱告把工作變得比較容易。有些人則認為，工作應該是要讓頭腦淨空一切思緒。約翰・克利馬庫斯在西元七世紀的西奈則有相反的看法，認為禱告時手不能靜下來是一種外行的專注手段，這雖然有用，卻是一種捷徑。[13]

中世紀初期的僧侶對於勞動為什麼是好事並沒有達成共識，在幾百年前更是沒有一致的看法。[14]在西元四和五世紀，有一些敘利亞僧侶朝另一個理想邁進，致力連續不斷地讚美上帝，不要重新經歷上帝自亞當和夏娃墮落後，施加在人類身上的農業悲劇，這個立場受到四面八方的批評。然而，擁護這個理念的隱居僧侶也受到黎凡特富庶鄉村地區的信徒支持，他們很重視僧侶對仍困在農業中的社群所提供的性靈服務。

湊巧的是，群居修道主義漸漸體現相反的觀點（尤其受到埃及僧侶的啟發），認為勞動可以幫助僧侶獲得經濟和心理的安穩。但這個模式仍需要仰賴外人的支持，也就是大量捐贈的土地、金錢和食物，這樣僧侶才能每天奉獻許多時間投入其他的紀律形式。修道院得到的資助越少，僧侶就必須勞動得越多，用以養活自己。

每一種修道院行事曆都間接針對勞動的倫理採取了一種立場。然而，心理和社會方面的緊張關係也會產生影響，若有一個僧侶沒有遵守規範，就有可能危及所有人的體系。所以，行事曆要怎樣同時管理個別的僧侶和僧侶組成的團體？於澤的費羅勒斯替他創立的修道院（位於現今法國南部）制定政策時，就有思考這點。他知道僧侶會抱怨自己分配到的工作，對於這輩子從來沒工作過的人來說，務農和手作可能會太辛苦，他們可能會說「我太老了」、「我不舒服」或「這太難了」，費羅勒斯堅持，即使這些藉口都是真的，每個僧侶仍必須做一些工作。抓魚也好！編網也好！做鞋也好！連修道院的狗也有工作，僧侶可以養看門狗，讓野生動物遠離作物。但是，費羅勒斯預測貴族僧侶肯定會非常懷念以前的娛樂——把狗帶去打獵，因此他事先就警告他們這是不可以的，看門狗必須跟僧侶一樣，做牠們該做的工作。這些全都屬於設計來幫助僧侶專注於上帝、抵抗各式各樣誘人選擇的勞動體系。遵守這個共同的行事曆可以重新找回心智的方向。[15]

僧侶工作時不應該彼此交談，或至少他們被告知不可閒聊。所有的修道院領袖都同意這一點。今天，我們通常認為視覺是最有可能使我們分心的感知，但在古代晚期和中世紀初期的修道院認為，言談比視覺更令人分心。僧侶認為閒聊會讓心智從約束中脫逃，將這比作肆虐的野火、遲來的結霜和破壞。他們說閒聊的影響是全面的，愛說話的僧侶會在工作、禱告、吃飯或休息的時間劫持同伴的思緒，害他們想一些不重要的事物。他甚至可能逗笑他們，這會減弱修道訓練的嚴肅性，讓每個人看起來像個少年。[16]

有些修道院因為完全禁止說話而受到稱讚，像是上埃及那間屬於帕科繆派的塔比司（Tabennesi）修道院。然而，有些僧侶對沉默的美德有不同的感受。例如，修道院院長撒拉伯加（Sadalberga）的傳記作者就稱讚她說話節制，但也表示她講話活潑。到了西元十世紀，絕對的沉默才在修道院變得更為普及。法國中部克呂尼（Cluny）修道院的僧侶便決定，他們只會在冗長的禮拜中讚美上帝時使用自己的聲音，為使不說話也能溝通，他們發展出一套複雜的手語系統（雖然手語也可能受到濫用，令人分心）。有些修道院模仿克呂尼的僧侶，有些批評他們省略傳統，但所謂的「傳統」一直都是好壞參半。[17]

無論如何，關於說話的規範並無法搞定一切。僧侶工作時可以不說話，但是工作本身卻可能太令人入神，因此僧侶被警告過度專注在工作上會有風險。他們也應該抗拒為了完成一件工作而超時工作的衝動，否則行事曆會無法順利運作。埃德薩的拉布拉在西元四世紀便指出，工作永遠不能當作不去禱告的藉口。許多規範都堅持僧侶一聽到禮拜的通知聲，就要立刻放下正在做的事，雖然有的規範會根據工作的性質給予特例。（筆和針可以立刻放下，但是醫務室的病患就沒這麼容易了。）儘管如此，心智可能很難快速轉換。賽維爾的伊西多爾觀察到，雖然工作應該要結束了，但是未完成的事項很容易停留在腦海裡，令人分心。轉換期很難熬，僧侶跟今天的學步幼兒、大學生和大部分的其他人都有相同的經歷。[18]

閱讀和禮拜在僧侶的行事曆中也是很關鍵的元素，對於他們的專注力同樣混合了好處和壞處。約翰．克利馬庫斯很有自信地說：「人人都能在人群中禱告。」僧侶確實很愛分享有關在禮拜中極度專注的故事。例如，帕拉狄烏斯說卡帕多奇亞有一位僧侶埃爾皮迪烏斯（Elpidius）在晚禱期間被蠍子螫到，卻連動也沒動，他憑著驚人的自制力，用一隻腳踩死了蠍子。但是，這些故事會那麼引人入勝，就是因為大部分的僧侶發現集體禱告沒有約翰．克利馬庫斯說得這麼容易。[19]

畢竟，群體禱告和禮拜（包括日課和彌撒）不總是能削弱令人分心的事物，有時甚至還會使其加劇。僧侶需要有人提醒他們做這件事應該要「完全專注」，要進行主動的心理拉筋——這是他們的實踐非常重要的部分。可是，他們有些人還是會放空、雙眼呆滯或左顧右盼，甚至在他們親自主持彌撒的時候也會。他們會站在教堂外聊天，或賽跑看誰先前往日課，然後氣喘吁吁或摸著疼痛的腹部，沒有在唱歌。其他人在唱歌時，他們成雙成對地聊天；他們逗對方笑；他們打哈欠、咳嗽、打噴嚏、擤鼻子，破壞了那一刻；他們禱告太大聲或太誇張，鞠躬時侵犯到旁人的個人空間；他們想要匆匆唸完禱文；他們動來動去、坐下或甚至禮拜到一半離席，因為他們站累了；禮拜結束後，他們四處閒晃或在離開教堂時發出吵鬧聲，干擾到留下來繼續禱告的僧侶。[20]

此外，有些僧侶還會晚到教堂，特別是針對三更半夜舉行的禱告，而這自然引起要不要讓遲到的僧侶進教堂的辯論，至於成功加入禮拜的僧侶，有時候則會打盹。修道理論家針對這個問題也有不少應對方式：睏倦的僧侶可能得在其他人坐著的時候站著，或在其他人站著的時候出去透透氣，不過後面這個解決方式的風險是，僧侶可能出去了就不會回來。遲到和想睡的問題有沒有可能治本？卡西安建議遵循埃及的模式，把禱告變短一點，特別是晚上的禱告，舉行馬拉松式的禮拜沒有意義，因為僧侶必定會分心。（但是卡西安也很明白，修道院在禮拜儀式這方面非常有創意，不能幻想所有修道院都遵守相同的模式。）有些修道院領袖把重點放在就寢時間，思索僧侶在半夜禱告結束後是否應該回去睡覺；還有一些領袖試著規範就寢和起床之間的轉換期。《塔恩修道院規範》（*Rule of the Monastery of Tarn*）似乎有門禁檢查，以確保僧侶就寢時間人在床上；《大師規範》甚至建議僧侶穿外出服睡覺，這樣起床禱告的時間到了，他們就不會拖拖拉拉在黑暗中找尋衣物。[21]

## 心靈導師的重要性

雖然單靠行事曆無法解決分心的問題，這仍是透過固定一致和集體精力的力量來管教僧侶心智的普及策略。但這只是社會支持公式的一部分，僧侶除了能因為一起工作和禱告而受益，也需要權威人物指引他們。約翰．卡西安重複摩西阿爸告訴他的話：僧侶需要有好老師，在遇到困難時提供諮詢和鼓勵。有些人強調，服從是從上級那裡學到最重要的教訓，因為這是學習自律最關鍵的第一步。服從可以讓僧侶習慣「殺死」（mortificare，卡西安使用的字眼）或「砍斷」（koptein，《長者格言》常常用到的詞彙）各種衝動和個人偏好。為了專注於神聖，尤其是身在群體之中時，僧侶不可以只想到自己。[22]

然而，這些訓練非常艱辛又令人挫敗，對於以前習慣擁有權力所帶來的特權的那些人來說，更是特別如此。西元五世紀或六世紀初，一位名叫諾瓦圖斯（Novatus）的拉丁傳教者試著告訴一個修道社群，服從修道院院長其實會令人鬆一口氣。僧侶不應該埋怨自己分到的食物或吃飯時試圖更改座位的安排，而是要很開心院長替他們設想這麼多。有些僧侶提倡服從時，則喜歡透過分享為了遵守命令而遵守命令這類有違直覺的美德故事。其中一個故事說，沙漠教父馬克（Mark）的導師希爾瓦努斯（Silvanus）看見了一隻野豬，卻堅稱那是水牛，馬克完全認同他。或者，聽說利柯波利斯的約翰（John of Lycopolis）其中一個學生給約翰插在地上的枯樹枝澆水，就只是因為約翰叫他這麼做——沒有什麼奇蹟發生，那根樹枝並未因此活過來，最驚人的地方是，這個學生仍繼續澆水澆了整整一年，直到約翰叫他停止。[23]

雖然修道院設計者都同意權威領袖是修道主義的要素之一，他們替自己的社群構想的實踐模型卻大不相同，有些人崇尚簡單。他們說，修道院院長的職責是分配工作給僧侶（否則僧侶會挑選容易、高尚或好玩的事情來做），他們也告訴僧侶，遵守上級的指令時不可拖拖拉拉、嘀嘀咕咕或回嘴。[24]

很多人也堅持，修道院領袖必須要監督僧侶的思想。這是帕科繆作為修道院院長很重要的元素，他的僧侶會對他吐露不好的念頭，而帕科繆會判斷每個僧侶的念頭所反映出來的真實想法和感受，以便建議他們採取什麼適當的行動。在六世紀晚期和七世紀初期的高盧和義大利北部創立數間修道院的高隆邦（Columbanus）也大聲提倡可稱作「認知透明」的做法。他強調想法跟行為一樣意義重大，所以他會替「思想犯罪」的僧侶撰寫悔罪規則書，指定為了贖罪應該完成的苦修，不管他們心裡想的是殺人、性愛、偷竊、逃院、打人、酒醉或偷偷吃其他食物，他也希望僧侶在參加彌撒前坦承這類想法，也就是「心理擾動」（commotiones animi）。其他理論家則要求僧侶一浮現令人不安的念頭時就向院長報告，或者一天報告三次，或者定期見面但不那麼激動。另外，在約翰·克利馬庫斯相當敬重的一間修道院，僧侶會隨時帶著小本子，這樣他們就能認真記下自己的念頭，之後給上級查看。[25]

有些理論家認為，這些做法是以重大的道德義務為依據。他們說，修道院院長不只是風紀股長，還是通往天堂的救命索，他的一絲不苟和細心謹慎讓僧侶有可能進步，但是反過來，他的粗心疏忽則可能危害整個社群，他的靈魂背負著所有人的靈魂，上帝要他為每一個交到他手中的僧侶負責。接近七世紀末，別爾索的主教瓦萊里烏斯（Valerius of Bierzo）認為，應該要有更多的修道院院長這樣想，他痛罵西班牙西北部的修道院領袖不試著制裁下屬的壞行為，好像認定上帝不會責怪他們。但是，瓦萊里烏斯很肯定上帝會！

西元六世紀，修道院院長尤吉皮烏斯主張，這便是為何院長應該替僧侶做這麼多決定，甚至連他們分到的衣服和食物也是。對僧侶而言，這些限制感覺可能像是殉教者遭受的折磨；對院長而言，這些都是一本大帳簿的精細計算，他最終得在最後的審查把帳簿交出來。同樣地，《本篤規範》也希望修道院院長一發現僧侶的問題就把它們根除，而不是忽視或希望問題可以自行解決——這些問題全都是他的。但是，即使是在牧者的權力比較沒那麼大的社群，向導師揭露自己的想法仍然很重要，因為這能幫助僧侶找到和拆除使他們的心智無法專注於上帝的隱藏阻礙。26

這是需要巧妙手腕的責任。所有的僧侶都應該被一視同仁地對待，這在階級制度極重的世界是很大的期望。但是同一時間，每一位僧侶都必須以不同的方式管教，因為每個人的心理構造都不一樣。如同於澤的費羅勒斯所指出的，不良的品行沒有萬靈丹，修道院院長得判斷一個僧侶的心理「疾病」究竟是什麼，才能開出完美的解藥。

除了照顧個別病患（即違紀者）的需求，院長還必須顧及整個社群的利益。《塔恩修道院規範》建議，假如大部分僧侶都不知道某個僧侶做錯事，上級應該私下管教他，但是假如大家都知道他違紀，就應該公開懲罰。約翰．克利馬庫斯特別佩服某位修道院院長在面對一個想成為僧侶的罪犯時，所採取的應對方式。院長安排了一個戲劇化的告解儀式，讓僧侶的罪可以被原諒，但他是在所有人面前做這件事，這樣一來，其他人聽到的可怕罪行和這位僧侶最後得到的寬恕，會促使他們也坦承自己的罪。[27]心理紀律是集體的，也是客製化的，修道院領袖既得是社會學家，還得是心理學家。

## 同儕互助的重要性

不過，無論他們的技巧和努力是怎麼樣，修道院院長都無法靠自己的力量凝聚社群。雖然教宗額我略一世在《對話》的第二冊稱讚著名的努西亞的本篤，但是就連他第一次擔任修道院院長時，最終還是辭去這份工作，因為額我略說那間修道院沒有一個好的僧侶可以幫忙本篤；事實上，那些僧侶還想毒死他。[28]僧侶必須互相發揮好的影響，否則沒有人可以管他們的心智。

當然，什麼是「好的影響」因人而異，有些修道院強調要建立情感支持的空間。博比奧的喬納斯在《處女規範》（*Rule for Virgins*）寫到，修道社群裡的所有女性都應該培養愛的文化，替彼此禱告、原諒彼此，並為了其他人管好自己的行為。至少，這是其中一個策略。在許多修道院中，僧侶還必須互相監督，有些修道院創立了正式的職位來做這件事。帕科繆派的修道院就把僧侶分成子院，每一間都有一個舍監和副舍監；同樣地，《大師規範》指派一兩個院監管理十人一組的團體。然而，指揮者有可能被篡位：在隸屬於謝努特聯盟的白修道院，女性僧侶還算滿意管理她們的三位高階姊妹，可是當謝努特決定讓所有人都臣屬在階級比她們的上級還高的一位男性代理人之下時，其中有些人很憤怒，她們想要自由決定自己的規定和紀律形式。謝努特還是決定要指派一位代理人，因此這些女性僧侶明確表現出自己的不滿，她們回嘴、在其他糾紛中堅守立場、不說自己知情的事，並拒絕會見謝努特的代理人。[29]

互相監督是另一個選項。有些社群期許僧侶在看見另一名僧侶違反規範時，要告訴上級；也有一些社群鼓勵僧侶抓出彼此不好的行為，而不是替他們掩飾，就像傳教士諾瓦圖斯所說的：「要當彼此的院長。」弟兄姊妹遭到訓斥時，他們通常被禁止袒護他們。[30]

不意外地，依靠洩密的管理策略會產生問題。首先，僧侶會覺得被針對了。西元六世紀，加薩的多羅修斯（Dorotheus of Gaza，他是塔瓦塔修道院的僧侶，之後會成立自己的修道院）寄了好幾封信給他的性靈導師，焦慮地詢問看見其他僧侶做錯事時該怎麼辦，他又該如何對待打他小報告的人；跟他通信的苦修隱士巴爾薩努菲烏斯和約翰要他別擔心別的僧侶怎麼想。他們常常給這種建議，不過也有一些修道院領袖比較有同情心一點。例如，希波的奧古斯丁要他的僧侶把勇敢說出真相的責任想成公共衛生，他們是在幫助受傷的社群成員接受治療。

或者，僧侶應該依循某個腳本？高隆邦設計了一個對話，當僧侶聽見弟兄說錯話就可以照著說。首先，這位僧侶要先停下來，確定自己的同伴真的說錯了。接著，他應該要說：「當然，如果你記得沒錯的話，弟兄！」這句話理論上會讓對方不再重申他先前說的話，而是回答：「我希望你記得比較清楚！我因為健忘所以言論有誤，我很抱歉我說錯了。」[31]

高隆邦的僧侶很可能沒有完全採取這個建議。至少，我們無法假定他們有這麼做，因為修道規範無法告訴我們實際上有沒有人去遵守。（高隆邦去世之後，他的修道院變得非常兩極化，不知如何秉持創始人的精神運作；他們的爭論並沒有根據他所設計的理想對話進行。）不過，我們至少可以確定，這個生硬的腳本是設計來緩和管教同儕的緊張情勢，有些僧侶被弟兄姊妹糾正會生氣，有些僧侶則太喜歡糾正他人。雖然高隆邦的腳本不太尋常，但是很多修道院領袖確實試圖建立互相監督的基本規則。例如，僧侶不該盯著另一名正在吃東西的僧侶，對他吃了多少做出評論或玩笑。（禁食可能演變成一種競賽，不只一間修道院曾經因為某個僧侶似乎贏過其他所有人而發生躁動。）同樣地，僧侶不可以自己進行肢體管教，至少，他們需要上級准許才能打犯錯的另一名僧侶。有些修道院領袖完全不准僧侶糾正彼此，告訴他們管好自己的事就好。[32]

諸如此類的規定是為了減少同儕之間互相管教可能產生的摩擦，但僧侶也有可能因為跟管教或規範完全無關的事情而大打出手，有時候，他們純粹就是行為不端正。他們會辱罵彼此，叫對方「魔鬼」或「愚蠢的傭人」；他們會維持原有的階級偏見，瞧不起出身不好的僧侶；他們會惡劣地模仿彼此；他們會捏造關於其他僧侶的謊言、不信任其他僧侶，或因為其他僧侶看起來過得很輕鬆而討厭他們。生氣之後，他們不會和好，而是逃避對方，他們會生悶氣，做出被動攻擊的反應，還故意不吃東西，表達自己的不滿。[33]

有一點衝突可能是件好事，至少凱撒利亞的巴西流在四世紀是這麼認為的。如果僧侶身邊沒有好像一直要「妨礙他的心願」的人，他要如何練習耐性？但如同所有的修道院領袖都知道的，就連小事也可能升溫。約瑟夫阿爸曾告訴卡西安，當群體精神開始瓦解，僧侶的禱告將不再有效。卡西安的導師埃瓦格里烏斯也說過同樣的事：你不可能在記恨的同時還保有上帝，這在認知上是不可能的。因此，修道院領袖敦促僧侶快快消氣，跟對方和好。很多修道規範喜歡引述保羅寫給以弗所人的信：「不可含怒到日落。」[34]

畢竟，其他僧侶的陪伴應該是有益的，這是共享例行事項、擁有權威人物、培養互愛和彼此監督的重點：認知可以集體強化。這也是關於成雙成對住在一起的僧侶故事所要傳達最重要的道理之一：活在投入的修道關係中，可幫助僧侶戰勝自己的錯誤和失敗。就連在較大型的社群之中，互助也被認為是很強大的，因此針對犯下特別嚴重錯誤的僧侶，修道院領袖會把社會孤立當作懲罰。僧侶應重視彼此的陪伴，雖然他們只有被剝奪這個陪伴後才會看見其中的益處。[35]

## 社群內部衝突的破壞力

但修道院領袖從不曾忘記社群的集體力量也可能造成危害。他們知道群居生活的挑戰——僧侶在修道院經歷這些挑戰理論上是為了自我改進——可能演變成濫用或疏忽，進而破壞性靈專注。他們很關心機構的財務，也很關心個人福祉，創立者和捐獻者不希望看見自己的投資受到不當管理。因此，修道理論家要僧侶回報不當對待的情事，並揚言要把教會當局扯進來。他們建議修道院院長不要在提供食物和衣物上吝嗇，否則僧侶會有合理的理由抱怨。就連高尚的謝努特也在五世紀說，如果食物真的很倒胃口，僧侶有權利抱怨。有些艱苦對群體生活是必要的，有些則可能造成分心的反效果。[36]

更糟的情況是，社群內部的衝突有可能無法挽回，爆發成公眾醜聞，進而威脅僧侶努力與俗世維繫的脆弱支持系統。帕拉狄烏斯在五世紀初期撰寫的《勞西亞克史》（*Historia Lausiaca*）大體上講述了他的修道旅行經歷，語調充滿溫暖，但卻也有寫到一些關於帕科繆聯盟的丟臉故事，像是在著名的塔比司修道院有一場錯誤指控的小糾紛，最後竟然導致兩名女性自殺。帕拉狄烏斯贊同地說，事後有許多她們的姊妹受到懲罰，因為她們在事情變嚴重前沒有想辦法解決衝突。這個故事試圖強調一個修道原則，那就是小罪過若不處理也有可能造成傷害。還有，修道院仰賴僧侶的互相管教。或者，如同修道院院長達狄修在西元五八八年對美索不達米亞的伊茲拉修道院的僧侶所說的，一位弟兄走偏了，如果不管，可能造成「社群的騷亂」，進而變成「醜聞的源頭，危及許多人」。[37]

達狄修當上院長不久，便做出這樣的觀察。他在寫下這個和其他的規則時，才剛接替了伊茲拉的創始院長——偉大的亞伯拉罕（Abraham the Great）。政體的轉變向來會讓修道院特別脆弱，達狄修深知這點。一年後，在地中海的另一頭，另一間知名修道院便經歷了這位人在東敘利亞的院長所擔心的那種醜聞。從這起事件可看出，跟達狄修同時代的人在社群脈絡下如何看待個人的心智，又是如何認真對待社會「騷亂」與分心的後果。

這場醜聞發生在西元五八九年、位於普瓦捷（Poitier）的聖十字修道院（Holy Cross）；莫洛溫王朝（Merovingian）的拉德貢德王后（Radegund）在幾十年前成立了這座修道院。有賴於她響叮噹的名聲和人脈，拉德貢德將各行各業的女性召募到聖十字，其中包括她姨伯輩的曾曾孫女、嚴格來說也是她繼孫女的兩位公主；後來，她也加入自己的修道院。但是，拉德貢德在世時，聖十字的女性僧侶間的關係可能就很緊張了。大部分的修道規範都會一再提到僧侶有義務平等對待其他僧侶，無論他們過去的身分地位為何。拉德貢德在她的修道院是採行亞爾的凱撒里烏斯的《處女規範》，這份指南絕對有暗示這個義務。凱撒里烏斯的妹妹——亞爾修道院的院長凱撒莉亞（Caesaria of Arles）——也有寫信給拉德貢德，說她那些出身高貴的僧侶應該謙遜，不要太關注自己的社會地位。可見，這件事需要反覆強調。[38]

顯然，這些僧侶沒有聽進去。在拉德貢德和修道院的第一任院長（她是王后的摯友）去世後，精英分子爆發各種不滿。那兩位公主和另外四十名左右的僧侶離開修道院，以示抗議。她們的領袖克洛狄爾德公主（Chrodield）直接說出她們最主要的擔憂，那就是新院長露博維拉（Leubovera）「大大貶低」她們：「我們在這間修道院遭到貶低，沒被當成國王的女兒！」在叛變持續的這一整年，克洛狄爾德一有機會就提及她的王室身分。

兩位公主向幾位主教和兩位國王提出抱怨，但是卻對得到的回應感到失望：有人違反修道院的規範體系凱撒里烏斯的《處女規範》嗎？有人犯下跟世俗法庭有關的罪行嗎？如果沒有，這些僧侶沒理由抱怨。她們或許不滿平等原則使她們的社會地位變得微不足道，但這本來就是修道主義的結構特色，不是毛病。

兩位公主決定召募武裝戰士，幫她們搶奪修道院的土地。他們攻擊那些土地上的佃農，強迫他們轉而效忠克洛狄爾德；他們闖入聖十字、綁架院長，並洗劫修道院。普瓦捷警方跟他們正面對決後，才得以成功鎮壓這場叛變。之後，發起叛變的僧侶被拖到法庭上，叛變期間死了不少人，也有許多人受傷。

在國王和主教召開的審判上，克洛狄爾德試圖用更強而有力的法律依據支持她的精英主義論點，表示修道院院長只是個無名小卒，卻對奢侈的事物有著不合理的喜好，違背了《處女規範》，特別是強調要嚴格區隔僧侶與外界的這個原則。她的指控沒有任何一項贏得法庭的認同，雖然主教也坦承，露博維拉確實踩進了灰色地帶，例如她曾經玩桌遊，並替姪女舉辦訂婚派對。不過，他們不像凱撒里烏斯那樣反對這些事，他提倡的禁閉政策特別嚴厲，規定女性僧侶永遠不得離開修道院，但是高盧大部分的基督徒支持的修道模式並沒有規定絕對的封鎖。主教最後判定真正犯罪的是那兩位公主，她們的懲罰是開除教籍和贖罪苦修。

兩位公主氣到指控露博維拉叛國，危及墨洛溫王朝（Leubovera）的國王希爾德貝爾特二世（Childebert II）。國王願意進行調查，但是最後也發現這項指控沒有依據。其中一位公主請求寬恕，回到了聖十字，但是克洛狄爾德再也沒有回去。[39]

土爾的貴格利（Gregory of Tours）是描述整起事件並親身經歷這場衝突的歷史學家。他還提到這場混亂的另一類受害者：叛變發生期間，有些沒有踏出修道院一步的僧侶最後還是懷孕了。這大大違反了凱撒里烏斯的《處女規範》，但貴格利和其他主教最後判定這些僧侶（monachae）是無辜的。這場叛變嚴重危害到這個社群，因此連僧侶懷孕也算不上罪過。從這些主教的理由可以看出，許多中世紀初期的基督徒對修道院這類機構感到十分樂觀，他們很肯定，僧侶如果隸屬於一個受到規範的社群會更強大。但是他們也知道，行事曆、階級制度和互助仍有可能受到個人不當的行為所破壞，連修道院也可能是個「不安全的地方」。[40]

聖十字叛變過後，這間修道院有一個名叫波朵妮薇亞（Baudonivia）的僧侶，鼓勵修道院姊妹要謹記她們的創始人士「意念」（mens intenta，總是朝著上帝的心智）的典範。不像拉德貢德的其他傳記作者，波朵妮薇亞認為有必要強調拉德貢德慣例的專注，彷彿這樣描寫她，就能讓整個社群也跟著專注。[41] 然而，無論行事曆設計得多好、領導文化和互相監督有多支持每位僧侶，連組織緊密的社會結構也無法解決所有不滿和分心的問題。僧侶必須更深入探索，改變自己的身體才行。

## 在這章我們能了解到……

①專注力可能因為集體行動而受益，也可能因為其他人的存在而動搖。

②社群可以一起建立新的社會規範，以服務共同的價值觀。在過程中，他們可以啟發彼此、同理彼此、教導彼此，把自己的知識和技能集合起來。

③每日的例行事項是對抗分心的實用策略。

④今天，我們通常認為視覺是最有可能使我們分心的感知，但在古代晚期和中世紀初期的修道院認為，言談比視覺更令人分心。

⑤向導師揭露自己的想法仍然很重要，這能幫助僧侶找到和拆除使他們的心智無法專注於上帝的隱藏阻礙。

## 第二章註釋

1 Fortunatus, *Vita Paterni*, esp. 9.29.

2 John Climacus, *Klimax* 8. 不同的技能：Basil, *Great Asketikon*, LR 7; Cassian, *De institutis coenobiorum* 5.4; Columbanus, *Regula Columbani* 10; John Moschos, preface to *Pratum spirituale*. 關於現代需要人們做出集體行動的注意力經濟：Johann Hari, *Stolen Focus: Why You Can't Pay Attention—and How to Think Deeply Again* (New York: Crown, 2022), esp. 143–170.

3 Basil, *Great Asketikon*, LR 7. 野生動物：e.g., *AP/GN*, N. 516. 耶福列木：Arthur Vööbus, *History of Asceticism in the Syrian Orient: A Contribution to the History of Culture in the Near East* (Leuven: CSCO, 1960), 2:94–95.

4 John Climacus, *Klimax* 25, trans. Luibheid and Russell, p. 222; Joseph Ḥazzaya, *Lettre sur les trois étapes de la vie monastique* 3.66. 孤立狀態下的進階禱告：Brouria Bitton-Ashkelony, *The Ladder of Prayer and the Ship of Stirrings: The Praying Self in Late Antique East Syrian Christianity* (Leuven: Peeters, 2019), 168–169.（本都的埃瓦格里烏斯和達里亞薩的約翰以海豚為譬喻）; Shemʿon d-Ṭaybutheh, *Book of Medicine* 186b, trans. Mingana, p. 46.（「水面平靜清澈時，海豚就會飛起來。」）博取注意：Cassian, *De institutis coenobiorum* 1.2.1, 1.2.3–4; *Regula monasterii Tarnatensis* 1.25; Isidore, *Regula* 19.

5 Cassian, *Collationes* 19.4–6. 關於沙漠觀光和朝聖之旅的文獻：David Brakke, *Demons and the Making of the Monk: Spiritual Combat in Early Christianity* (Cambridge, MA: Harvard University Press, 2006), 127–156; Georgia Frank, *The Memory of the Eyes: Pilgrimages to Living Saints in Christian Late Antiquity* (Berkeley: University of California Press,

2000).

6 Joseph Patrich, "Monastic Landscapes," in *Recent Research in the Late Antique Countryside*, ed. William Boden, Luke Lavan, and Carlos Machado (Leiden: Brill, 2003), 413–445; Rosemary Cramp, "Monastic Settlements in Britain in the 7th–11th Centuries," in *Monasteri in Europe occidentale (secoli VIII–XI): Topografia e strutture*, ed. Flavia de Rubeis and Federico Marazzi (Rome: Viella, 2008), 113–133, p. 117頁寫到林迪斯法恩；Kathryn M. Ringrose, "Monks and Society in Iconoclastic Byzantium," *Byzantine Studies / Études Byzantines* 6 (1979): 130–151. Izla: Dadishoʿ, *Canons* 13, in Vööbus, *Syriac and Arabic Documents*; Babai, *Rules* 7, in ibid. 凱利亞：Nessim Henry Henein and Michel Wuttmann, *Kellia: L'ermitage copte QR 195*, vol. 1, *Archéologie et architecture* (Cairo: Institute Français d'Archéologie Orientale, 2000); Rodolphe Kasser, *Le site monastique des Kellia (Basse- Égypte): Recherches des années 1981–1983* (Louvain: Peeters, 1984).

7 外人的印象：Cassian, *De institutis coenobiorum* 7.13; *RM* 24.20–25. 想要了解修道院規範在拉丁手稿中的流變，請參見：Albrecht Diem's Monastic Manuscript Project, earlymedievalmonasticism.org. 關於早期修道院規訓文獻的多元性：Roberto Alciati, "The Invention of Western Monastic Literature: Texts and Communities," in *The Cambridge History of Medieval Monasticism in the Latin West*, ed. Alison I. Beach and Isabelle Cochelin (Cambridge: Cambridge University Press, 2020), 1:144–162; Albrecht Diem and Philip Rousseau, "Monastic Rules (Fourth to Ninth Century)," in ibid., 162–194; Anne Boud'hors, "Production, Diffusion et usage de la norme monastique: Les sources coptes," in *La vie quotidienne des moines en Orient et en Occident (IVᵉ–Xᵉ siècle)*, vol. 1, *L'état des sources*, ed. Olivier Delouis and Maria Mossakowska-Gaubert (Cairo and Athens: Institut Français d'Archéologie Orientale and École Française d'Athènes,

2015), 69–79; Diem, “Monastic Rules”; Diem, “Inventing the Holy Rule: Observations on the History of Monastic Observance in the Early Medieval West,” in *Western Monasticism ante litteram: Spaces of Monastic Observation in Late Antiquity and the Early Middle Ages*, ed. Hendrik Dey and Elizabeth Fentress (Turnhout, Belgium: Brepols, 2011), 53–84.

8 *Vita Ceolfridi* 5–6; Bede, *Vita abbatum* 11; Bede, *Vita Cuthberti* 16 (and compare to the anonymous *Life* in Plummer’s edition or Webb’s translation); Ferreolus, *Regula*, preface（「心智頸部」p.126）.

9 Zacharias Scholasticus, *History of Severus*, p. 52.（這個作者就是另外那名學生）; Hildemar, *Expositio* 48; Augustine, *De opere monachorum* 14.15; see further Sabine MacCormack, “The Virtue of Work: An Augustinian Transformation,” *Antiquité Tardive* 9 (2001): 219–237. *Rule of Benedict*: Albrecht Diem, “Inventing the Holy Rule,” 72–76; Diem, *The Pursuit of Salvation: Community, Space, and Discipline in Early Medieval Monasticism* (Turnhout, Belgium: Brepols, 2021), 331–345.

10 Palladius, *Historia Lausiaca* 5.3（亞麗桑德拉）, likewise ‘Enanisho‘, *The Book of Paradise*, p. 139; Theodoret, *Historia religiosa* 2.5; Cassian, *De institutis coenobiorum* 3, on which see further Peter Jeffery, “Psalmody and Prayer in Early Monasticism,” in *Cambridge History of Medieval Monasticism in the Latin West*, ed. Beach and Cochelin, 1:112–127.

11 *AP/G* Antony 1; *Pseudo-Matthei Evangelium* 6.2（馬利亞的規則）, 9.1（「妳在心中為上帝準備好居住的地方了」）. 現代的類比：Julian Lucas, “Focus Mode: Can ‘Distraction-Free’ Writing Devices Reconcile Writers and Computers?” *New Yorker*, December 20, 2021.

12 Caesarius, *Regula ad virgines* 19; Caesarius, *Regula ad monachos* 14; Eugippius, *Regula* 1.10–11; Isidore, *Regula* 5.

13 John Climacus, *Klimax* 20. 防止心思溜走：Cassian, *De intitutis coenobiorum* 2.14. 身心：*Rules of Abraham of Kaškar*

1, in Vööbus, *Syriac and Arabic Documents*. 勞動有助禱告： Caesarius, *Regula ad virgines* 15; Aurelian of Arles, *Regula ad monachos* 29; *Regula monasterii Tarnatensis* 6.5, see also 10.1–3. 禱告有助工作： Isidore, *Regula* 5. Emptying: *RM* 50.3–5, 50.38; *Regula Pauli et Stephani* 34. 關於修道院的勞動： *Wandering, Begging Monks*, 38–47.

14 Peter Brown, *Treasure in Heaven: The Holy Poor in Early Christianity* (Charlottesville: University of Virginia Press, 2016), esp. 51–108; some qualifications in Daniel Caner, *The Rich and the Pure: Philanthropy and the Making of Christian Society in Early Byzantium* (Oakland: University of California Press, 2021), 167–171.

15 Ferreolus, *Regula* 28（工作分配）, 34（狗）. 巴西流也預期會出現類似的藉口： Basil, *Great Asketikon*, SR 69.

16 *Regulations of Horsiesios* 15, in *Pachomian Koinonia* 2:202; Shenoute, *Rules* 52, 554; *AP/GN*, N. 118（野火）; Isaiah, *Asketikon* 8.18–19, 8.24; *Statuta patrum* 11–16（破壞）; *Regula orientalis* 5, 22（破壞）; *Regula sanctorum patrum* (both recensions) 5.4; *RM* 9.42; Caesarius, *Regula ad virgines* 10; *Regula monasterii Tarnatensis* 8.6–7, 9.4, 13.4, 24（少年）, 29; *Canons which are necessary for the monks* 15, in Vööbus, *Syriac and Arabic Documents*; Columbanus, *Regula coenobialis*, 217D; John Climacus, *Klimax* 12, 28; Jonas, *Regula cuiusdam ad virgines* 9（讓心智從約束中脫逃）; Fructuosus, *Regula* 5, 6; Donatus, *Regula* 28; Isaac of Nineveh, *Discourses* 1.16（遲來的結霜和火災）. See also Albrecht Diem, "On Opening and Closing the Body: Techniques of Discipline in Early Monasticism," in *Körper er-fassen*, ed. Kordula Schnegg and Elisabeth Grabner-Niel (Innsbruck: StudienVerlag, 2010), 89–112, esp. 96–103; Conrad Leyser, *Authority and Asceticism from Augustine to Gregory the Great* (Oxford: Clarendon, 2000), esp. 95–128; 關於修道院的聲音學： Kim Haines-Eitzen, *Sonorous Desert: What Deep Listening Taught Early Christian Monks—and What It Can Teach Us* (Princeton: Princeton University Press, 2022).

17 塔比司：*The Story of Anastasia* 3, in Brock and Harvey, *Holy Women of the Syrian Orient*, 144. 撒拉伯加：*Vita Sadalbergae* 25（「講話活潑」）. 克呂尼：Scott G. Bruce, *Silence and Sign Language in Medieval Monasticism: The Clunaic Tradition, c. 900–1200* (Cambridge: Cambridge University Press, 2007), esp. 特別是p. 71–72頁說到要限制手勢打太多的可能.

18 Rabbula of Edessa, *Admonitions for the Monks* 16, in Vööbus, *Syriac and Arabic Documents*; Isidore, *Regula* 5 ("Nihilque operis aput fratrem remaneat, ne sollicitudinis eius cura mentem ab intentione contemplationis auertat"). 立刻停止工作：Cassian, *De institutis coenobiorum* 4.12; *Statuta patrum* 31; *Regula sancti Macharii abbatis* 14; *Regula orientalis* 12; *Regula et instituta patrum* 6; *RM* 7, 55.1–4; *RB* 43.1–3; Aurelian, *Regula ad virgines* 24; Aurelian, *Regula ad monachos* 30; Donatus, *Regula* 12.1–3; Hildemar, *Expositio* 43 (including exceptions). 轉換期間分心的學生：James M. Lang, *Distracted: Why Students Can't Focus and What You Can Do about It* (New York: Basic, 2020), 228–231.

19 John Climacus, *Klimax* 19, trans. Luibheid and Russell, p. 195; Palladius, *Historia Lausiaca* 48.2.

20 *Tota mentis intentione*: *Regula communis* 10. 日課期間放空：Isidore, *Regula* 17. 雙眼呆滯：Pachomian *Precepts* 7 and *Regulations of Horsiesios* 11, 20, both in *Pachomian Koinonia* 2:146, 200, 204; Columbanus, *Regula coenobialis*, 217C; Sahdona, *Book of Perfection* 2.8.27, in Brock, *Syriac Fathers*. 賽跑：*RM* 55.9–14; Eugippius, *Regula* 20. 聊天：*Canons which are necessary for the monks* 9, in Vööbus, *Syriac and Arabic Documents*; *Precepts* 8, in *Pachomian Koinonia* 2:146; *Rules attributed to Rabbula* 25, in Vööbus, *Syriac and Arabic Documents*; John of Apamea, *Letter to Hesychius* 35, in Brock, *Syriac Fathers*; Caesarius, *Regula ad virgines* 10; *Regula monasterii Tarnatensis* 6.3; *Regula Pauli et Stephani* 9; Columbanus, *Regula coenobialis*, 222B; Sahdona, *Book of Perfection* 2.8.31; *Rule of Naqlun* 25; Donatus, *Regula* 17.8. 逗笑：*Precepts*

8, in *Pachomian Koinonia* 2:146; Columbanus, *Regula coenobialis*, 217C; Isidore, *Regula* 17; Donatus, *Regula* 17.10. 吵雜聲：*RM* 47.21–24, 48.6–9; Columbanus, *Regula coenobialis*, 217C, 222B; Sahdona, *Book of Perfection* 2.8.32. 禱告太大聲：Cassian, *Collationes* 9.35.3; *RB* 52.4; Caesarius, Letter to Caesaria 7.5; Donatus, *Regula* 16.4. 鞠躬時不顧他人：Typikon of Pantelleria 12, in Thomas and Hero, *Byzantine Monastic Foundation Documents*. 匆忙：Cassian, *De institutis coenobiorum* 2.7.1, 2.11.1, 3.5.1; Sahdona, *Book of Perfection* 2.8.29–35. 動來動去、坐下或提前離席：Shenoute, *Rules* 447; *Statuta patrum* 32; *Vita patrum Iurensium* 3.6（讚美沒有提前離席的僧侶）; *Regula monasterii Tarnatensis* 6.1–2; *Regula Pauli et Stephani* 4; Gregory, *Dialogi* 2.4; Sahdona, *Book of Perfection* 2.8.29, 32–34. 閒晃：Cassian, *De institutis coenobiorum* 4.16; Shenoute, *Rules* 328; Eugippius, *Regula* 1.25, 37.11. 吵鬧離開：*RB* 52.2–3; Donatus, *Regula* 16.2–3.

21 不讓遲到者進入：Cassian, *De institutis coenobiorum* 3.7.1; *Statuta patrum* 31; *Regula sancti Macharii abbatis* 14; *Regula monasterii Tarnatensis* 5.1; Typikon of Pantelleria 8, in Thomas and Hero, *Byzantine Monastic Foundation Documents*. 允許遲到者進入：*RB* 43.4–6; Donatus, *Regula* 13.4–6; Jonas, *Regula* 8. 同時進入：Ferreolus, *Regula* 13. 禮拜期間睡覺：*So-Called Canons of Maruta* 51.16, in Vööbus, *Syriac and Arabic Documents*; *Statuta patrum* 37; *Regula Pauli et Stephani* 8; Sahdona, *Book of Perfection* 2.8.31, 33; Aurelian of Arles, *Regula ad monachos* 29; Aurelian of Arles, *Regula ad virgines* 23. 其他有關遲到的文獻：Caesarius, *Regula ad virgines* 12; Caesarius, *Regula ad monachos* 11.2; Columbanus, *Regula coenobialis*, 222B; John Climacus, *Klimax* 19. 天亮之前是否睡覺：*Bohairic Life of Pachomius* 59, in *Pachomian Koinonia* 1:79（意見不一）; *RM* 33.15–26（贊同，以心理影響生理為依據）; Aurelian, *Regula ad monachos* 28（反對）. 禱告變短：Cassian, *De institutis coenobiorum* 2 (including diversity at 2.2.1); Jonas of Bobbio, *De accedendo ad Deum* 26. 就寢時間：*Regula monasterii Tarnatensis* 4.7–8. 穿衣服睡覺：*RM* 11.120; similar are *RB* 22.5; Donatus,

*Regula* 65.5. Cf. *Vita Landiberti vetustissima* 6. 這裡寫到，斯塔沃洛－馬爾默迪的修道院院長在半夜聽到鞋子撞擊地面的聲音時大發雷霆。

22 Cassian, *Collationes* 2.11–15（諮詢）; Cassian, *De institutis coenobiorum* 4.8（殺死）. 服從和砍斷：Zechner, *The Role of Death*, 128–135, 167–172.

23 Novatus, *Sententia* 64–81 (72: "non cogitas unde uiuas, quia nec debes cogitare"); *AP/G* Mark 2; Cassian, *Collationes* 4.24（利柯波利斯的約翰）.

24 工作分配：Basil, *Great Asketikon*, LR 38, 41 and SR 117; Shenoute, *Rules* 287, 389–390, 399, 465–466, 547–548; *Regula sanctorum patrum* 3.16–17; Caesarius, *Regula ad virgines* 8; Caesarius, *Regula ad monachos* 8; Aurelian, *Regula ad virgines* 19; Aurelian, *Regula ad monachos* 23; *Regula monasterii Tarnatensis* 9.4, 10.4–5, 12.7–8; *The Canons of the Persians* 2, in Vööbus, *Syriac and Arabic Documents*; Dadishoʿ, *Canons* 19, in ibid.; Babai, *Rules* 25, in ibid.; Columbanus, *Regula Columbani* 10; Fructuosus, *Regula* 5. 遵守指令：Basil, *Great Asketikon*, LR 52; *Statuta patrum* 40–45; *RM* 7; Caesarius, *Regula ad monachos* 11.2; Aurelian, *Regula ad virgines* 28; Aurelian, *Regula ad monachos* 38; *Regula monasterii Tarnatensis* 5.2–3; Ferreolus, *Regula* 7; *The Canons of the Persians* 15, in Vööbus, *Syriac and Arabic Documents*; Columbanus, *Regula Columbani* 1; Columbanus, *Paenitentiale* A9; *Regula communis* 5.

25 Paul C. Dilley, *Monasteries and the Care of Souls in Late Antique Christianity: Cognition and Discipline* (Cambridge: Cambridge University Press, 2017), 98–105（關於帕科繆）; Columbanus, *Regula Columbani* 6（想法）; Columbanus, *Paenitentiale* A2（想法）; Columbanus, *Paenitentiale* B30（想法）; John Climacus, *Klimax* 4. 立刻報告：Cassian, *De institutis coenobiorum* 4.9, 4.37; *RM* 15, 61–65; *RB* 4.50, 7.44–48. 定期見面：Gerontius, *Life of Melania the Younger*

23; Isidore, *Regula* 7; Fructuosus, *Regula* 2, 12; Donatus, *Regula* 23.1–3; *Regula communis* 5; Jonas, *Regula* 6.20–22（「天三次！」）. 在沒那麼有架構的環境中跟長者分享想法：Isaiah, *Asketikon* 5.11, 8.27, 11.63, 15.76.

26 Eugippius, *Regula* 18.49–52, 18.55（殉教）, 25, 32. 下一章會談到尤吉皮烏斯的僧侶對衣物表達的明顯擔憂；*RB* 2.6–7, 2.26–35; Valerius, *De genere monachorum* 8–9; also *RM* 2.6–9, 2.32–40. 想要了解類似的問責概念，可參見：Caesarius, *Regula ad virgines* 35.10; Ferreolus, *Regula* 2; Donatus, *Regula* 4.4; Jonas, *Regula* 1.18–19. 導師與揭露：Brown, *Body and Society*, 224–235; Foucault, *Les aveux de la chair*, 106–145.

27 不管正式的社會階級地位：*RM* 2.16–22; *RB* 2.16–22; Donatus, *Regula* 1.15–18. 客製化的解藥：Ferreolus, *Regula* 37; see also John Climacus, *Klimax* 26. 對社群的影響：*Regula monasterii Tarnatensis* 8.1–4; John Climacus, *Klimax* 4.

28 Gregory, *Dialogi* 2.3.4, 2.3.10.

29 *RM* 11.40–68, 11.75–84. 愛：Albrecht Diem, "Disimpassioned Monks and Flying Nuns: Emotion Management in Early Medieval Rules," in *Funktionsräume, Wahrnehmungsräume, Gefühlsräume: Mittelalterliche Lebensformen zwischen Kloster und Hof*, ed. Christina Lutter (Vienna: Böhlau, 2011), 17–39; Diem, *The Pursuit of Salvation*, 399–406, 538–554. Pachomian hierarchies: Edward J. Watts, *Riot in Alexandria: Tradition and Group Dynamics in Late Antique Pagan and Christian Communities* (Berkeley: University of California Press, 2010), 100–103. 白修道院：Rebecca Krawiec, *Shenoute and the Women of the White Monastery: Egyptian Monasticism in Late Antiquity* (Oxford: Oxford University Press, 2002).

30 舉發：Basil, *Great Asketikon,* LR 46; Shenoute, *Rules* 108, 116, 134–136, 139–140, 142–145, 147, 455; Columbanus, *Regula coenobialis*, 218B–C; Donatus, *Regula* 29.2. 對其他僧侶點出他們的錯誤：Novatus, *Sententia* 82–90（「要當彼此的院長」）; Shenoute, *Rules* 552; *AP/GN*, N. 478; Eugippius, *Regula* 1.84–90; Columbanus, *Regula coenobialis*, 222D;

*Consensoria monachorum* 6. 袒護：*Testament of Horseisios* 24, in *Pachomian Koinonia* 3:188–189; Shenoute, *Rules* 405; *RB* 69; Donatus, *Regula* 74; Jonas, *Regula* 23. 針對規定、院長權威和互相支持所做出的不同程度的強調：Diem, "Disimpassioned Monks and Flying Nuns."

31 Barsanuphius and John, *Letters* 301, 331–333. 可以跟多羅修斯後來當上修道院院長之後，為自己的僧侶所提供的比較顧慮社交關係的建議進行比較 (*Didaskalia* 4.54, 9.97–100); Augustine, *Praeceptum* 4.8 (and see Leyser, *Authority and Asceticism*, 26–32), echoed in Caesarius, *Regula ad virgines* 24.5–6 and Donatus, *Regula* 51.4–7; Columbanus, *Regula coenobialis*, 218A.

32 高隆邦修道院的衝突：Yaniv Fox, *Power and Religion in Merovingian Gaul: Columbanian Monasticism and the Frankish Elites* (Cambridge: Cambridge University Press, 2014), esp. 219–251. 不滿弟兄插手：Basil, *Great Asketikon*, SR 43–44. 吃東西：請參見下一章。競賽：Palladius, *Historia Lausiaca* 18.12–16; Theodoret of Cyrrhus, *Saint Simeon Stylites* 5; Antonius, *The Life and Daily Mode of Living of the Blessed Simeon the Stylite* 6–8; *The Syriac Life of Saint Simeon Stylites* 17–22, 25; Cyril of Scythopolis, *Life of Euthymius* 9, in *Bioi*. 未經授權的肢體管教：Shenoute, *Rules* 400, 582; *RB* 80; Aurelian of Arles, *Regula ad virgines* 11; Aurelian of Arles, *Regula ad monachos* 13; Ferreolus, *Regula* 21; John Climacus, *Klimax* 8. 反對同儕糾正：Mark the Monk, *Peri ton oiomenon ex ergon dikaiousthai* 166, in *Traités* (= 4.166 in Vivian and Casiday's translation); *The Canons of the Persians* 15, in Vööbus, *Syriac and Arabic Documents*; *Rules of Abraham of Kaškar* 12, in ibid.; Babai, *Rules* 17, in ibid.; Isaac of Nineveh, *Discourses* 2.3.2.39 (= *Centuries on Knowledge* 2.39).

33 Evagrius, *Antirrhetikos* 5.6（說惡毒的話）, 5.10（疑心）, 5.11（誹謗）, 5.14, 5.35（討厭）, 8.37（階級偏見）; Shenoute, *Rules* 141（魔鬼）, 276（愚蠢的傭人）, 403（模仿）; *Rules for Nuns* 12, in Vööbus, *Syriac and Arabic*

*Documents*（辱罵彼此）; *Rules attributed to Rabbula* 10, in ibid.（嘲笑僧侶）; *Rule of Naqlun* 23（羞辱）; *Regula cuiusdam patris ad monachos* 10（在僧侶背後說他壞話）; Cassian, *Collationes* 16.18（被動攻擊）.

34 Basil, *Great Asketikon*, LR 7.4.30; Evagrius, *Ad monachos* 13–15; Cassian, *Collationes* 16.15–19. Eph. 4:26: Theodoret, *Historia religiosa* 4.11; Aurelian, *Regula ad virgines* 10; Aurelian, *Regula ad monachos* 12; Ferreolus, *Regula* 39.34–47.

35 E.g., *Regula sanctorum patrum* 5.2–3; *RB* 23–30, 44; Aurelian, *Regula ad monachos* 34; *Regula monasterii Tarnatensis* 5.4; Isidore, *Regula* 18; *Regula communis* 14. 關於陪伴關係的文化，可參見：Derek Krueger, "Between Monks: Tales of Monastic Companionship in Early Byzantium," *Journal of the History of Sexuality* 20 (2011): 28–61; Claudia Rapp, *Brother-Making in Late Antiquity and Byzantium: Monks, Laymen, and Christian Ritual* (Oxford: Oxford University Press, 2016), 88–179.

36 Shenoute, *Rules* 340, similar is 364. 當局：Basil, *Great Asketikon*, LR 36; Isho῾ Bar Nun, *Canons* 74, in Vööbus, *Syriac and Arabic Documents*. 食物和衣物：Aurelian, *Regula ad virgines* 29; Aurelian, *Regula ad monachos* 54; *So-Called Canons of Maruta* 48.3, in Vööbus, *Syriac and Arabic Documents*. 關於共餐時不好的食物造成的反效果，可參見中國大躍進時期的例子：James L. Watson, "Feeding the Revolution: Public Mess Halls and Coercive Commensality in Maoist China," in *Handbook of Food and Anthropology*, ed. Jakob A. Klein and Watson (London: Bloomsbury, 2016), 308–320.

37 Palladius, *Historia Lausiaca* 33, repeated in ῾Enanisho῾'s Syriac compilation, *The Book of Paradise*, pp. 218–219; 關於其他對這個聯盟反感的看法，可參見：Palladius, *Historia Lausiaca* 18.12–16（對馬卡利烏斯的埋怨）, 32（養豬）. Dadisho῾, *Canons* 26 and preface, in Vööbus, *Syriac and Arabic Documents* (quotation p. 167); 關於達狄修的《正典》（*Canons*），可參見：Sabino Chialà, "Les règles monastiques syro-orientales et leurs caractère spécifique," in *Le*

*monachisme syriaque*, ed. Florence Jullien (Paris: Geuthner, 2010), 107–122, at 118–119. Ishodenah of Basra, *Book of Chastity* 22, 27–29, 32. 這些提到伊茲拉修道院在創始人去世後，發生不少衝突和僧侶離開的事件。

38 以中世紀初期的標準來看，拉德貢德的生平算是記錄得相當充分：Caesaria of Arles's letter to Richild and Radegund; Gregory of Tours, *Historiae* 3.4, 3.7, 6.34, 9.2, 9.39–40, 9.42 (quoting in full one of Radegund's letters); Fortunatus, *Carmina* 8.5–10; Fortunatus, *Vita Radegundis*; Gregory of Tours, *Liber in gloria confessorum* 104; Baudonivia, *Vita Radegundis*. 克洛狄爾德和芭席娜（Basina）是拉德貢德的夫君克洛泰爾一世（Clothar I）的孫女，她們兩人的母親是親姊妹，同時也是拉德貢德的同輩親戚——這三個女人都是克洛泰爾的妻妾 (Gregory, *Historiae* 3.4, 4.3).

39 Gregory of Tours, *Historiae* 9.39–43 (quotation 9.39), 10.15–17, 10.20. 關於主教不怎麼在意露博維拉違反嚴格禁閉政策的表現：E. T. Dailey, *Queens, Consorts, Concubines: Gregory of Tours and Women of the Merovingian Elite* (Leiden: Brill, 2015), 64–79. 關於凱撒里烏斯明確的禁閉概念，可參見：Diem, *Das monastische Experiment*, 173–185. 關於拉丁世界修道院叛變主因（包括精英階級僧侶認為自己擁有特權）的概述：Steffen Patzold, "Les révolts dans la vie monastique médiévale," in *Revolte und Sozialstatus von der Spätantike bis zur Frühen Neuzeit*, ed. Philippe Depreux (Munich: Oldenbourg, 2008), 75–92.

40 Gregory of Tours, *Historiae* 10.16. See Caesarius, *Regula ad virgines* 23（不准偷看男性）, 36–37（修道院沒有男性）.「不安全的地方」：Diem, *The Pursuit of Salvation*, 297–303（關於博比奧的喬納斯對凱撒里烏斯規範的批評）.

41 Baudonivia, *Vita Radegundis* 2, 5, 8, 9, 13, 16, 19.

第 3 章

# 身體

# ——讓生理自然而然影響心理

專注力第三步：開始養生吧！打造懂得適可而止的身體。

「如果身體靜不下來，心智就無法靜得下來。」

僧侶渴望過著跟天使一樣的生活，而他們對這種生活有非常明確的定義。人類跟天使一樣是理性的生物，也跟天使一樣有能力進行抽象思考，做出以原則為依據的判斷，因此能夠體悟創世的複雜，讚美創世主。然而，僧侶可以明顯感受到，世界上沒有任何人可以真正活得像天使，因為人類有身體，但是天使沒有。天使不會感覺到任何缺陷，他們不會因為物質的東西而感覺跟這個世界有所區隔，他們肯定從不曾感覺到身體髒汙、睏倦、出現性慾或飢餓。天使是純粹的意識，他們所有的時間都在讚美上帝和祂創造的宇宙，他們的專注力完美且持續不斷。人類會受到生物和物理的侷限，這樣充滿限制的存在必定會帶來分心。

有些幸運的僧侶有機會在斷氣前體驗到當天使的感覺，終於聽見永遠專心致志的合唱團表演人類平常聽不見的讚美歌曲。[1]但在那一刻來臨之前，僧侶只能嚮往自己如天使般專注，為求達到這個目標，他們選擇為了心智跟身體合作，而不是否認身體的存在。

今天，我們所謂的「身心健康」是身體和心靈共同達成的結果，而僧侶追尋的性靈健康也是以這樣的合作關係為前提。不過，他們採取的身體訓練方式不是現代人直覺想到的那些。例如，他們不相信梳洗和睡眠具有益處，因此為了獲得最佳化的認知能力，他們有些人會不洗澡，或透過一些裝置干擾一夜好眠。一千五百年前的人比較能夠理解這些行為，但是即使是那時，僧侶也沒有一致認同什麼做法是最好的，因為他們的目標難以企及，是要將身體和心靈融合在一起，使他們超脫俗世那些令人分心的事物。

這就表示，他們得調整這個本來就很難理解的合作關係。古代晚期和中世紀初期的基督徒大部分都認為，自己是由物質和非物質的部分組成的，即肉體是跟靈魂／心智／心靈／精神結合在一起——這幾個詞意義是重複的，在運用上有時可以互換。他們想像人體構造的方式十分迥異，因為就如西奈的阿納斯塔修（Anastasios of Sinai）這位僧侶在西元七〇〇年左右所觀察的，《聖經》裡沒有直接的答案，醫學界也是，但是「人類是很固執又好奇的生物」，永遠不會停止探詢有關靈魂、肉體以及兩者關係的各種困難問題。[2]

有些人猜想心智位於胸腔；有些人把靈魂區分成不同的認知功用，然後分配到身體的不同部位，如理性思想位於大腦、情感位於心臟、生理衝動位於肝臟，這些全都由呼吸、血液和神經連接；有些人認為靈魂存在於身體的每一個部位，「跟內臟綁在一起」（里耶的弗斯圖〔Faustus of Riez〕在五世紀中葉說的），充斥一個人的思緒；有些人猜測靈魂心智擁有某種星界軀體，可以脫離肉身到別的地方，讓別人看見；有些人主張靈魂及其相關的心理屬性是完全沒有形體的，可是仍會受到肉身的影響，直到肉身死去為止。這些只是幾個關於身心的假說。[3]但是，修道院作家只有偶爾才會用描繪的方式說明自己的觀點，他們更關心的是，要如何讓自己物質與非物質的部分協調共舞，就連在最基本的修道做法討論中，也看得出他們堅信這兩者永遠都是彼此合作的。

這樣的合作關係有它的問題。身體會逼心智想到洗澡、睡覺、性愛和食物，頻率高得令人挫敗，身體就算得到自己想要的一切，也只會更變本加厲地索求。令僧侶分心的不只有「俗世」和其他人，連僧侶自己的身體也會背叛他們：教宗額我略一世在六世紀末表示，身體的愉悅會「蒙蔽」心智；二十年前，卡許卡爾的亞伯拉罕（Abraham of Kashkar）更直接對伊茲拉修道院的僧侶說：「如果身體靜不下來，心智就無法靜得下來。」[4]

有些僧侶認為只好發動戰爭。據說，沙漠教父多羅修斯（Dorotheos）曾說自己的身體「在殺我，我也在殺它」。有些駭人的故事也講到似乎同樣抱持這種宿命論觀點的僧侶，無論是為了體驗受難、贖罪苦修、殘忍的自我管教或奴役於上帝，他們會用繩子或鏈條鞭打、弄傷自己，留下深深的疤痕，或把自己鎖在小小的籠子裡。[5]

不過，這些僧侶是異類。大部分的僧侶偏好合作，而非戰鬥，他們不會排斥自己的身體，而是試著透過身體管教心智，透過心智管教身體。他們認為人類是身體和心智非常容易互相影響的生物，身體會制約一個人的經驗、感知與觀點，反過來，非生理的活動也會形塑身體。因此，身體是僧侶的共犯，也是讓他進步的必要夥伴。約翰．克利馬庫斯在西元七世紀驚嘆：「沒有實體的心智會被身體定義和汙化，真是令人驚訝。同樣令人吃驚的是，非物質的精神竟能被黏土淨化與精煉。」[6]

今天，我們把僧侶為了管教身體所研發的各種方式統稱為「苦修」，這個詞是近現代發明的詞彙，源自古希臘文的「askesis」，用來表示生理或心理的訓練，或兩者皆是。但是，最早透過身心養生法來改造自我的並不是僧侶，他們依循的是可以回溯到好幾百年前的哲學和醫學傳統，此外也仰賴強調上帝化身為耶穌，以作為救贖媒介的基督教神學思想。醫生、柏拉圖主義、猶太人、斯多葛學派、犬儒學派（Cynics）、新柏拉圖主義和早期的基督徒所信奉的身體、心靈與神聖理論，具有很大的差異。不過，他們普遍同意靈魂雖然比肉體高等，卻會受到肉體的影響，因此肉體需要仔細檢視，並透過各種醫學、健體和道德制約來精煉。[7]

古代晚期和中世紀初期的基督教僧侶把梳洗、睡眠、性愛和飲食視為主要的生理訓練目標，不過他們對於該使用什麼方法有很多不同的意見。有時，這些分歧的建議是源自截然不同的宇宙觀和神學觀。然而，意見不合通常跟互相競爭的身心動態觀有關，身心該怎麼一起訓練？首先我們要來談談梳洗，這感覺可能只是一件小事，甚至會令人分心，但是卻闡述了僧侶如何看待互相連結的身體與心智。

## 妝點外表是否必要？

僧侶的外表絕不是膚淺的，但是基督徒很喜歡講述外貌如何被錯誤詮釋的故事。在教宗額我略一世的《對話》，有一群牧羊人看見聖本篤，以為他是野生動物，因為他穿著動物皮毛，躲在洞穴附近的樹叢裡；有一個農人來到安科納（Ancona）拜訪一位他從別人那裡聽說的聖人，但是當他走進教堂看見聖人後，卻覺得聖人毫不起眼，即使其他人證實這的確是那位著名的君士坦提烏斯（Constantius），他也認為此人沒有別人講得那麼偉大；東哥德人的國王托提拉（Totila）第一次看見納爾尼的主教卡修斯（Cassius of Narni）時，以為他紅通通的臉龐是愛喝酒造成的，但是上帝後來駁斥了托提拉快速做出的定論，表示這位主教只是剛好氣色比較紅潤。[8]

外表並不是不重要。額我略只是想教導讀者正確詮釋外表，因為在古代晚期和中世紀初期的文化，外在狀態會透露一些看不見的事實。斯多葛學派認為身體代表靈魂的狀態，正是因為兩者互有連結。後期的新柏拉圖主義者主張身體會反映出深層的真理，或者像普羅克洛（Proclus）在五世紀所說的那樣：「我們其實是智識現實的意象。」用這種方式思考，美麗的軀體其實是一幅畫，描繪了通達美的神聖精髓的心智——實體狀態表現了智識狀態。

即使不是新柏拉圖主義者，也看得出身體揭露了訓練它們以特定方式移動和說話的社會制約。古代晚期大部分的人都認為，連看起來只是一張包裝紙的皮膚都能表達一個人的價值觀和資源，因此羅馬浴才這麼有吸引力。在城市和貴族莊園普遍可見的浴場建築不只能讓一個人舒舒服服地洗澡，還運用火與水這兩個元素讓身體健康，跟宇宙的能量重新連結。從浴池走出來的那些乾淨閃亮的軀體便反映了這種宇宙連結，同樣重要的是，浴場強化了這層連結，因為身體不僅是一面鏡子，也是性靈健康的工具，清潔身體是為了澄清和強化自我。對於有那麼多時間可以照顧自己身體的精英階級而言，這一點顯而易見。[9]

某種程度上，修道主義也是這個外表文化的一部分。僧侶同意身體可以反映靈魂的症狀，並為了形塑自我加以陶冶。可是，他們看待這段關係的方式卻帶來相當反文化的梳洗習慣，如完全不洗澡。據說，沙漠教母希爾瓦妮亞（Silvania）曾經說：「我現在六十歲，除了手指之外，我的腳、臉和任何四肢都不曾碰水。」敘利亞的耶福列木則說：「清洗身體會汙染靈魂。」魯斯佩的弗根蒂烏斯（Fulgentius of Ruspe）階段性地實踐苦修，好讓自己慢慢進入修道主義，而他在加入修道院之前做的最後一件事，就是停止去浴場。僧侶塞維魯斯（Severus）當上安提阿的宗主教時，也大張旗鼓地拆掉官方住處的洗浴設施。[10]

保持乾燥是他們的目標。因為沒有鍾愛的澡可洗而「乾掉」的身體，是遠離世界、將心智伸往上帝的手段和結果。人們不讓自己的身體享受這短暫的愉悅，是為了專注在可以永恆持續的好事上，骯髒的外在強調並清澈了內在。由於皈依修道主義的人——特別是貴族——很難放棄洗澡，骯髒反而變成了名望的來源。西元四世紀晚期，當了幾年僧侶的聖金口約翰（John Chrysostom）主張，貴族在皈依修道主義之後，比從前更有可能令民眾感到欽佩：「現在的他骯髒沒洗澡、穿著粗糙的衣物、沒有侍從、赤腳走路，反而最能令所有人驚奇。」[11]

但不是每個人都這樣想，因此約翰才會決定撰寫《反修道生活的反對者》（*Against the Opponents of the Monastic Life*）這本書。就連僧侶也對洗澡這件事意見不合，有些人擔心完全不洗澡是一種矛盾的謙卑表現，會加強自大感，而非消滅之。這個問題有一個可能的解決辦法，那就是根據僧侶的資歷來決定洗浴的標準。新進或年輕的僧侶應該要骯髒、穿著破爛的衣服，透過轉變生理上的自我轉換自己關注的重點（這需要時間和努力，有一位修道院創立者便不得不提醒他從精英階級召募到的僧侶，他們不應該使用古龍水）。但是，僧侶漸漸成熟後，就應該「去汙」，因為邋遢本身也可能令人分心——價值觀轉向苦修生活的僧侶可能開始對自己的骯髒感到自豪。有的修道院領袖以醫療角度思考，認為僧侶的身體應該要健康，因此洗澡至少對生病的苦修者來說是必要的，醫學建議的療法並不是揮霍。[12]

除了修道道德家和政策制定者無法達成共識外，住在他們社群裡的僧侶有時也會抗議施加在他們身上的衛生限制，他們覺得自己分到的衣服太廉價或破爛，試著把做善事當作捐贈衣物給窮人的藉口；他們也會抱怨洗衣的頻率太低。西元六世紀，盧庫拉盧姆堡修道院（那不勒斯〔Naples〕附近）的院長尤吉皮烏斯受夠這些爭論了，便告訴他的僧侶，為了修道服裝吵吵鬧鬧，只是證明你們內心的服裝品質不夠好。[13]修道制度肯定有做一些調整，但是這些爭執也顯示，僧侶對於外在服裝要符合內在服裝的標準並不是很清楚。洗澡和分心哪一件事才是重點？僧侶不放棄梳洗可以專注嗎？

剪頭髮也是一個相似的引爆點。不像中國的僧侶那樣總是挽髻（道士）或把頭髮剃光（佛教僧侶），基督教僧侶無法對自己的髮型達成共識。有些沙漠教父把頭髮留得很長，就像

《聖經》裡的先知那樣。有個僧侶甚至因為從來沒有剪過頭髮而受到讚美，因為這是他嚴苛紀律的象徵和技巧。反之，有些女性苦修者則把頭髮全部剃掉或留得極短。但是有些基督徒對這些髮型表示驚愕，他們擔心的原因有一部分跟擔心從來不洗澡的僧侶一樣，覺得這是造成反效果的愛現表現。他們也擔心，留長髮的男性和剃光頭的女性違反了羅馬時代晚期的性別傳統，有些人認為這太激進，無法接受。例如，希波的奧古斯丁堅稱長頭髮讓僧侶看起來比人們本來就認為的還要陰柔。陽剛的身分認同有很大一部分是由「俗世」定義——家庭、所有權、公職和軍隊等，因此摒棄俗世的男性必須很努力用他們全新的嚴苛訓練來重新定義男子氣概，長頭髮讓修道主義更難給人陽剛的氣息。[14]

不過，在奧古斯丁的時代，男性時尚變遷迅速。在西元四世紀晚期和五世紀初期，羅馬貴族男子開始模仿軍隊，將托加袍（toga）改成長褲和皮帶，並開始穿披風、別胸針，還把頭髮留到耳朵、甚至更長，這些一開始可能是從來自萊茵河（Rhine）以東和多瑙河（Danube）以北那些被徵召到羅馬軍隊的移民開始流行起來的。但不管這種軍人風的起源為何，總之這在帝國軍隊變得普遍，平民也開始仿效。因此，雖然留長髮的僧侶有時候被嘲諷成沒有男子氣概的野蠻人，有些人卻會覺得這種說法太古板。羅馬人、「蠻族人」和軍人這三者的認同漸漸模糊，因此男性的風格語彙也跟著轉變。[15]

在這幾百年間，髮型持續演變，基督教僧侶之間關於身心平衡的辯論也是。僧侶應該完全剃光頭，或剃掉一部分，或永遠不剃臉上、腳上或腋下的毛，或定期剃毛，或不修剪鬍子，或把臉上的毛髮修得整整齊齊，或把頭髮綁起來，但是不要太過張揚——這些都有人提倡過。他們認真看待這些看似微不足道的細節，因為這是身體訓練的一部分，男女都應該在身體上做出調整，以便重新排序心智的優先順序。在這樣的環境中，有些僧侶會嘲笑彼此的髮型。西元八〇〇年左右在英國或愛爾蘭完成的裝飾華麗的《凱爾經》（Book of Kells）便有一張圖片顯示基督留著凱爾特人（Celtic）的剃髮造型（頭頂和部分後腦勺

6

5

- 圖5：留有「凱爾特」剃髮造型的基督。在他小心翼翼做的捲髮造型上方露出了一點光禿禿的部分。
  圖片來源：Dublin, Trinity College Library, Ms. 58, fol. 32v. The Board of Trinity College Dublin.
- 圖6：這位外貌粗野的神職人員被放在「*peccaverit*」這個字（意為「他犯了罪」）上方，髮型呈現好像被狗啃過似的王冠剃髮造型。
  圖片來源：Dublin, Trinity College Library, Ms. 58, fol. 255v. The Board of Trinity College Dublin.

剃光，請見圖5），至於一個有罪的僧侶則被剃成「王冠」造型；王冠髮型在羅馬化的英國改革者施壓一百年之後，在這份經書完成時已經成為不列顛群島（British Isles）的主流剃髮造型。王冠髮型的提倡者認為這是在模仿基督的荊棘王冠，但是《凱爾經》描繪的樣子卻不是很迷人，畫家把王冠髮型描繪得相當凌亂（圖6）。[16]

儘管有些僧侶激烈爭論梳洗方面的做法，其他僧侶卻告誡不可過度專注在這類膚淺的訓練。《長者格言》最喜歡引用波門的語錄，書中記載有人問波門：別的僧侶沒有洗腳，他為什麼要洗？他毫不羞愧地回答：「我們所接受的教誨不是叫我們消滅己身，而是消滅過度熱愛的事物。」[17]

## 適度睡眠有益身心

這個建議無法讓僧侶就此放鬆。事實上，僧侶理論上也不該好好放鬆休息，因為他們認為限制睡眠會提高專注力和敏銳度。就像梳洗這件事一樣，僧侶將睡眠視為管教身體、進而塑造心智狀態的好機會。但批評者也點出這個方法的侷限，身體可能因此過度疲累，對心智帶來不好的後果。

許多僧侶以希臘醫生和哲學家的言論為依據，認為頭腦在睡眠期間會經歷某種癱瘓或被俘虜的狀態，不是完全沒活動，就是更容易分心。因此，減少睡眠或睡得不好其實是有益的，會降低令人分心的夢境或魔鬼侵擾心智的可能。此外，減少睡眠也讓僧侶半夜有更多時間進行禱告和禮拜。[18]

睡眠和禱告之間的對比非常強烈。修道院的禱告會運用到肌肉，當僧侶沒有一邊進行手作勞動、一邊禱告時，他們通常還是得雙手張開站著禱告，這個姿勢可以避免他們睡著，也能讓頭腦清醒。《霍爾西修的指導》（*Instructions of Horsiesios*）建議帕科繆社群：「禱告時，如果不希望因為腦中浮現許多念頭而疏忽或分神，雙手張開後就不要急著放下來。疲累和疼痛可以中止這些念頭。」除了可以對抗分心，站立的動作也被認為可以引導心智向上。《本篤規範》指示：「吟唱聖歌的時候站著，這樣心智便能與聲音和諧一致。」把自己困在柱子上的那些「柱子居民」把這發揮得淋漓盡致。在柱子居民中最出名的西緬，便因為馬拉松式的長久站立而著稱，他的敘利亞傳記作者說：「凡人連要描述這項創舉都需要上帝的幫助。」居魯斯的狄奧多勒（Theodoret of Cyrrhus）說，西緬甚至在其中一隻腳嚴重感染時，專注力也毫不動搖；薩魯格的雅各（Jacob of Sarug）則撰寫一篇活潑的講道韻文，描述西緬把腐爛的腳砍掉，繼續一邊用一隻腳站在柱子上，一邊讚美上帝並安慰截掉的肢體，他會在來世與它重逢。[19]

就算沒有柱子可站，僧侶仍應該站著，沙漠長者的聖人傳充滿各種了不起的例子，便是為了鼓勵僧侶繼續保持。有人曾引用阿森尼烏斯阿爸（Arsenius）說過的話：「如果這個僧侶是個好鬥士，一個小時的睡眠就夠了。」阿森尼烏斯每個星期六傍晚都會面向東方、背對落日，雙手張開禱告直到星期日早晨的太陽照耀在他的臉上。他的典範讓後世的僧侶印象深刻，無論他們說的是希臘語、拉丁語、敘利亞語、阿拉伯語、喬治亞語（Georgian）、亞美尼亞語（Armenian）或吉茲語（Geʿez）。例如，巴勒斯坦（Palestine）的尤席米烏斯阿爸（Euthymius）便對他聽到的阿森尼烏斯的故事非常著迷，決定坐著睡，而非躺著睡，有時候甚至靠著一條綁在天花板上的繩子站著睡。[20]

其他僧侶也設計了自己的睡眠裝置。例如，隸屬於帕科繆聯盟的僧侶因睡在可調整角度的躺椅上而出名，美索不達米亞北部阿米達修道院的僧侶也是。有些僧侶還會站在木樁上、把自己綁在牆上，或是從天花板垂吊繩索下來，繞過自己的腋下。位於今天土耳其東南部的夸塔敏（Qartamin）修道院使用的方法更陽春，那裡的僧侶會在躺著的時候滾來滾去，讓身體永遠靜不下來，或者把自己塞進像櫃子一樣的狹小房間，讓自己無法坐下或躺下。卡拉曼的西索埃斯阿爸（Sisoes of Calamon）則是想辦法把自己懸在懸崖頂端，好讓自己嚇得不敢睡。[21]

但大部分的僧侶不可能這麼做，有時甚至被建議不要這麼做。據說有一個天使責罵西索埃斯亂搞這種睡懸崖的花招，叫他永遠不得教導別人這麼做。亞歷山大港的馬卡利烏斯（Macarius of Alexandria）有一次曾在戶外待了二十天，以免自己睡著，但是他最終還是回到室內，因為他擔心自己再不睡，「我的大腦會被榨乾到最後使我分心」，其他僧侶也很認同。過度限制睡眠有可能使身心虛弱，因此無法專注，所以修道院領袖通常會提供比較溫和的建議：很累了就睡覺，在你感覺充分休息之前醒來，小心注意睡著之前心裡所想的東西，這樣就不會做惡夢。[22]

大部分的僧侶都能接受節制的美德，包括抗拒舒服床褥的慾望。修道院並不小氣，他們通常還是允許僧侶擁有一些基本的舒適。例如，來自西元九世紀君士坦丁堡聖約翰斯圖狄奧斯（Saint John Stoudios）修道院的提皮康書（typikon，一種基本文件）便分配一張草蓆、一張山羊毛床墊和兩件羊毛被給每一位僧侶。另外，在埃及出土的修道院建築群遺址也證實，有些僧侶會睡在由岩石或陶土所刻成的高床上（雖然床上放的布料都已經腐爛消失），夏天時也會睡在室外，以便在炎熱的夜晚容易入眠。在較涼爽的季節，有些僧侶可能會加熱石頭和椰棗籽來保暖——這是考古學家對於他們床邊小洞的其中一種解讀。[23]

然而，很多僧侶都認為這樣的分配不足以滿足他們的需求，儘管他們在聖人傳讀到有些僧侶完全沒有床鋪，皈依修道主義的男女有些仍希望自己的床上放高級的床墊、枕頭、棉被、羊皮和裝飾美麗的床單。他們的喜好透露出他們過去享有的特權，古代晚期和中世紀初期的精英分子除了是出了名地熱愛洗澡，也熱愛一張好床。謝努特甚至痛斥貴族給自己的小狗蓋被子！雖然那位不用睡覺的阿森尼烏斯在四世紀前往南方、加入埃及的塞提斯社群前是羅馬的參議員，但是大部分的精英分子身體都無法輕易忍受皈依所帶來的轉變。基於這個原因，希波的奧古斯丁建議，皈依修道主義的富人應該獲准得到特殊的寢具，否則他們會無法適應新生活。他常常說，苦修的挑戰是相對的，因為身體必然會受到階級的制約。[24]

由於睡眠的解決方式並不完美，有些僧侶自然會希望自己從來不會累。一名僧侶寫信給加薩的約翰，請教他要如何在初春時分避免睏倦，因為這個時候白晝變長了，他比較有可能進入無法專注的恍惚狀態。約翰也有這種感覺，睡眠和分心的問題持續存在，使約翰頭一次不知道該怎麼回答。[25]

## 性慾對心智的挑戰

僧侶在梳洗和睡眠方面所經歷的磨練，在今天不像他們願意放棄性愛這件事那麼出名，很多僧侶聽到這句話肯定會不悅。在西元四〇八年到四一〇年之間，有人創作一段由一個名叫撒該的基督徒和名叫阿波羅尼烏斯的哲學家所進行的對話。撒該主張，光是只有放棄性愛的僧侶等級是最低的，因為他們不但還住在家裡，身邊接觸的人沒有改變，而且也比不過那些改變自己穿著、睡眠、飲食和禱告方式的僧侶。[26]

放棄性愛只是僧侶重視的諸多身心互相影響的做法之一。此外，跟他們實踐的許多做法一樣，他們對這件事也沒有一致的標準，因為他們雖然基本上都同意必須不再進行性行為，卻不確定該如何停止去想性行為，那才是關鍵問題。這或許是身心連結所帶來的挑戰中，最明顯的精華。僧侶希望訓練自己的身體，用以幫助心智，但是他們也希望訓練自己的心智來幫助身體，進而又能幫到心智。

歷史學家發現，古代晚期和中世紀初期的限制性愛策略相當不分性別。普遍來說，基督徒同意靈魂是沒有性別的，而很多僧侶雖然相信靈魂住在一個特定且社會化的軀殼時，不可能擺脫性別，他們卻不認為在身心管教方面，男女之間的差異很重要。男女都會經歷同樣的性慾問題，也會進行同樣的訓練來加以克服。男性修道社群非常願意採用原本為女性制定的修道規範，反之亦然。不過，女性僧侶也時常被人使用毫不害臊的陽剛語彙稱讚，彷彿頌揚這些女性的男性作家除了說她們很具有男子氣概之外，想不出其他的讚美之詞。在這方面，美德的語言和概念十分貧瘠。

然而，大部分的僧侶似乎還是認為，男性和女性要在同樣的立足點上訓練，男體和女體都有強化性靈實踐的巨大潛力。跟不洗澡和不睡覺一樣，僧侶認為不發生性行為是有益的養生之道，不是在懲罰或否定身體。這個理論比修道主義的歷史還要悠久，早在僧侶將獨身納為訓練之一的好幾百年前，異教徒、猶太人和早期的基督徒就相信抑制性愛具有醫療、哲學和性靈的好處。有些基督教團體甚至建議所有受洗的基督徒都應該避免性愛，不過絕大多數人的看法是，只要把性愛侷限在婚後性行為即可，這樣的禁慾就已足夠。此外，提倡完全禁慾的基督徒大部分都認為，這要等已經有了小孩之後再實踐。

然而，到了西元三世紀晚期，有些基督徒在很年輕的時候就選擇終身在室。基督教社群的領袖思索終身在室的潛在好處，有些人最後做出了結論，認為放棄性愛會帶來祥和。「祥和」是哲學家稱頌了好幾百年的恬靜與平衡狀態，這背後的邏輯是，限制性愛的身體管教可以安穩心智。有些人便認為，超脫肉體混沌的處子甚至能在離世之前經歷天堂的平靜。[28]

一些早期的苦修主義者和僧侶非常確信獨身的力量，因此會跟異性同住，不擔心產生性吸引力，他們確定獨身可以完全防衛自己的心智。但是，在西元四和五世紀，僧侶漸漸沒那麼確信在室的祥和狀態是如此無法動搖，這一部分是複雜的神學差異所造成的，但是也跟能力有關。許多僧侶發現，身體和心靈太過互相依賴，一方無法完全穩定另一方，例如卡西安認為即使一個僧侶獨身，他還是會因為性愛念頭而分心。勃起和春夢不是身體的錯，而是心智受到擾亂的訊號，想要限制性愛需要先獲得平靜，而不是限制性愛就能產生平靜。因此卡西安主張，真正的貞操是身心都沒有性慾，需要花一輩子的時間培養。[29]

到了西元五世紀，大部分的僧侶都會同意，禁慾是一種生理挑戰，也是一種心理挑戰，雖然如此，他們還是研發了各種不同的訓練計畫，希望能達到平靜的狀態。舉一個特別有爭議的做法——有些僧侶會閹割自己。他們的靈感來源是《馬太福音》（Matthew）裡（第十九章十二節）耶穌稱讚某些人的一段話，說他們「為天國的緣故自己不結婚」。此外，古羅馬醫學家蓋倫（Galen）提出沒有精子就沒有性慾的醫學理論；還有在苦修界很受歡迎的某些格言，傳統似乎暗示閹割是讓身體不要犯罪的可行策略，這些都影響了那些僧侶。有一句格言便說，如果某個身體部位「使你無法節制，那麼寧可過著少了它的節制生活，也不要毀滅全身」，閹割可協助僧侶避開可能害他下地獄的分心事物。

有一些僧侶提出反駁，認為自我閹割的邏輯有問題。他們說，閹人還是感覺得到性慾，也有辦法發生性行為。另一個更常見的反對意見是，僧侶的自我閹割理應只是一種譬喻，閹割只是治標不治本，割掉自己睪丸或動手術切除睪丸的僧侶不管當時下了多大的決心，其實還是缺乏自制力，因為他禁不起心智帶來的困難——這才是最終的挑戰。[30]

西元七世紀在地中海東岸研究許多苦修做法的僧侶約翰．莫斯克斯，進一步延伸這個邏輯。他聲稱，就算一個僧侶可以奇蹟似地消滅自己的性慾，這也沒什麼值得慶祝的，因為對抗性慾的過程才是讓僧侶在生理、心理和道德各方面都強健的原因。他舉了一個例子：有一個名叫郭諾（Conon）的僧侶兼神父每次替女性受洗都會產生性慾，但是他沒有努力克服自己的弱點，而是羞愧地中止儀式。後來發生奇蹟，郭諾再也感受不到性慾，於是他又開始替人受洗，但約翰．莫斯克斯沒有誇獎他，他喪失性慾只是表面上的勝利，因為他並沒有訓練自己的心智做到這件事。不過，不是每個人都做出跟約翰一樣的評論，雖然幾百年前的羅馬法官和教會高層議會禁止自我閹割的做法，但不是每個人都聽從或確切實行他們的政策。就連在約翰的時代，仍有一些僧侶選擇自我閹割（特別是在埃及和巴勒斯坦），有一些則持續大力反對，還有一些慢慢接受閹人同伴。[31]

許多僧侶願意完全切斷與異性交流的機會，雖然有些人認為這也是一種缺乏毅力的表現；很多男性隱士都以拒絕接見女性訪客為傲。此外，男性和女性修道院也很常拒絕異性僧侶進入，通常只有涉及特定空間（如會客室或教堂）、特定人物（如親屬或高層神職人員）或特定活動（如施工修繕、醫療照護或舉行聖餐儀式）才會准許特例。紀錄顯示，數百年來至少有幾個僧侶的生理性別是女性，但卻扮成男性加入男性修道院。這種跨性別的身分（歷史學家認為這是準確且適當的描述）往往是在他們死後才被發現，雖然其他僧侶很震驚，但是一開始的驚訝最後通常會轉為欽佩，而非憤慨。[32]

至少，中世紀初期的聖人傳作者是用這種理想化的方式來描寫這些情形的。他們對跨性別僧侶的描繪顯示，遇到不同性別的軀體不一定會對僧侶內心的沉著造成威脅，因為僧侶的自制力比那還大。有些僧侶則認為，重點是要有更多固定的互動。例如，有些人走在路上碰到異性時，會刻意不去看對方，以限制心智被喚起性慾的機會，但是有些僧侶卻認為那只是表面上的苦修，需要雕塑的不只有身體，還有心智。有一則廣泛流傳的故事說到，一個出遠門的男性僧侶遇到一群女性僧侶，於是脫離正路要避開她們，但是那群僧侶中階位最高的女子無法苟同，對他說：「如果你是個完美的僧侶，你根本不會注意到我們是女人。」限制身體能做到的就只有這麼多。[33]

因此，聖人傳也充斥許多願意跟異性互動的僧侶故事。舉幾個特別有影響力的作品：《長者格言》、居魯斯的狄奧多勒的《宗教史》（*Religious History*）以及教宗額我略一世的《對話》這三本書，每一本都有稱讚這兩種做法，就連關係緊密的社群也可能存在相反的態度。在六世紀一個關於「侏羅教父」這一群修道院院長的記述中，土爾的貴格利便注意到他們其中一人拒絕見到女性，另外一人則熱情接待女性。[34]

僧侶在討論對同性的慾望時，通常不像其他許多同時代的人那樣苛刻（當過僧侶的聖金口約翰是著名的例外）。就像對付身體的其他慾望一樣，他們會運用各式各樣的苦修手法來應對。許多社群會限制成年僧侶跟年幼僧侶之間的互動，因為在修道院以外的地方，男性——尤其是精英分子，且往往是已婚的精英分子——跟自己年幼的奴隸（無論男女）發生性關係並不少見。為了避免同性成年人之間發生性關係，有些修道院明確規定僧侶不得同床共枕。

然而，有些修道院則規定僧侶要同床，因為共享這件事被當作消除僧侶對物品之佔有慾的管教方式。謝努特在西元五世紀便不加掩飾地指出，僧侶要打量彼此的機會多得很，像是在沐浴、如廁、寬衣時，或是工作和攀爬不小心裸露小腿或前臂時。不過，跟缺點比起來，僧侶更強調同伴關係的正向力量，比方說，住在一起的兩個同性僧侶會小心不對對方產生幻想，但是他們也認為對抗慾望比逃避慾望更重要，而且權衡之後，同伴比較有可能成為支持的力量，而不是一種威脅。[35]

這樣的社會潛力甚至有可能放大。歷史學家阿爾布雷希特．迪姆（Albrecht Diem）便注意到，從六世紀開始（特別是在高盧），有些修道理論家對這種合作互助的力量非常有信心，認為其效果甚至可以降低個別僧侶的弱點。假如整間修道院都能夠遵循小心設計的政策，僧侶的肉身就能保持貞潔，禱告也會很有效。某位僧侶可能還是會偶爾出現情色的念頭，但是集體的專注力將會戰勝。這樣的自信可以解釋雙性社群為什麼到了中世紀初期仍受到歡迎，高盧似乎特別如此，這是因為如果處子之身不夠強大，無法提高心智，那麼一個受到規範的社會支持體系可以做得到。[36]

但是這並不表示，專注於上帝的挑戰被克服了，或這些修道院領袖這麼想。他們知道群體也可能產生裂隙，就如我們前面提到的，還有聖十字修道院懷孕的僧侶再清楚不過的那樣。此外，對身體來說，性愛並不是爭奪僧侶注意力的主要事物，這項殊榮要頒給身體最根本卻又逃也逃不了的誘惑。

## 吃營養的、而不是美味的食物

僧侶在克制自我時最需要頑強抵抗的其實是食慾，不是性慾。受人喜愛的《勞西亞克史》的作者帕拉狄烏斯曾經窺探亞歷山大港的馬卡利烏斯，結果聽到他在大叫——對魔鬼、也對自己大叫。馬卡利烏斯那時候已經將近一百歲，但他還是會因為無法不想食物而氣得嚷嚷。[37]

約翰・卡西安直白地點出問題所在，說吃飽的肚子會將心靈沉沉壓著，也會帶來春夢。這是醫學界和修道院的老生常談，吃太多會導致各種問題。七世紀在伊朗西南部很可能接受過醫學訓練的一位僧侶謝蒙・德泰布特（Shemʿon d-Ṭaybutheh）便嚴肅細數相關副作用的嚴重性：

當腹部的管道被填滿，將大腦的光引到心臟的器官被阻塞，心臟會充滿黑暗，整間屋子瀰漫煙霧，四肢麻木不已，低落的情緒充斥，心靈受到干擾，靈魂變得黑暗，洞察變得盲目，智識受到阻礙，判斷變得困惑，（邪惡）思想獲得自由，心中不再記得美好事物，各種熱忱——即黑暗的孩子——會得到燃料，開心地跳著舞，大聲鼓掌。38

飢餓雖然是最令僧侶難以擺脫的分心因素，吃東西卻也是發展一套牢固紀律生活方式的好機會，每天禁食和限制食材可以漸漸改變身體，強化心智。這便是為何卡西安會說，吃東西是僧侶需要花一輩子競技的一系列奧運競賽中的第一場，因為這是他們未來能否成功的基礎，有些僧侶在第一場比賽就輸了。帕科繆社群的僧侶諷刺地說，沒有節制飲食的僧侶「就像裝滿的水井、枯竭的湧泉、無水的河流；他就像頹圮的宮殿，或是果子已被摘完的果園，柵欄都倒塌了。」39

因此，我們前面曾說過的那些顧慮——身體影響心智、心智影響身體、社交影響兩者的問題——在吃的方面變得特別敏感。僧侶分享有關苦修英雄的故事，也往往會分外留意他們的飲食習慣：安東尼一天只吃一餐麵包和鹽，有時候甚至完全沒吃任何一餐；露絲蒂庫拉

（Rusticula）每三天才進食一次；波提亞努斯（Portianus）故意在夏天含鹽巴讓自己口渴；科齊巴的喬治（George of Choziba）只吃弟兄留下來的碎屑，捏在一起做成餃子；另一個來自西奈的喬治只吃野生的生刺山柑（caper，臺灣或稱為續隨子），這東西苦到可以殺死駱駝！貝斯闊卡的約瑟夫（Joseph of Beth Qoqa）從來不吃任何煮過的東西；一位長者想吃一條小黃瓜，於是把它吊在牆上盯著它不吃，以懲罰自己「產生這樣的慾望」；耶柔米的《希拉里翁的一生》更是記錄了這位主角六十年來的飲食，確切記下他什麼時候更換飲食的內容原因又是什麼。[40]

修道社群把這些極端的傳記先例濃縮成一套比較溫和的原則：一天吃一餐，不要吃點心或留廚餘或在旅途中買東西吃；吃營養，而不是吃美味；不要吃到有飽足感。這些基本方針的目標是要足以供養僧侶的身體，同時又訓練他們管理自己的飢餓感，這樣心智才不會被咕嚕咕嚕叫的肚子給「奴役」，或被飽脹的肚子給「窒息」和「掏空」。[41]

這不表示他們吃的東西很寒酸。從埃及修道院遺址的植物殘骸中，可以找到以下這些食物被吃過的證據：蠶豆、扁豆、洋蔥、橄欖、甜瓜、香芹、白蘿蔔、紅蘿蔔、葫蘆巴、椰棗、葡萄、無花果、石榴、柑橘、黑莓、桃子、杏仁和棗子。在沃爾圖諾河畔聖文森佐修道院（San Vincenzo al Volturno，位於義大利中部亞平寧山脈的脊梁上）廢棄的廚房裡，考古學家發現了葡萄和接骨木莓的種子；核桃、蛋和軟體動物的殼；豬和小型家禽的骨頭；數種鹹水魚和淡水魚的鱗片。當然，僧侶吃的食物跟當地的生態系與農場密切相關，更進一步的多元差異是看似直接的規則可能有多種解讀方式所造成的。舉例來說，許多修道理論家認為僧侶不應該吃肉，可是他們對「肉」的定義不一樣，而閱讀並採取這些規範的修道社群對這些規範的詮釋也不一樣。至少，這是他們留下的垃圾所暗示的。除了聖文森佐修道院，考古學家還在許多修道院遺址找到了動物的骨頭和雙殼軟體動物的殼。在某些例子中，這些肉類可能只是給客人、員工或病患吃的，但在其他例子中，健康的僧侶很可能也有吃這些東西。[42]

僧侶發展出來的飲食策略，反映了他們結合傳統與極端的典型做法。他們沿用很久以前就確立下來的醫學和哲學傳統，強調適度飲食對生理、心理和道德方面的益處；他們受到海希奧德（Hesiodic）和猶太－基督教的神話所啟發，試著仿效世界剛被創造出來尚未墮落之前的人類飲食，也就是中世紀版的舊石器飲食；此外，他們也完全拒絕羅馬精英分子在生活中經常會吃的歡慶大餐，儘管他們當中很多人在成為僧侶前也享用了多年。在他們的新社群，每日的團體用餐時間給人一種高速公路休息站的感覺，僧侶聚在一起不是為了享用美食，而是為了補充體力。[43]

然而，僧侶共食這一點非常重要，可以強化他們是一起接受訓練的感覺。修道院領袖特別擔心僧侶若沒有吃同樣的東西，可能有損群體的凝聚力。謝努特（五世紀的上埃及）和《保羅與史蒂芬規範》（*Rule of Paul and Stephen*）的作者（六世紀的高盧或義大利）甚至還特別說到，僧侶不能帶自己的佐料到餐桌上，每個人都必須吃一模一樣的東西。白修道院的女性僧侶特別不滿謝努特對於食物的份量也有同樣的看法，當他減少她們每天的食物份量，表示他聯盟的男女僧侶都應該遵守相同的紀律標準時，她們有些人便認為自己的性別應該要有所不同——簡單來說，她們想吃更多。[44]

謝努特拒絕妥協，不過他和其他的修道院領袖如果認為某些身體需要特別的處置時，也會做出例外。沒有很多人依循奧古斯丁的建議，認為來自精英階級的皈依者可以准許吃更美味的食物，以協助他們進入苦修生活。但有些人會試著通融年幼、年邁、或者因為採收或其他季節性勞動而累壞的僧侶，大部分的人也同意生病的僧侶可以擁有特殊待遇，雖然由於這些病患獲得較好的飲食和更多的休息時間，他們健康的同伴可能會因此不滿，生病的人也可能會硬撐，不吃自己分配到的食物；當然，僧侶也會懷疑同伴是否為了這些福利而裝病。[45]

這類懷疑和批評危害了整個身體訓練計畫，團體雖然對僧侶的進步很重要，但是社會壓力也可能使他對自己的身體管理不當。在這方面，沒有什麼比吃東西這件事更敏感。耶柔米在義大利和黎凡特寫作時，責罵一些僧侶吃太多，雖沒有指名道姓，結果連在高盧的僧侶都認定他是在批評他們。這就是為什麼僧侶有時候被告知不可看別人吃飯，就算是坐在同一張桌子也一樣。在這個緊密的飲食檢視文化裡，就連「你吃了多少麵包呀？」這種玩笑話也有可能引爆衝突。[46]

競爭較勁是一個問題，太過執著也是一個問題。例如，有個僧侶寫很多信給加薩的苦修導師巴爾薩努菲烏斯和約翰，不斷詢問禁食的細節，導致他們最後告訴他，飲食不是他唯一應該節制的事物。僧侶退出修道院，這是太執著於禁食的社群可能面臨的第三種風險。埃瓦格里烏斯建議僧侶不要仿效像安東尼這樣的苦修者，因為嚴格的禁食會為身體設立不切實際的期許，注定使他們失敗。修道院院長路皮西努斯（Lupicinus）可能就沒有那麼擔心嚇跑追隨者，有一次他造訪了門下一間位於阿爾卑斯山的修道院，看見僧侶準備了一桌豆子、蔬菜和魚料理，就把所有的東西倒進同一個鍋子裡，拿給僧侶們吃，當場就有十二個僧侶說要退出（另一位院長很氣路皮西努斯，可見侏羅教父之間的意見不一定一致）。[47]

禁食甚至可能傷害自身。路皮西努斯就曾經告訴自己的一個僧侶，別那麼嚴厲地禁食，因為他差點害死自己。就算不會威脅到生命，極端禁食仍有可能對僧侶的專注力造成不好的結果。住在現今伊拉克北部山區的隱士達里亞薩的約翰，便收到不只一位僧侶來信說自己動不動就會睡著，因為他們的禁食已超過身體所能負荷的程度。卡西安也指出，禁食過頭可能讓僧侶太過疲累，無法禱告，並也有可能讓他們突然暴飲暴食，進而導致心智不穩。西元六世紀為敘利亞馬爾扎開（Mar Zakkai）修道院的僧侶寫作的約翰・巴爾・庫索斯（John Bar Qursos）便注意到，有些僧侶參加彌撒時會出現這個問題，禁食過度的僧侶會大啖聖餐的餅酒，「他們就像貪吃的狗在吃自己的主！」[48]

然而，修道理論家聰明地發現，節制的邏輯有時也會執行得太過頭。在特定的情況下，吃點心或許可以幫助僧侶管教自己的思想，待在自己的小室，但是想著點心也可能令人分心。同樣地，在收成季節給僧侶更多食物或許很有道理，能讓他們保持活力，但是僧侶也有可能把工作當成飲食過量的藉口。最後，認同過度禁食可能傷身的醫學觀點或許很有道理，但是這也有可能讓僧侶自私地說，他們需要喝酒以保持肝臟和脾臟的健康，或者他們需要中斷禁食，以免生病。[49]跟其他訓練一樣，有些僧侶在禁食這方面也很會鑽漏洞。

到頭來，飲食訓練不可能有任何一定成功的方法，因為修道紀律其實跟排斥身體無關，甚至跟單純地管教身體也無關。只專注在生理訓練的僧侶被警告可能會出現錯誤自信、喪失精力、無人檢視的心理弱點，以及優先順序顛倒等副作用。僧侶真正該做的是，想辦法讓自己的身心（以及他人的身心）巧妙地合作無間，因為他們努力要達到的是兩者的完全轉變。唯有如此，他們才能經歷西元五世紀的一位敘利亞詩人所描述的那種專注狀態：

他們的身體是靈的廟宇，
他們的心智是教堂；
他們的禱告是純的焚香；
他們的眼淚是芳香的煙。[50]

僧侶發展出無數的梳洗、睡眠、禁慾和飲食策略，這些都源自無數的理論，探討應該如何訓練身體以改變心智、應該如何訓練心智以改變身體，又應該如何運用社交關係來達成這兩件事。然而，這些全都奠基在一個根本的共識，那就是身體、心靈與文化是互相連結的。

問題在於，這三者的關係是如此密切，讓人不可能滿意地解開其中的因果關係。身體對一個人的專注程度固然重要，卻無法提供全面的解決之道，因此僧侶要從書中尋找更多指引。

## 在這章我們能了解到……

①身體會制約一個人的經驗、感知與觀點，反過來，非生理的活動也會形塑身體。身體不僅是一面鏡子，也是性靈健康的工具。

②過度限制睡眠有可能使身心虛弱，因此無法專注，所以修道院領袖通常會提供比較溫和的建議：很累了就睡覺，在你感覺充分休息之前醒來，小心注意睡著之前心裡所想的東西，這樣就不會做惡夢。

③僧侶希望訓練自己的身體，以幫助心智，但是他們也希望訓練自己的心智，以幫助身體，進而又能幫到心智。

④吃營養，而不是吃美味；不要吃到有飽足感。目標是要足以供養身體，同時又訓練管理自己的飢餓感。

⑤飲食訓練沒有一定成功的方法，因為修道紀律其實跟排斥身體、管教身體無關。只專注在生理訓練的僧侶被警告可能會出現錯誤自信、喪失精力、無人檢視的心理弱點，以及優先順序顛倒等副作用。真正該做的是，想辦法讓自己的身心巧妙地合作無間，要達到的是兩者的完全轉變。

## 第三章註釋

1 See for example Jonas of Bobbio, *Vita Columbani abbatis discipulorumque eius* 2.13, 2.14, 2.16, 2.17, 2 20. 有關天使的思考：Kreiner, *Legions of Pigs in the Early Medieval West* (New Haven: Yale, 2020), 69– 76.

2 Anastasios of Sinai, *Eratopokriseis* 19, trans. Munitiz, p. 89.

3 Leslie Lockett, *Anglo- Saxon Psychologies in the Vernacular and Latin Traditions* (Toronto: University of Toronto Press, 2011), 54– 109, 179– 227; Vittorio Berti, *L'Au- delà l'âme et l'en- deça du corps: Approches d'anthropologie chrétienne de la mort dans l'Église syro- orientale* (Fribourg: Academic Press Fribourg, 2015), 47– 109; Winfried Büttner, *"Gottheit in uns": Die monastische und psychologische Grundlegung der Mystik nach einer überlieferten Textkollektion aus Werk des Šem'on d- Ṭaibuteh* (Wiesbaden: Harrassowitz, 2017), 234–254, 277–298; Christoph Markschies, *God's Body: Jewish, Christian, and Pagan Images of God*, trans. Alexander Johannes Edmonds (Waco: Baylor University Press, 2019), 100– 126, quoting Faustus's *Epistula* 3 at p. 108.

4 Gregory, *Dialogi* 4.38.5 (*nebula, obscurat*); *Rules of Abraham of Kaškar* 1 (crediting the quip to Mark the Monk), trans. Vööbus, in *Syriac and Arabic Documents*, p. 155.

5 Palladius, *Historia Lausiaca* 2.2（多羅修斯）, trans. Wortley, p. 10. 關於自殘的辯論：Theodoret of Chyrrhus, *Historia religiosa* 26.5; Antonius, *Bios Symeon* 4– 8; *Syriac Life of Saint Simeon Stylites* 21（繩子）; Fortunatus, *Vita Radegundis* 25（鏈條）, 26（疤痕）; 比較一下只有間接暗示這些做法的文獻：*Vita Radegundis* 8, which only obliquely alludes to these practices; Susan Ashbrook Harvey, *Asceticism and Society in Crisis: John of Ephesus and* The

Lives of the Eastern Saints (Berkeley: University of California Press, 1990), 16– 17, 45– 46; Arthur Vööbus, *History of Asceticism in the Syrian Orient: A Contribution to the History of Culture in the Near East*, vol. 2 (Louvain: CSCO, 1960), 97– 100, 277–278（寫到懸掛的籠子）, 292– 300.

6 John Climacus, *Klimax* 14, trans. Luibheid and Russell, p. 169. 身心訓練：Peter Brown, *The Body and Society: Men, Women, and Sexual Renunciation in Early Christianity* (New York: Columbia University Press, 1988), 213–240; Michel Foucault, *Les aveux de la chair*, ed. Frédéric Gros, vol. 4 of *Histoire de la sexualité* (Paris: Gallimard, 2018), 106–145, 206–245; Niki Kasumi Clements, *Sites of the Ascetic Self: John Cassian and Christian Ethical Formation* (Notre Dame: University of Notre Dame Press, 2020).

7 Teresa M. Shaw, *The Burden of the Flesh: Fasting and Sexuality in Early Christianity* (Minneapolis: Fortress, 1998), 27– 78; Brown, *Body and Society*; Pierre Hadot, "Exercices spirituels antiques et 'philosophie chrétienne,'" *Exercices spirituels et philosophie antique*, 2nd ed. (Paris: Études Augustiniennes, 1987), 59– 74; Daniele Pevarello, *The Sentences of Sextus and the Origins of Christian Asceticism* (Tübingen: Mohr Siebeck, 2013), esp. 192– 200; Yvan Koenig, "Place et rôle de l'Écriture dans la prière individuelle des moines d'Égypte (IVᵉ– Vᵉ siècle)," in *La vie quotidienne des moines en Orient et en Occident (IVᵉ– Xᵉ siècle)*, vol. 2, *Questions transversales*, ed. Olivier Delouis and Maria Mossakowska- Gaubert (Cairo and Athens: Institut Français d'Archéologie Orientale and École Française d'Athènes, 2019), 239–252, esp. 239–240. 關於「苦修」不是特定倫理觀或實踐法的論點：Albrecht Diem, "The Limitations of Asceticism," *Medieval Worlds* 9 (2019): 112–138.

8 Gregory, *Dialogi* 1.5.4（君士坦提烏斯）, 2.1.8（本篤）, 3.6（卡修斯）.

9 Shaw, *Burden of the Flesh*, 39–40（斯多葛學派）; Miller, *Corporeal Imagination*, 32–35, quoting Proclus's *Eclogae de Philosophia Chaldaica* 5.10–11 (I have modified Rappe's translation of *eikones* to "images"); Maud W. Gleason, *Making Men: Sophists and Self-Presentation in Ancient Rome* (Princeton: Princeton University Press, 1995), 55–102（身體語言和聲音）; Brown, *Through the Eye of a Needle*, 197–199（浴場）.

10 Palladius, *Historia Lausiaca* 55.2（希爾瓦妮亞）, trans. Wortley, p. 122; Vööbus, *History of Asceticism in the Syrian Orient*, 2:275–276（p.275 耶福列木和塞維魯斯）; Ferrandus, *Vita Fulgentii* 2, 28. 其他有關洗澡的限制：Shenoute, *Rules* 70–71.

11 Chrysostom, *Adversus oppugnatores vitae monasticae* 2.6, trans. Hunter, p.108.「乾掉」：John of Ephesus, *Lives of the Eastern Saints* 42, trans. Brooks, 2:656; 也可參見：*Didaskalia* 10.10. 這裡提到他在學生時代把洗澡當作讓勞累過度的身軀重新補水的方法。

12 年輕與成熟的僧侶：Isaiah, *Asketikon* 10.63–65; *RB* 36.8. 古龍水：Ferreolus of Uzès, *Regula* 32. 基於健康而洗澡的理由：Eugippius, *Regula* 1.114–116; *RB* 36.8; Leander, *De institutione virginum* 20; Donatus, *Regula* 12.12.

13 「捐贈」衣物：Eugippius, *Regula* 8. 洗衣服和床單的限制：Augustine, *Praeceptum* 5.4; *Regula Pauli et Stephani* 28; Eugippius, *Regula* 1.113. *Habitus* pun: Eugippius, *Regula* 1.105 ("hinc uos probate quantum uobis desit in illo interiore sancto habitu cordis ornatus, qui pro habitu corporis litigatis"). 必要的洗衣其實也被比喻成性靈的維護：Susan Ashbrook Harvey, "Housekeeping: An Ascetic Theme in Late Antiquity," in *To Train His Soul in Books: Syriac Asceticism in Early Christianity*, ed. Robin Darling Young and Monica J. Blanchard (Washington, DC: Catholic University of America Press, 2011), 134–154, at 143–145.

14 Livia Kohn, *Monastic Life in Medieval Daoism: A Cross- Cultural Perspective* (Honolulu: University of Hawai'i Press, 2003), 189–190; Ann Heirman and Mathieu Torck, *A Pure Mind in a Clean Body: Bodily Care in Buddhist Monasteries of Ancient India and China* (Ghent: Academia Press, 2012), 137–164; Eric M. Greene, *Chan before Chan: Meditation, Repentance, and Visionary Experience in Chinese Buddhism* (Honolulu: Kuroda Institute and University of Hawai'i Press, 2021), 198–199; Maria E. Doerfler, " 'Hair!': Remnants of Ascetic Exegesis in Augustine's *De opere monachorum*," *Journal of Early Christian Studies* 22, no. 1 (2014): 79– 111; Daniel Oltean, "Les origines de la tonsure monastique: Les sources grecques," *Byzantion* 82 (2017): 259–297, at 267–281; Susanna Elm, *Virgins of God: The Making of Asceticism in Late Antiquity* (Oxford: Clarendon, 1994), 108–110, 219; *AP/GN*, N. 418.（從來不剪頭髮的僧侶）

15 Philipp von Rummel, *Habitus barbarus: Kleidung und Repräsentation spätantiker Eliten im 4. und 5. Jahrhundert* (Berlin: De Gruyter, 2007), 160– 163, 215– 225; 關於羅馬軍隊的「蠻族」時尚風潮，可參見：Guy Halsall, *Barbarian Migrations and the Roman West, 376– 568* (Cambridge: Cambridge University Press, 2007), 101–110.

16 除了隱士之外，不留長髮：Rabbula, *Admonitions for the Monks* 5, in Vööbus, *Syriac and Arabic Documents.* 光頭：*So- Called Canons of Maruta* 59.5, in ibid. 剃髮：Aurelian, *Regula ad monachos* 4. 未經允許不能剃掉任何毛髮：Shenoute, *Rules* 91, 452, 509. 定期剪髮修鬍：Gregory of Tours, *Liber vitae patrum* 20.3; Canons of Q yriaqos 52.26, in Vööbus, *The Synodicon in the West Syrian Tradition*, 2:27（女性剪短髮）. 禁止修鬍：*Regula monasterii Tarnatensis* 4.6. 綁髮：Caesarius, *Regula ad virgins* 56（包括手稿中不同的長度）; repeated in Donatus, *Regula* 64. See also Isidore, *Regula* 12: 每個人都應該剪一樣的髮型；關於剃髮的辯論：Edward James, "Bede and the Tonsure Question," *Peritia* 3 (1984): 85– 98; Florence Jullien, *Monachisme en Perse: La réforme d'Abraham le Grand, père des*

*moines de l'Orient* (Louvain: Peeters, 2008), 119–124; Maria Mossakowska- Gaubert, "Official Garb of Egyptian Monks and Nuns (4th– 8th Century AD): Appearance, Production and Role as a Social Marker," *Orientalia Christiana Periodica* 87 (2021): 71– 128, at 98– 101; Daniel McCarthy, "Representations of Tonsure in the Book of Kells," *Studia Celtica* 51 (2017): 89– 103. p. 100–102討論了王冠髮型的圖片。

17 *AP/G* Poemen 184, trans. Ward, p. 193.

18 See generally Charles J. Metteer, "Distraction or Spiritual Discipline: The Role of Sleep in Early Egyptian Monasticism," *St Vladimir's Theological Quarterly* 51 (2008): 5– 43; Leslie Dossey, "Watchful Greeks and Lazy Romans: Disciplining Sleep in Late Antiquity," *Journal of Early Christian Studies* 21 (2013): 209–239; Albrecht Diem, *The Pursuit of Salvation: Community, Space, and Discipline in Early Medieval Monasticism* (Turnhout, Belgium: Brepols, 2021), 478–498.

19 *Instructions of Horsiesios* 6.3, trans. Veilleux, in *Pachomian Koinonia* 3:144; Shenoute, "A Beloved Asked Me Years Ago," in *Discourses*, 180; *RB* 19.7, repeated in Donatus, *Regula* 17.7; *Syriac Life of Saint Simeon Stylites* 44, trans. Doran, p. 128; Theodoret of Cyrrhus, *Historia religiosa* 26.23; Jacob of Sarug, *Homily on Simeon the Stylite*, trans. Susan Ashbrook Harvey, in Wimbush, *Ascetic Behavior in Greco- Roman Antiquity*, 20– 23. See also Shenoute, *Rules* 236–237; Isaac of Nineveh, *Discourses* 2.14.12– 26; Dadishoʿ Qaṭraya, *Shelya*, 54a– 55a; Dadishoʿ, *Compendious Commentary* 46– 49. Cf. 跪下的方針：*Regula coenobialis*, 221A; Donatus, *Regula* 34; Shemʿon d- Ṭaybutheh, *On the Consecration of the Cell* 11, 14. 阿絲克拉的畫像：Jean Clédat, *Le monastère et la nécropole de Baouît*, ed. Dominique Bénazeth and Marie- Hélène Rutschowscaya (Cairo: Institut Français d'Archéologie Orientale du Caire, 1999).

20 *AP/G* Arsenius 15, 30, quotation trans. Ward, p. 11; *AP/GS* 12.1; *AP/PJ* 12.1; *AP/S* 1.6.105; and for other *AP* variants see

the *Monastica* database at https://monastica.ht.lu.se/; Cyril of Scythopolis, *Life of Euthymius* 21, in *Bioi*. See also Isaac of Nineveh, *Discourses* 1.80.562–563; Dadishoʿ, *Compendious Commentary* 169.

21 帕科繆修道院‥ *Greek Life of Pachomius* 14, in *Pachomian Koinonia* 1:307; *Precepts* 87, in *Pachomian Koinonia* 2:160. 阿米達‥ John of Ephesus, *Lives of the Eastern Saints* 35, 2:642. 夸塔敏‥ Vööbus, *History of Asceticism in the Syrian Orient*, 2:265. 西索埃斯‥ *AP/G* Sisoes 33.

22 馬卡利烏斯‥ Palladius, *Historia Lausiaca* 18.3, trans. Wortley, p. 39. 其他評論‥ Meteer, "Distraction or Spiritual Discipline," 13– 16. 溫和建議‥ John of Apamea, *Letter to Hesychius* 61, in Brock, *Syriac Fathers*; Cassian, *Collationes* 14.10; Babai, *Letter to Syriacus* 39, in Brock, *Syriac Fathers*; Columbanus, *Regula Columbani* 10; Isidore, *Regula* 13; John Climacus, *Klimax* 20; Shemʿon d- Ṭaybutheh, *On the Consecration of the Cell* 13.

23 *Rule* 37 of St. John Stoudios of Constantinople, no. 4 in Thomas and Hero, *Byzantine Monastic Foundation Documents*; Maria Mossakowska- Gaubert, "Alimentation, hygiène, vêtements et sommeil chez les moines égyptiens (IVe– VIIIe siècle): L'état des sources archéologiques et écrites," in *La vie quotidienne des moines en Orient et en Occident (IVe– Xe siècle)*, vol. 1, *L'état des sources*, ed. Olivier Delouis and Maria Mossakowska- Gaubert (Cairo and Athens: Institut Français d'Archéologie Orientale and École Française d'Athènes, 2015), 23– 55, at 32– 33; Ina Eichner, "The Archaeological Evidence of Domestic Life in the Monasteries of Western Thebes: The Example of Deir el- Bakhit," in *La vie quotidienne des moines*, ed. Delouis and Mossakowska-Gaubert, 2:25– 36, at 30– 31.

24 沒有床鋪‥ e.g., Fortunatus, *Vita Paterni* 9.28; Antony of Choziba, *Bios Georgiou* 4.19. 謝努特‥ Ariel G. López, *Shenoute of Atripe and the Uses of Poverty: Rural Patronage, Religious Conflict, and Monasticism in Late Antique Egypt*

(Berkeley: University of California Press, 2013), 97. 禁止枕頭和其他高級的寢具：*Precepts* 81, in *Pachomian Koinonia* 2:159; Caesarius of Arles, *Regula ad virgines* 44– 45; Dorotheus of Gaza, *Didaskalia* 3.45; Aurelian of Arles, *Regula ad monachos* 27; Isidore, *Regula* 13; Fructuosus, *Regula* 11; Donatus, *Regula* 53.5. 奧古斯丁：*Praeceptum* 1.5– 7, 3.3– 4, echoed in *Regula Eugippii* 1.59– 63; Peter Brown, *Through the Eye of a Needle*, 175–177.

25 Barsanuphius and John, *Letters* 452.

26 *Consultationes Zacchei* 3.10– 16.

27 Anne- Marie Helvétius, "Le sexe des anges," in *De la différence des sexes: Le genre en histoire*, ed. Michèle Riot- Sarcey (Paris: Larousse, 2010), 101–130, 246–251; Roland Betancourt, *Byzantine Intersectionality: Sexuality, Gender, and Race in the Middle Ages* (Princeton: Princeton University Press, 2020), 96– 106; Doerfler, "Hair!," 98– 101; Albrecht Diem, "The Gender of the Religious: Wo/Men and the Invention of Monasticism," in *The Oxford Handbook of Women and Gender in Medieval Europe*, ed. Judith Bennett and Ruth Karras (Oxford: Oxford University Press, 2013), 432–446, esp. 437–440; Diem, *The Pursuit of Salvation*, 191– 194; Rebecca Krawiec, *Shenoute and the Women of the White Monastery: Egyptian Monasticism in Late Antiquity* (Oxford: Oxford University Press, 2002), 92– 119; Isabelle Réal, "Tâches et gestes quotidiens des moniales en Gaule franque (VI$^{e}$– X$^{e}$ siècle): Fragments de vie domestique," in *La vie quotidienne des moines*, ed. Delouis and Mossakowska- Gaubert, 2:203–236, esp. 224–226; Shaw, *Burden of the Flesh*, 235–246; Foucault, *Les aveux de la chair*, 188–189; Brown, *Body and Society*, 366–386.

28 Brown, *Body and Society*, 5– 209; Foucault, *Les aveux de la chair*, 149– 245.

29 Elm, *Virgins of God*, 184– 223, 336, 373–383; Markschies, *God's Body*, 182–319; Foucault, *Les aveux de la chair*, 228–

230; Clements, *Sites of the Ascetic Self*; David Brakke, "The Problematization of Nocturnal Emissions in Early Christian Syria, Egypt, and Gaul," *Journal of Early Christian Studies* 3 (1995): 419–460, at 446–453; 關於需要平靜和獨處才能對抗性愛的念頭，可參見：Cassian, *De institutis coenobiorum* 6.3, see more generally *De institutis coenobiorum* 6 and *Collationes* 12. 有些理論家認為女性也會做春夢：Donatus, *Regula* 33.

30 Georges Sidéris, "Ascètes et moines eunuques en Égypte et Palestine byzantines (IV$^{e}$– VII$^{e}$ siècle)," in *La vie quotidienne des moines*, ed. Delouis and Mossakowska- Gaubert, 2:301–320; Daniel F. Caner, "The Problem and Practice of Self-Castration in Early Christianity," *Vigiliae Christianae* 51 (1997): 396– 415; Pevarello, *The Sentences of Sextus*, 62–67 (quoting Edward and Wild's translation of *Sentences* 13); Doerfler, "Hair!," 84– 97; Felix Szabo, "Non- Standard Masculinity and Sainthood in Niketas David's *Life* of Patriarch Ignatios," in *Trans and Genderqueer Subjects in Medieval Hagiography*, ed. Alicia Spencer- Hall and Blake Gutt (Amsterdam: Amsterdam University Press, 2021), 109–129. Cf. Roland Betancourt's 對閹人的觀點比較正面，認為這些跨性別者因為他們的顯赫社會地位（不僅在修道圈，在宮廷中也是），「讓跨性別僧侶和其他非二元性別者能有靈活的空間」：*Byzantine Intersectionality*, 119.

31 John Moschos, *Pratum spirituale* 3; cf. 帕拉狄烏斯對一個非常相似的事件做了正面解讀：*Historia Lausiaca* 29.

32 隱士迴避女性：Brown, *Body and Society*, 241–248. 禁止異性成員加入：Rabbula, *Admonitions for the Monks* 1, in Vööbus, *Syriac and Arabic Documents*; *Regula et instituta patrum* 4; Babai, *Letter to Cyriacus* 26, 52, in Brock, *Syriac Fathers*; Caesarius, *Regula ad monachos* 11.1; Aurelian, *Regula ad monachos* 15; Johannan Bar Qursos, *Canons* 11.6, in Vööbus, *Syriac and Arabic Documents*; *Rules for Nuns* 7, in ibid.; *Rules of Jacob of Edessa* 11, in ibid.; *Canons of the Persians* 26, in ibid. 例外：Shenoute, *Rules* 425（緊急情況）; Caesarius, *Regula ad virgines* 36（神職人員和承包商）;

Ferreolus, *Regula* 4（對話都在牆外進行，而且要有旁人在場）; *Regula monasterii Tarnatensis* 4.1（親屬）, 20（祈禱室和招待所）; Aurelian, *Regula ad virgins* 14（教堂和會客室）, 15（供應商和承包商）; Aurelian, *Regula ad monachos* 14（會客室）, 19（承包商）; *Canons which are necessary for the monks* 4（一名生病僧侶的媽媽或姊姊）; Donatus, *Regula* 55（神職人員和承包商）, 56– 57（特定訪客可以到門口或會客室）, See more generally Alice-Mary Talbot, "Women's Space in Byzantine Monasteries," *Dumbarton Oaks Papers* 52 (1998): 113–127; Gisela Muschiol, "Time and Space: Liturgy and Rite in Female Monasteries of the Middle Ages," in *Crown and Veil: Female Monasticism from the Fifth to the Fifteenth Centuries*, ed. Jeffrey F. Hamburger and Susan Marti, trans. Dietlinde Hamburger (New York: Columbia University Press, 2008), 191– 206; Betancourt, *Byzantine Intersectionality*, 91– 96, 102–106; M. W. Bychowski, "The Authentic Lives of Transgender Saints: *Imago Dei* and *imitatio Christi* in the *Life* of St. Marinos the Monk," in *Trans and Genderqueer Subjects in Medieval Hagiography*, ed. Spencer- Hall and Gutt, 245–265.

33 引句：*AP/GN*, N. 154, trans. Wortley, p. 105. 注意眼睛看的地方：Augustine, *Praeceptum* 4; Isaiah, *Asketikon* 5.23, 10.14, 10.68; Caesarius of Arles, *Regula ad virgines* 23; Cyril of Scythopolis, *Life of Saba* 47, in *Bioi*; *Regula monasterii Tarnatensis* 18.13; *On the Order of the Novice- Brothers* 35, in Arthur Vööbus, *History of Asceticism in the Syrian Orient: A Contribution to the History of Culture in the Near East*, vol. 3 (Leuven: CSCO, 1988), 189; Donatus, *Regula* 50; John of Dalyatha, *Letters* 18.2, 18.17, 18.22, 18.28.

34 Gregory of Tours, *Liber vitae patrum* 1.2, 1.6. 關於兩個做法在同一個文本的例子，可參見：e.g., *AP/G* Arsenius 28, Longinus 3; Theodoret, *Historia religiosa* 8.13, 11.4. Gregory, *Dialogi* 2.19, 3.16.5. See also Diem, *Das monastische Experiment*, 86– 91.

35 Shenoute, *Rules* 47; 他很擔心個人的罪過會汙染整個修道社群：Caroline T. Schroeder, *Monastic Bodies: Discipline and Salvation in Shenoute of Atripe* (Philadelphia: University of Pennsylvania Press, 2007), 54– 89. 年幼僧侶：Isaiah, *Asketikon* 5.2; Shenoute, *Rules* 4, 11, 59, 395–396, 504, 508, 513–516, 563, 566, 574; *Rule of Naqlun* 4, 5, 16; *On the Order of the Novice- Brothers* 39, in Vööbus, *History of Asceticism in the Syrian Orient*, 3:189. 床：Isaiah, *Asketikon* 5.2（分床睡，但有一些例外）, 10.8（沒有例外）; Shenoute, *Rules* 1– 2, 94; *RB* 22.1; Ferreolus, *Regula* 33; Isidore, *Regula* 17; Donatus, *Regula* 65.1; Jonas of Bobbio, *Regula cuiusdam ad virgines* 14（同床）; John of Dalyatha, *Letters* 18.11, 18.35. 同性的疑慮：Kyle Harper, *From Shame to Sin: The Christian Transformation of Sexual Morality in Late Antiquity* (Cambridge, MA: Harvard University Press, 2013), 22– 30, 141–158; Carrie Schroeder, "Children and Egyptian Monasticism," in *Children in Late Ancient Christianity*, ed. Cornelia B. Horn and Robert R. Phenix (Tübingen: Morh Siebeck, 2009), 317–338, at 319–321, 336–337; Maria Chiara Giorda, "Children in Monastic Families in Egypt at the End of Antiquity," in *Children in Everyday Life in the Roman and Late Antique World*, ed. Christian Laes and Ville Vuolanto (London: Routledge, 2017), 232–246, at 237–238; Derek Krueger, "Between Monks: Tales of Monastic Companionship in Early Byzantium," *Journal of the History of Sexuality* 20 (2011): 28– 61.

36 機構效力：Diem, *Das monastische Experiment*, 131– 321; with subtle differentiations in Diem, *Pursuit of Salvation*, 265–327. 雙性修道院：Alison I. Beach and Andra Juganaru, "The Double Monastery as a Historiographical Problem (Fourth to Twelfth Century)," in *Cambridge History of Medieval Monasticism in the Latin West*, ed. Beach and Cochelin, 1: 561–578; Jan Gerchow, Katrinette Bodarwé, Susan Marti, and Hedwig Röckelein, "Early Monasteries and Foundations (500– 1200): An Introduction," in *Crown and Veil*, ed. Hamburger and Marti, 13– 40. p.16列出高盧在墨洛溫時期的

一百一十五間雙性修道院。

37 Palladius, *Historica Lausiaca* 18.26.

38 Cassian, *De institutis coenobiorum* 5.6, 6.23; Shemʿon d- Ṭaybutheh, *Book of Medicine* 179b, trans. Mingana, pp. 35– 36; more generally Shaw, *Burden of the Flesh*, 53– 64.

39 Cassian, *De institutis coenobiorum* 5.11– 20; Fragment 5.2, trans. Veilleux, in *Pachomian Koinonia* 3:88.

40 Athanasius, *Vita Antonii* 7; Florentius, *Vita Rusticulae* 7; Gregory of Tours, *Liber vitae patrum* 5.1（波提亞努斯）；Antony of Choziba, *Bios Georgiou* 3.12; Anastasios of Sinai, *Diegeseis peri tou Sina* 1.18（阿瑟勞人喬治）；Ishoʿdenaḥ of Basra, *Ktaba d- nakputa* 65（約瑟夫）；*AP/GN*, N. 152 (trans. Wortley, p. 152); Jerome, *Vita Hilarionis* 5.

41 點心：Augustine, *Praeceptum* 3.1; Cassian, *De institutis coenobiorum* 4.18; *Canons of Mar Mattai* 14, in Vööbus, *History of Asceticism in the Syrian Orient* 3:174; Eugippius, *Regula* 38; *Rules attributed to Rabbula* 17, in Vööbus, *Syriac and Arabic Documents*; Caesarius, *Regula ad virgines* 30.2– 3; Ferreolus, *Regula* 35; Donatus, *Regula* 24. 廚餘：Pachomius, *Precepts* 38, 78, in *Pachomian Koinonia* 2:151, 159; Shenoute, *Rules* 193, 195–197, 242. 外帶／路上小吃：*Rules attributed to Ephrem* 2, in Vööbus, *Syriac and Arabic Documents*; Shenoute, *Rules* 526; Eugippius, *Regula* 1.20; *Regula Tarnatensis* 9.14. 吃營養和吃美味：Cassian, *De institutis coenobiorum* 5.8, 5.23; Columbanus, *Regula Columbani* 3. 反對飽足或太撐：Basil, *Great Asketikon*, LR 19; Cassian, *De institutis coenobiorum* 5.6; Isaiah, *Asketikon* 11.44; *Rule of Naqlun* 52; *On the Order of the Novice- Brothers* 4, 15, in Vööbus, *History of Asceticism in the Syrian Orient,* 3:187–188; Columbanus, *Regula Columbani* 3; Columbanus, *Paenitentiale* A6, B12. 被肚子給奴役：*RM* 53.26– 33. 被飽脹的肚子掏空：Smaragdus, *Expositio* 4.36. 窒息：Columbanus, *Regula Columbani* 3.

42 Maria Mossakowska- Gaubert, "Les moines égyptiens el leur nourriture terrestre (IV$^{e}$– VIII$^{e}$ siècle)," in *La vie quotidienne des moines*, ed. Delouis and Mossakowska- Gaubert, 2:145–183, at 149–156; Alfredo Carannante, Salvatore Chilardi, Girolamo Fiorentino, Alessandra Pecci, and Francesco Solinas, "Le cucine di San Vincenzo al Volturno: Ricostruzione funzionale in base ai dati topografici, strutturali, bioarcheologici e chimici," in *Monasteri in Europa occidentale (secoli VIII– XI): Topografia e strutture*, ed. Flavia de Rubeis and Federico Marazzi (Rome: Viella, 2008), 498–507. 不吃肉：*Canons of the Persians* 23, in Vööbus, *Syriac and Arabic Documents*; *So- Called Canons of Maruta* 59.2, in ibid.; Isho' Bar Nun, *Canons* 16 (Arabic version), in ibid.; *Rule of Naqlun* 20; Caesarius, *Regula ad monachos* 24（病患除外）; *RM* 53.31– 33（復活節和聖誕季除外）; *RB* 39.11（提到四足動物的肉，但是病患除外）; Caesarius, *Regula ad virgines* 71（病患可以吃雞肉）; Aurelian, *Regula ad monachos* 51（節日可以吃魚、病患可以吃家禽）; Aurelian, *Regula ad virgines* 34– 35（特殊日子可以吃魚、病患可以吃家禽）; Leander, *De institutione virginum* 24; Isidore, *Regula* 9（節日可以吃一點）; Jonas, *Regula* 10.4; Fructuosus, *Regula* 3（魚除外，顯赫的訪客以及生病或出遠門的僧侶可以吃家禽）; Donatus, *Regula* 12.13– 14（病患除外）; *Rule* 29 of Stoudios, in Thomas and Hero, *Byzantine Monastic Foundation Documents*（魚沒關係）. Cf. Basil, *Great Asketikon*, LR 18.（所有的食物都很好，因為上帝創造了它們！）

43 Emmanuelle Raga, "Partage alimentaire et ascétisme dans le monachisme occidental: Les normes alimentaires aristocratiques en toile de fond de la construction des normes cénobitiques (IV$^{e}$– VI$^{e}$ siècle)," in *La vie quotidienne des moines*, ed. Delouis and Mossakowska- Gaubert, 2:185– 202; Shaw, *Burden of the Flesh*, 161– 219. 下一章會講到用餐時間閱讀的做法。

44 Shenoute, *Rules* 186; *Regula Pauli et Stephani* 19; Krawiec, *Shenoute and the Women of the White Monastery*, esp. 43– 46, 100– 106.

45 Augustine, *Praeceptum* 3.3– 4; likewise *Regula monasterii Tarnatensis* 16. 年齡：Shenoute, *Rules* 175. 操勞：Shenoute, *Rules* 178; *Regula monasterii Tarnatensis* 9.11; *Typikon* 4 of Pantelleria, in Thomas and Hero, *Byzantine Monastic Foundation Documents*. 生病的僧侶：Shenoute *Rules* 33, 156, 157, 158, 160–161, 176–177, 189（裝病或懷疑其他僧侶裝病）; Eugippius, *Regula* 1.57– 58（不滿）; Andrew T. Crislip, *From Monastery to Hospital: Christian Monasticism and the Transformation of Health Care in Late Antiquity* (Ann Arbor: University of Michigan Press, 2005), 68– 99.

46 高盧的僧侶：Sulpicius Severus, *Gallus* 1.8.4. 吃飯時觀察／批評他人：Cassian, *De institutis coenobiorum* 4.17; Shenoute, *Rules* 500 (quotation trans. Layton, p. 307); Jonas, *Regula* 10.12; Isaac, *Life of Samuel* 42. 也可參見謝努特反對強迫禁食的僧侶吃東西的政策：*Rules* 207–208, 331, 498, 501; 還有第二章關於禁食比賽的部分.

47 Barsanuphius and John, *Letters* 151–163（p.155談到其他方面的節制）; Evagrius, *Peri logismon* 35; Gregory, *Liber vitae patrum* 1.3.

48 *Vita patrum Iurensium* 2.4; John of Dalyatha, *Letters* 20.2; Cassian, *De institutis coenobiorum* 5.9 (*mentis labefacere constantiam*), similiar is *Collationes* 1.21; Johannan Bar Qursos, *Rules for the Monastery of Mār Zakkai* 48, trans. Vööbus, *Syriac and Arabic Documents*, p. 61. 其他有關過度禁食的健康疑慮：Andrew Crislip, " 'I have chosen sickness': The Controversial Function of Sickness in Early Christian Ascetic Practice," in *Asceticism and Its Critics: Historical Accounts and Comparative Perspectives*, ed. Oliver Freiberger (Oxford: Oxford University Press, 2006), 179– 209; S haw, *Burden of the Flesh*, 96– 112.

49 *AP/GN*, N. 394（吃點心的好處）；Basil, *Great Asketikon*, SR 17（合理的飢餓感與令人分心的嘴饞念頭）；Cassian, *De institutis coenobiorum* 10.2.2（嘴饞令人分心）；Evagrius, *Antirrhetikos* 1.22（肝臟和脾臟），1.54（採收季想吃水果），1.59（疾病）；*Vita patrum Iurensium* 1.13（採收季吃得太多）.

50 *On Hermits and Desert Dwellers*, lines 97– 100, trans. Amar, p. 70. 關於把身體比喻成建築：Ashbrook Harvey, "Housekeeping." 關於把禱告比喻成獻祭（以焚香和煙表示）：Lorenzo Perrone, *La preghiera secondo Origene: L'impossibilità donata* (Brescia: Morcelliana, 2011), 513–545, 571–572.

# 第 4 章

# 書本

## ——透過不同視角閱讀，提升理解吸收力

專注力第四步：設計自己的閱讀法，讓書本成為鍛鍊心智的夥伴。

「如果你讓對的書充滿你的人生，你的觀點和行為就會改變，口中的話會變成內心的一部分，書本會變成鋼鐵。」

本都的埃瓦格里烏斯總是不斷地想著「思考」這件事，但是他以前並沒有過著思考的人生。早期，他在君士坦丁堡（Constantinople）當執事，還差點跟一個已婚貴族發生外遇，為了逃離這種情況（故事是這麼說的），他加入耶路撒冷（Jerusalem）橄欖山（Mount of Olives）的一間修道院，這間修道院有兩個影響力很大的院長，一個是非常虔誠富有的羅馬移民梅拉尼婭（Melania the Elder），一個是學者僧侶阿奎萊亞的魯菲努斯（Rufinus of Aquileia），他們三個人變得很親近。但是後來埃瓦格里烏斯離開了耶路撒冷，前往在尼羅河三角洲西邊蓬勃發展的修道社群，他的著作大部分是在那裡完成的，然而，他還是有過得不好的時候，連讀書也給他帶來問題：

> 罹患冷感病的人閱讀時會一直打哈欠，很容易睡著；他會揉眼睛，伸展雙臂；他會把目光從書本移開，盯著牆壁，然後又回頭讀一點書；他會快速翻閱書本，好奇地閱讀最後那幾頁、計算對摺起來的書頁有幾張、挑出拼字和裝飾的錯誤。最後，他會把書闔起來，放在頭下沉沉睡去。[1]

他們的掙扎讓我們好熟悉，但就算我們可以同理埃瓦格里烏斯，他在西元四世紀描述的經歷，仍受到古代晚期獨特的技術文化所影響。在四世紀，書本——更準確地說應該是「抄本」，也就是由摺起來的紙張和夾住書頁的兩個封面組成的冊子——算是蠻新奇的東西。僧侶對於書本有可能改善他們的認知習慣而感到興奮，但他們也很擔心書本會變成另一個使他們分心的幫兇。因此，便有人針對閱讀的內容、時機、方式和份量提出不同的主張；此外，還有人發明各式各樣的實驗，要讓書本變得更能與認知相容。

抄本最早在羅馬共和國晚期到羅馬帝國初期之間的某個時間點出現在地中海地區時，並沒有特別受歡迎。讀者比較喜歡使用卷軸，也就是一張一張黏在一起，可以由右至左水平捲起來並存放在櫃子或箱子裡的莎草紙，這是他們最熟悉的東西，卷軸簡單又耐用，正經的內容都是寫在卷軸上。

今天，學者大多同意羅馬帝國有少數人更喜歡抄本。西元二和三世紀，基督徒比其他作家和抄寫員更有可能使用抄本，雖然他們也還是會生產和閱讀卷軸。抄本的格式通常被用來書寫筆記或草稿，不是經過修潤的作品，而早期的基督徒發現這很適合他們閱讀和分享有關耶穌的傳統。

後來的世代積極實驗這個技術，但這並未標準化，即使在福音素材出現比較穩定且具有文學性質的形式之後也一樣。基督徒開始利用抄本的潛力收錄冗長文本以及文集，因為若用卷軸的格式會十分不便。在古代晚期和中世紀，「聖經」的各卷通常是收錄在個別的抄本中，不過基督徒也會製作豪華版的《聖經》全書，將完整的內容書寫在高度加工過的數百張羊皮上，摺疊成一大冊。《聖經》全書並沒有很多人擁有或使用，但是它們在意識形態和技術方面具有重大意義。這個格式體現了基督徒主張《新約》取代《舊約》的論點，也就是《基督教聖經》才有最後定奪權，而非《希伯來聖經》。[2]

西元四世紀，修道主義正在快速演化，埃瓦格里烏斯正在描述分心的讀者，書本也正在穩健發展中；僧侶積極地接受這個技術。有些僧侶的卷軸和抄本是向替書商和有錢的讀者工作的那些抄寫員買的；另一種取得書本的傳統方式，則是跟朋友借。這時候的僧侶開始借閱和抄寫很多很多書，使他們的社群變成歐洲、地中海和中東地區重要的書籍生產中心。[3]

有些社群的藏書量甚至可以媲美大都會一些熱血收藏家的圖書館、以及皇宮和清真寺的寶庫。喬治亞（Georgian）的澤達扎登尼（Zedazadeni）修道院到了九世紀末已有一百一十本書；一位人稱「橄欖的西緬」（Simeon of the Olives）的僧侶蒐集了一百八十本書，在西元七三四年去世前捐給自己位於美索不達米亞北部的修道院；八世紀，比德（Bede）在韋爾茅斯-雅羅（Wearmouth- Jarrow）可以取用的書多達兩百本以上，使他的修道院擁有中世紀初期英格蘭最大的圖書館；到了西元八六〇年，加洛林（Carolingian）王朝境內最享有特權、在政壇上最活躍的洛爾施（Lorsch）修道院，則擁有約四百七十本書，並透過借出和抄寫書本給朋友和顧客的方式，把更多書散播到其他地方流通；至於在上埃及的白修道院，謝努特的繼任者也不斷擴充藏書量，到了千禧年之初已經擁有一千本左右。[4]

這些都是特別龐大的收藏，中世紀初期的修道院圖書館大部分很可能只擁有幾十本書而已。雖然這麼說，但每一個修道社群都會持有和分享書籍，就連柱子居民和其他隱居僧侶也都是這個流通體系的一分子。大部分的僧侶每天都看書，因為書本雖然有可能轉移讀者的思緒，卻也有辦法「淨化」他們的思想，謝蒙・德泰布特在七世紀晚期便這麼提醒有志成為隱士的人。因此，想要理解僧侶的心智和他們專注的方法，就需要理解他們跟書本的關係。[5]

## 書本也可能會有風險

跟其他修道實踐一樣，這是一個矛盾的關係，並沒有很多僧侶對技術感到樂觀。他們知道讀者取得書籍的難易程度是不平等的，並且認為即使能取得書籍，使用它們可能會產生風險。他們重提數百年前的哲學家認為任何形式的書寫文本具備的缺點：文本的副本很昂貴；它們是不完美的記憶力替代品；不像面對面跟老師學習那樣，讀書（無論是卷軸或抄本）沒有辦法與真人對話，而對話是古代世界的教學標竿。[6]

除了這些問題，僧侶指出書本會令人分心。在古代晚期和中世紀初期，人們讀書時通常會唸出來，即使一個人的時候也一樣，因為這讓他們更難跳頁閱讀。然而，閱讀仍有可能演變成埃瓦格里烏斯所說的那樣，從專注過渡到恍神。[7]

他也不是真的把這些行為怪到技術頭上。埃瓦格里烏斯是一個貪婪的讀者，搬到埃及後甚至做過抄寫員的工作，並將優美的書法比喻成上帝創造的宇宙——兩者都顯示造物主的細心與巧手。僧侶閱讀時之所以會分心，真正的原因其實是埃瓦格里烏斯和其他僧侶所說的「冷感病」，也就是埃瓦格里烏斯的學生卡西安認為出現多管閒事症狀的僧侶所罹患的同一種病，這種病結合了躁動和不滿足，會讓人難以進行或思考任何事。冷感病不是書本引起的，沒有看到書的僧侶也有可能出現這種病，但是書本可能使症狀加劇，因為對於已經產生衝突的心智，抄本這種技術可以一頁一頁地數，除了充滿美學的介面，還有枕頭般的體積，都會將僧侶的注意力從書中的內容移開。[8]

僧侶也會做出相反類型的批評，表示書的內容太令人入迷。有些書毫無說服力又無趣，那不會帶來問題，但是一本書若贏得讀者的心呢？沙漠長者據說就曾經說過：「它會變成鋼鐵，難以切割。」由於僧侶的腦袋裝了什麼很重要，有人便坦白討論什麼樣的文本才值得閱讀。修道教育家特別提防「異教」作家，也就是受到羅馬教育體系表揚的那些詩人、雄辯家與哲學家，他們保留那個體系大部分的教學方式，但是將傳統文本換成《聖經》文本。然而，他們鮮少完全摒棄非基督教的文本，只是會小心應對，熱愛文本的同時卻又不信任文本是有可能發生的。[9]

例如普博（Pbow）和上埃及其他帕科繆修道院的僧侶，除了抄寫和閱讀實驗性的經外文本，也會抄寫和閱讀荷馬（Homer）、米南德（Menander）、修昔底德（Thucydides）和西塞羅（Cicero）的作品。在埃德薩西邊幼發拉底河（Euphrates）河畔的琴內許爾（Edessa）修道院，擁有雙語能力的僧侶將亞里斯多德所有關於邏輯的著作從希臘文翻譯成敘利亞文，因為他們想要更好地評估在美索不達米亞和地中海東岸各地盛傳的神學和禮拜論點。西元五到九世紀常見的教派競爭（與融合）是強大的學術發展源頭，但是也諷刺地促進了合作——學者願意派信使到敵對的修道院借閱和抄寫他們的書。整個地中海地區的拉丁文讀者都有想一些方法來標註可疑的內容，而不是直接加以否定。例如，當他們讀到顯然就是神話的故事（fabula）時，讀者會在書頁的空白處標註「F」或「FAB」，這些記號是小心閱讀非基督教文本，而不是要加以鎮壓。有些註解甚至會告訴其他讀者可以去找哪些古代神話的參考書，把這些故事解讀為基督教的寓言。僧侶雖然會提防古代文本，對於什麼算是「相關」閱讀卻有著寬大的看法。[10]

儘管如此，他們還是得提醒自己，閱讀這些東西是為了讓自我更靠近上帝，埋首在書本中很容易會忘了這一點。在吐魯番地區的綠洲（位於今天的中國西北部）之中有一個隸屬於東方教會的基督教社群，那裡便有一位編纂者在西元九或十世紀集結了一部苦修文集，裡面包含七世紀晚期活躍於波斯灣和美索不達米亞的尼尼微的以撒（Isaac of Nineveh）所提出的建言。以撒警告僧侶（這原本是以敘利亞文寫成，後來由中亞譯者翻成粟特語），如果他們本就容易分心，就不應放縱自己廣泛閱讀，文本內容會使他們招架不住，讓他們不可能「統治」自己的思想，還誤以為自己是什麼都懂的知識分子。在吐魯番以西很遠的地方，也有僧侶在中世紀後期煩惱類似的概念。一個蓬蒂尼（Pontigny）修道院（位於法國中部）的熙篤會（Cistercian）僧侶便在十二或十三世紀表示，應該閱讀的是自己的內心，而非任何手稿的內容（in corde magis quam in omni codice）。[11]

不是所有的僧侶都愛看書。從古代晚期的埃及存留至今的莎草紙信件顯示，那裡許多僧侶比起閱讀，更有興趣培養行政技能。西元六世紀，於澤的費羅勒斯抱怨僧侶辛苦工作一天之後比較想要放鬆，而不是閱讀。《長者格言》的希臘文、拉丁文和敘利亞文版本有一則故事說到，僧侶的書開始積灰塵了：「先知編纂聖經，教父抄寫之，後世背誦之，但是這一代卻把它們放在櫃子裡，一無是處。」[12]

## 每個人都該經常閱讀

這樣的哀嘆延續了好幾百年。這反映了人們的期望，他們認為即使書本可能帶來風險，大部分成為僧侶的人仍應該經常閱讀，就算他們不想。這樣的標準是帕科繆的修道院在四世紀設立的，雖然他的聯盟是以上埃及為中心，但是隸屬於這個聯盟的僧侶所寫的東西流通到下埃及和地中海地區時，也有被翻譯成數種語言。帕科繆和他的繼任者堅持，每一個僧侶都應該有閱讀能力，因此加入聯盟時不識字的成員會有人加以指導。

這背後的理由是，閱讀搭配朗誦與記憶可以幫助僧侶內化經文。帕科繆聯盟的僧侶被期待要能夠背誦詩篇和《新約聖經》，或至少其中的重要篇章，他們會一邊閱讀、一邊唸出內容，也會聆聽其他僧侶朗讀或領袖發表巧妙地將聖經段落交織在一起的強大演說。一整天下來，不管是在工作、參加禮拜或者甚至出門在外，他們都應該持續不斷背誦經文。當然，他們分享了不少認真看待這些期望的僧侶故事：例如，他們紀念一位在西穆雄（Thmoushons）修道院擔任園丁的僧侶喬納斯（Jonas），因為這人從不躺著睡覺，而是坐在凳子上一邊在黑暗中編繩子、一邊背誦經文，最後他死在凳子上，手裡還拿著繩子，他必須以這個姿勢入土，因為他的弟兄發現他時，他已經僵硬了。[13]

像喬納斯這樣的僧侶會不斷閱讀和朗誦經文，讓《聖經》的歷史和先知世界充滿當下，這樣神聖的文字也會充滿每一位僧侶。結果是，他們的認知出現了大規模和小規模的轉變，僧侶漸漸不再說《聖經》是一個文本，而是他們自己的話。他們的心智會跟著他們非常熟悉的這齣宇宙戲碼做出行動，在文本文化中，《聖經》不是要短暫抓住僧侶的注意力，而是要完全改變之。[14]

同一時間，這些做法可以驅逐持續發動分心戰爭的魔鬼，僧侶對於應該採取哪一種報復策略沒有一致的看法。帕科繆修道院制定了穩定的閱讀與朗誦時間表，透過系統化的防禦手段對抗認知干擾；其他修道社群則發展出不一樣的行事曆，像是一天朗誦詩篇三次或七次，或是半夜禱告，或是輪班朗誦詩篇。跟帕科繆的年代沒有差很遠的埃瓦格里烏斯認為，僧侶需要目標更明確的對策。魔鬼隨時都有可能毫無預警地投射思想到僧侶的心中，他把魔鬼的武器稱作「logismoi」，也就是趁僧侶的自我沒有防備時入侵其中的短暫念頭（包括冷感病這個麻醉槍）。然而，正確的反思想可以防止插進心中的「logismoi」不再陷得更深，造成真正的傷害。埃瓦格里烏斯堅稱關鍵在於快速做出行動，而要能做到這點，就得事先儲備大量閱讀的武器。比方說，假設魔鬼強迫僧侶去想他父母的房子跟他自己簡樸的小室比起來是多麼美麗，僧侶可以馬上利用詩篇進行反攻：「寧可在我上帝的殿中看門，不願住在惡人的帳棚裡。」[15]

埃瓦格里烏斯編纂了一本手冊，裡面收錄的經文可以用來對付魔鬼很有可能拿來作為武器的各類念頭。這本手冊叫做《回嘴》（*Antirrhetikos*），源自斯多葛學派的一個理論，那就是熟記格言警句可以替出其不意的狀況做好準備。不過，這本書也反映了埃瓦格里烏斯極為明確的魔鬼戰爭意涵，有些僧侶可以接受，有些還好。這本手冊原始的希臘文版本沒有流傳下來，在五世紀時被翻譯成拉丁文，但是那個版本沒有被普遍抄寫，因此也沒有流傳下來。這本書也有被翻譯成粟特文（Sogdian）和喬治亞文，並且在中世紀晚期（或更早的時候）被翻譯成亞美尼亞文和阿拉伯文。這本書最多的書迷來自埃瓦格里烏斯的敘利亞讀者，敘利亞文的《回嘴》有好幾個抄本，其中三到五個可回溯到西元六世紀（埃瓦格里烏斯在西元三九九年去世）。古代晚期的手稿流傳到後世的機率很低，因此這樣就算是非常多了。[16]

有些僧侶認為，像這樣直接反擊魔鬼的念頭在認知上其實會適得其反。隱居的巴爾薩努菲烏斯告訴一個正在面對這個問題的學生，閱讀、朗誦或禱告到一半停下來處理令人分心的念頭，就是敵人想達成的。因此，他應該請求上帝支援，繼續努力完成工作。巴爾薩努菲烏斯和其他僧侶也擔心，試圖抑制某個念頭反而會讓人一直想著它，歷史學家英芭．格雷弗（Inbar Graiver）發現這個理論跟現代的心理學概念「後抑制反彈效應」非常相似。

然而，雖然不是每個人都需要或想要靠一本手冊來抵抗魔鬼的「logismoi」，但帕科繆和埃瓦格里烏斯主張文本對苦修心理學很有必要的論點，還是在基督教的苦修主義中變得相當普及。約翰．卡西安在西元五世紀替高盧的精英分子翻譯埃及的苦修文化時，甚至放大了閱讀的重要性，表示這就跟修辭學把學生變成強大的公共演說家一樣。一個人的腦袋總是不斷翻攪各種思緒，因此倒不如經常閱讀並深入思考《聖經》，改善心智所處理的素材。最終，你讀的書會把心智「塑造」成這本書的另一個版本。對卡西安的高盧讀者來說，這個訊息非常清楚，苦修主義不是批評者所說的那種低劣自私的潮流，而是嚴肅教導你過著倫理生活的教育。在這個西羅馬帝國的權威因為政治衝突而緊繃、有時甚至斷裂的時期，有志成為公共權威人物（如主教、官員和其他權力掮客）的苦修者可以把卡西安的論點當作正當領導者的升級版典範。[18]他和後來的世代也同意在他們之前的許多僧侶和教育家所抱持的觀點：閱讀可以改變一個人。如果你讓對的書充滿你的人生，你的觀點和行為就會改變，口中的話會變成內心的一部分（in corde et in ore），書本會變成鋼鐵。[19]

在帕科繆、埃瓦格里烏斯和卡西安之後的世代，僧侶深深沉溺在書海之中。大部分的僧侶不會去專門的圖書館做這件事，他們通常都把書到處放，跟現代的書蟲差不多。他們會把書放在教堂，做禮拜時閱讀；在起居空間裡，他們會把書放在架子、箱子、櫃子或牆上的凹洞，精裝的手稿可能會存放在藏寶箱中。偶爾，修道院的藏書如果特別多，會有一個專門放書的儲藏室；僧侶也會在自己的臥室放書。大部分的修道院規範都假定（甚至規定）僧侶會去瀏覽修道院的藏書，有時候規範還會特別寫出警告：僧侶應小心不要毀損他們借閱的抄本，也不應對書本投入太多感情，認為這些書是自己的（畢竟，佔有慾會令人分心）。[20]

雖然中世紀初期的僧侶相當接受古代晚期對閱讀的推崇，但是修道院領袖仍持續爭論要怎麼將這個技術融入日常生活才是最好的。他們通常說，早晨是閱讀的最佳時間，不過這個時間在夏天有可能會延後，這樣工作就可以在涼爽的早晨早一點開始。可是，對於僧侶每天應該閱讀多久的時間才不會適得其反，他們的看法則不一致。應該讀一個半小時？三個小時？還是更多？另外，僧侶若在田裡工作得很累了，夜間進行禮拜的時候應該閱讀嗎？也有一些人主張可在一整天的時間裡穿插閱讀時間，介於禱告和工作之間；閱讀可以作為星期天放假的獎賞。或者，閱讀可以被指定為功課，用來對抗需要靠特定文本來解除的壞念頭。閱讀也可以是禮拜開始前防止僧侶在教堂內閒聊的方法；或者僧侶聲稱自己太虛弱，無法進行農務時，閱讀可以變成替代「工作」。有些修道院方針建議，僧侶工作時，可以指定一個人念書給其他人聽。大部分的方針都規定，用餐時間應該有人大聲朗讀。他們總愛說，心智和嘴巴一起進行咀嚼的動作——從波斯到西班牙的許多修道院都有提及這個主題，只是用詞略有不同。[21]

然而，沒有人建議連續不斷地閱讀。賽維爾的伊西多爾本身是出了名地博覽群書，但是他卻提醒僧侶也需要從事勞動，就像書中那些辛勤的使徒一樣。身體勞動是修道紀律很重要的一環，但是僧侶也知道，如果一天到晚只有讀書，是不可能專注在閱讀上的。約瑟夫・哈扎亞說，不斷閱讀會傷害眼睛、「扭曲」大腦，經歷過綁架和奴役的他絕對不會誇大。[22]

## 善用編排技巧幫助閱讀

即使在適當的時間閱讀，書本也無法單靠自己的力量改變僧侶和他們的心智。像賽普勒斯的伊匹法尼烏斯（Epiphanius of Cyprus）這樣的愛書人所做出的感性言論：「光是看到這些書就讓我們比較不容易犯罪，同時使我們更加堅定地相信正義。」這並沒有普遍受到認同。如同賽維爾的莉安德在西元六世紀所說的，僧侶需要穩穩掌控（adsiduo retentaculo）閱讀和禱告，才能逃離魔鬼，但是即使這樣，他們也往往只能在千鈞一髮之際逃脫。[23]早在書本被當成枕頭之前，分心的狀況就開始了。僧侶必須認真閱讀，而認真就需要專注，雖然矛盾的是，閱讀理論上應該要能協助他們專注。

因此，僧侶被教導要積極主動地閱讀，採取一些在某方面跟現代的閱讀習慣非常不一樣的做法。跟速讀、略讀或以廣度取代深度的做法不同，僧侶應該小心緩慢地閱讀，並反覆讀同樣的東西。西班牙西北部有一套稱作《通則》（*Regula communis*）的修道指南，便建議僧侶反覆閱讀關於聖人教父的文本，接著讓那些故事充斥自己的心智，即使在沒有主動閱讀的時候，也要在心中描繪那些聖人，彷彿聖人在四面八方圍繞著他們，這幅想像出來的底圖可幫助他們在日常生活中避免犯錯，就好比虛擬的支持團體。《通則》出現在西元七世紀中葉，目標讀者是很特殊的族群，這些僧侶大部分都是跟自己的家人、眷屬、甚至整座村莊一起皈依修道主義的農民，有男有女。加萊西亞（Gallaecia）的鄉下地主似乎是為了抵抗當地精英分子入侵他們的土地，因此組成了修道組織，以保護自己的財產，使自己的社群可以存續下去。撰寫《通則》的修道院院長對這些發展感到不安，於是試圖設立一些基本的規定，他們最重視的其中一件事，是灌輸對上帝的服從心與專注力。他們的閱讀建議之所以不尋常，只是因為他們非常清楚地說出讀書該怎麼讀——他們認為這些人需要指點。[24]

僧侶投入閱讀的另一種方式，是在書本的空白處做筆記，我們可能會以為，他們是因為無聊或分心才這麼做，有時確實如此。愛爾蘭的抄寫員（他們有的是僧侶，很多則是專業的抄寫員）特別會寫一些跟文本沒什麼關聯的評語，像是天氣、外頭的小鳥，或者他們覺得很冷、生病了、宿醉等等（圖7、圖8）。

可是更常見的情況是，中世紀初期的作家和讀者會在空白處寫字是為了保持清醒。他們會寫下自己贊成或不同意文本所寫的哪些內容；他們會列出正文的主題大綱，把文本的邏輯變得更清楚；他們會標註某些值得記住、重讀或替下一位讀者標出來的段落；有時，他們會在用功做了研究之後，寫下跟正文有關的長篇評論，或是提及其他相關的讀物或教誨。例如，高盧有一個名叫塞杜利烏斯．斯科特斯（Sedulius Scottus）的愛爾蘭知識分子在西元九世紀中葉製作了教學用的文集，裡面就寫

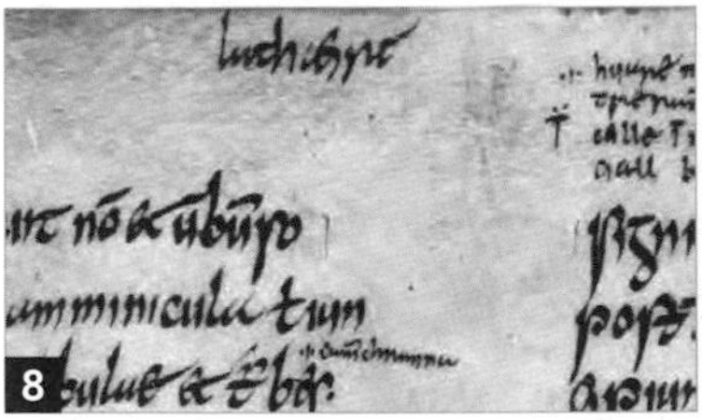
8

7

• 圖7、圖8：這兩則使用古愛爾蘭語在普里西安（Priscian）的拉丁文法書空白處所寫下的評語，一個是用拉丁字母寫成（右圖），一個是用歐甘字母（Ogham）寫成（左圖），都提到寫下這段文字的僧侶「宿醉得很厲害」（*lathærit*）。
圖片來源：St. Gallen, Cod. sang. 904, fols. 189, 204 (Ireland, ca. 845 CE).

了許多筆記，如：「參見我在洛爾施修道院讀到的龐波紐斯（Pomponius）對賀拉斯（Horace）的評論。」後來，認識塞杜利烏斯和他的同事的某個人，他在抄寫這部文集時，又添加了更多註解，說明是誰寫下原本的註解。[25]

這些旁註顯示僧侶努力在閱讀時保持專注，同時也幫助後來拿起同一本書的讀者專注。他們的筆記用詞非常直白，雖然我們鮮少知道他們叫什麼名字，更不可能知道他們的生平。因此，抄寫員直接介紹自己時，向來值得注意。在八世紀的斯佩庫洛斯修道院（Speculos，這個名稱的意思是「瞭望塔」，修道院位於敘利亞的東北部），有一個很愛講話的執事薩巴對自己的書法感到很自豪，便在他抄寫的一個列王紀版本寫到，他「從來沒有把tau寫糊了」——tau是敘利亞文的最後一個字母。位於斯佩庫洛斯西方幾千公里的謝勒修道院（Chelles，就在巴黎的東邊）則有十個僧侶在西元八〇〇年左右完成奧古斯丁（Augustine）三冊的《詩篇釋義》（*Interpretations of the Psalms*），每個人都在她被分配到的章節最後署名。這些名字有九個流傳到今日，其中一個是「吉絲莉爾迪絲」（Gislildis，圖9），從這個名字可看出她可能跟修道院院長吉瑟拉（Gisela）有血緣關係；如果是這樣，那就表示她也跟吉瑟拉的哥哥、加洛林王朝的統治者查理曼是親戚。

比較可以肯定的是，吉絲莉爾迪絲是個聰慧的讀者，因為她會用單一字母或符號在她所抄寫的文本空白處做筆記，點出奧古斯丁的神學中特別重要的主題，還有加洛林朝廷特別急切的討論議題。例如，吉絲莉爾迪絲不斷標出奧古斯丁是如何利用詩篇來表達一個人必須認識自己、承認自己的過錯，才能認識上帝（圖10）。這本書並不是她個人的，是她跟她的姊妹替科隆（Cologne）主教製作這三大冊。然而，吉絲莉爾迪絲似乎還是記下了自己有興趣的東西，標出對她來說最重要的內容，並可能在過程中收進自己的記憶庫裡。[26]

雖然我們無法得知大部分中世紀初期的製書者是誰，但是我們仍看得出他們當中有很多人都是手很巧的平面設計師。他們對這項技術做了很多實

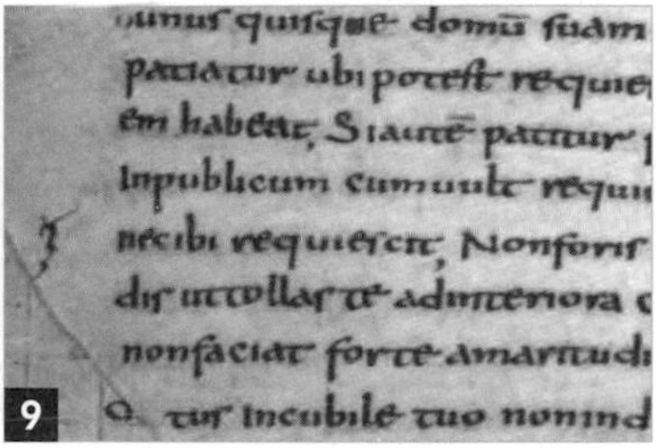


- 圖9：抄完奧古斯丁對詩篇第三十一到三十八章的評述後，吉絲莉爾迪絲在頁面最後面簽了名：「吉絲莉爾迪絲抄寫這一段。」
- 圖10：吉絲莉爾迪絲在左邊的空白處寫了希臘文的第六個字母（代表「請查閱！」），特別標出奧古斯丁針對詩篇第三十五章第五節所做的評論（詩篇第三十六章第四節：「他在床上圖謀罪孽」），認為平靜無法從外界尋找，而是要到「內心的床，所以你應該把自己抬升到你最深處的自我認識。」
  圖片來源：Cologne, Erzbischöfliche Dioezesan- und Dombibliothek, Cod. 63, fol. 174v.

驗，讓閱讀過程更豐富，雖然不見得變得更輕鬆，但是肯定變得比較有啟發性和引人入勝。

他們的做法有些沿用至今。在古代晚期，文本內容通常是以連續不斷的字母寫成，單字與單字之間沒有空格。拉丁文法家龐貝烏斯（Pompeius）在西元五〇〇年左右的北非表示，這種格式乍看之下很容易解讀錯誤，他以《艾尼亞斯紀》（Aeneid）的第八卷為例：「CONSPICITVRSVS」可以解讀成「一隻熊看到」（conspicit ursus）或「一頭母豬被看到」（conspicitur sus）。這其實是一個笑話，因為龐貝烏斯是以一首著名的史詩裡的一個著名場景為例子，但是儘管如此，這種連續不斷的書寫方式確實有可能難以判讀。

雖然發明區隔單字做法的人，不是古代晚期的抄寫員（羅馬人之前就試過，後來又在西元一世紀放棄），但是他們越來越喜歡這種方式，因此到了西元八、九世紀，這已經變得很常見。同一時間，敘利亞文的抄寫員由於這個語言的書寫系統只有子音，便開始在書寫時加入點點，以區別寫起來一模一樣（如「mlk」和「mlk」）、但說出來卻代表兩個不同意義（「malka」意為國王，「melka」意為建議）的單字。到了七和八世紀，這些點點已經被當作直接的母音標記符號，敘利亞文本至今仍會這樣使用點點。

標點符號也是我們要感謝古代晚期和中世紀初期的另一項文字變遷。起初，標點符號是公共演說家標註抑揚頓挫用的，但是它們後來出現了輔助的功能，可提供讀者句法和語義方面的資訊，像是顯示一個概念在哪裡開始和結束，這對屈折語來說特別有用，因為這種語言的字序非常有彈性。[27]

西元六世紀中葉，卡西奧多羅斯（Cassiodorus）形容標點符號照亮了通往感知的道路。這個人肯定對各種文件都很了解，因為他曾經在義大利的東哥德王國擔任高層行政官員，在各式各樣的工作中閱覽過無數份公文，退休之後，他在義大利南部成立了韋華利（Vivarium）修道院，在那裡發展強大的圖書文化。所以，如果連卡西奧多羅斯都這麼想，我們可以猜想教育程度沒那麼高或是閱讀非母語文本的讀者，對區隔單字的空格、點點和標點符號等視覺輔助有什麼樣的感覺。事實上，歐洲最熱烈提倡標點符號的是不列顛群島的僧侶，因為他們只有在學校學過拉丁語，不像歐陸的僧侶那樣，直到西元八世紀還會說拉丁語。[28]

書籍設計者所進行的實驗超越了語言方面的更動，他們實驗了不同的版面和分析圖表，在資料視覺化這個詞尚未出現之前，就可以稱得上是某種資料視覺化的形式，因為他們希望闡明文本當中的某些概念和模式，以達成更大的目標——溫和地形塑讀者的焦點。

理想上，在筆還沒碰到羊皮紙之前，「資料」——也就是文本本身——就會以能夠跟讀者互動的方式建構。《長者格言》的故事（跟沙漠教父與教母有關的那些廣受歡迎的故事）便是秉持這樣的原則以不同的形式被建構和再建構，有些版本會把同一個人物的所有故事放在一起，然後按照字母排序不同的人物；有些會根據主題進行分類，如貧窮、耐心以及如何應付情色念頭等。如同以字母順序進行排序的文集所解釋的：「出自許多人之手的作品令人困惑、沒有秩序，會使讀者分心，因為他們的心智被拉向四面八方，難以記住散落在書中各處的格言。因此，我們試著把它們集合成不同的章節，這樣就會很有秩序、十分明瞭、容易查閱，使讀者能夠受益。」[29]

抄寫員也會把稿件寫成特定的格式，協助讀者追蹤文本內容的發展。更換主題或章節時，他們會用不同顏色的墨水、甚至不同的字體寫出標題，跟正文清楚區隔；他們會用比較大的裝飾性首字母來標示文本的重要轉折點，如新的一章、敘述視角的轉換或修辭特殊的段落（圖11）；他們會使用除號（—、÷、/）標出不代表作者意見的段落，免得讀者不小心假定有爭議的內容具有權威性（圖12）；他們會用十字符號讓讀者穿越書頁、進入神聖的空間；他們會描繪清醒的僧侶，把讀者帶回正確的心態框架（圖13）。[30]

但中世紀初期極為豐富的圖書文化也會造成焦慮感，因為流通的文本數量令讀者望之卻

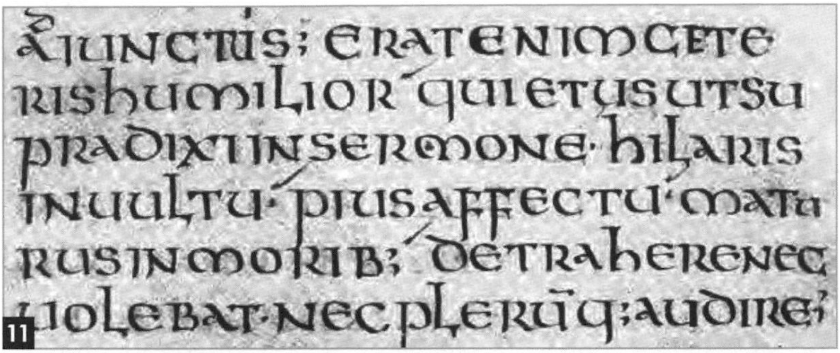

11

13

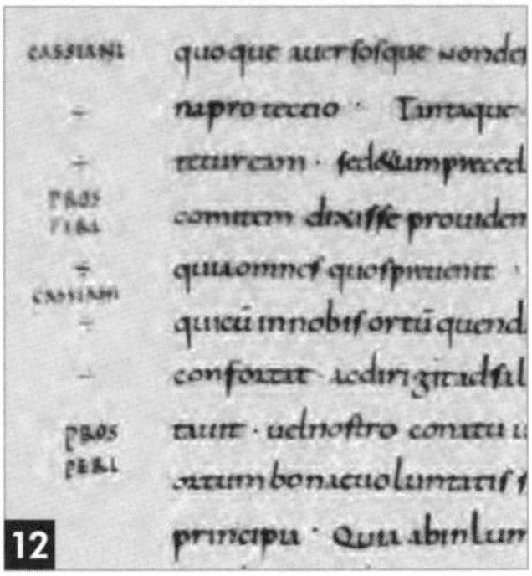

12

- 圖11：在這本描述旺德雷吉塞爾（Wandregisel，那位從司庫改做僧侶的男子）生平的小書，抄寫員用黃色顏料塗滿一些安色爾字體的字母，以便在頁面上突顯旺德雷吉塞爾的人格特質：少話（quietus in sermone）、開朗（hilaris in vultu）、虔誠（pius affectu）、成熟（maturus in moribus）、不願誹謗他人（detrahere nec volebat）。

  圖片來源：Paris, BnF Lat. 18315, fol. 13v (possibly northern France, ca. 700).
- 圖12：在這部九世紀完成、作者為亞奎丹的普羅斯珀（Prosper of Aquitaine）的《上帝的恩典與自由意志》（*God's Grace and Free Will*）版本中，普羅斯珀的對手約翰．卡西安所做的論點在空白處被以除號（÷）標出。抄寫員也很謹慎地在每次說話者換人時寫出普羅斯珀和卡西安的名字。

  圖片來源：Paris, BnF Lat. 12098, fol. 90v.
- 圖13：這首輪唱詩的開頭畫了一顆僧侶的頭，代表字母「O」。作者畫出僧侶在唱這首詩時應該仿效的清醒神態，以對抗內心使他們沮喪和分心的力量（禮拜詩接著形容這些力量感覺就像眼盲、束縛人的陷阱和惡臭）。

  圖片來源：Gellone Sacramentary, Paris, BnF Lat. 12048, fol. 173v (produced near Paris in the late 700s).

步，儘管那個數量跟我們今天可以取得的數量相比，只佔了非常小的比例。比如說，當時有無數種《聖經》評註，連最博學多聞的僧侶坐下來試圖理解經文時，也會感到無力招架。諷刺的是，他們在解決這個問題上，最喜歡使用的方式就是製作更多書本，尤其是文集。文選、合輯和雜集在古代晚期和中世紀初期是很受喜愛的文學形式，匯編者會挑選某些文本，集結成新的一部抄本，藉由有策略地編輯來強化這些文本的力量或突顯特定的主題。他們也會這樣編輯《聖經》，將個別的書卷跟聖人傳、預言和歷史續編搭配在一起。或者他們會採取特殊的格式，把經文跟相關評述放在同一頁：經文會擺在正中間，周圍則是壓縮的評論。後面這個方式是義大利的富爾達（Fulda）修道院在西元九世紀初普及的，在那之後，其他地方的僧侶持續加以修改。例如，在西元八四〇年代，一個名叫奧特弗里德（Otfrid）的僧侶便製作了一部《使徒行傳》以及雅各、彼得、約翰、猶大各書的副本兼評述，以三欄的格式呈現，加上參考來源符號，幫助讀者在正文和圍繞正文的註釋內容之間能夠如魚得水（圖14）。[31]

看似不起眼的直欄，其實是古代晚期一些非常宏偉的圖書和視覺化計畫幕後的功臣。這當中的第一個大作就是《六合本》（*Hexapla*），這部龐大的《聖經》索引，由在西元三世紀前半葉活躍於地中海地區的亞歷山大港和凱撒利亞的哲學家兼基督教神學家奧利振（Origen）所完成。奧利振在西元二三〇年代搬到凱撒利亞後，便潛心製作《六合本》，其中一個目標似乎是要為在三世紀還屬於少數族群的基督徒同胞提供比較穩定的《聖經》版本。當時的《希伯來聖經》有好幾個希臘譯本在流通，假如基督教讀者可以比較不同的譯本，參照原始的希伯來文，他們就能夠深入了解，進而明白其中一個譯本（七十士譯本）比其他的優越。奧利振似乎也希望這些釋經技巧可幫助基督徒在跟猶太人爭辯時，能夠更懂得自我防禦。總而言之，奧利振和他的夥伴——一個抄寫員、基督教和猶太教的顧問以及一個非常有錢的贊助者——最後產出一個前所未見的成果：引用四十種抄本的參考書目，每一種都搭配了以平行欄位呈現的希伯來文、由希伯來文轉譯的希臘文以及多個希臘文譯

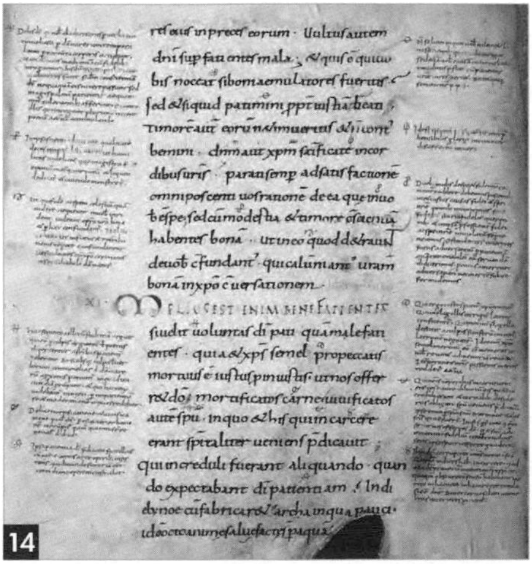

• 圖14：這是奧特弗里德西元八四〇年代在威森堡（Wissembourg）修道院製作的《使徒行傳》和使徒書信的加註版本，運用了許多文本技術：字與字之間的空格、標點符號、將經文被環繞在評述之中的三欄格式、文本上方提示讀者參照空白處的符號，還有一行以紅字書寫的鄉村大寫書體（capitalis rustica，對應彼得前書第三章第十七節），跟正文的褐色加洛林小寫書體不一樣。
圖片來源：Herzog August Bibliothek Wolfenbüttel, Weiss. 59, fol. 85v (CC BY- SA).

本。這數千頁的分欄索引做出重大的技術突破，讓讀者更能深入神聖的文本中。[32]

很可惜，原始的《六合本》沒有流傳下來。但是，奧利振這項計畫的另一個版本證實，這些圖書技術具有歷久不衰的吸引力。敘利亞語的《六合本》（圖15）在西元六一六到六一七年的伊納頓（Enaton）修道院問世，這間修道院位於亞歷山大港的郊區，在羅馬和波斯之間一場歷時數十年的戰爭期間，很多住在黎凡特和美索不達米亞的民眾紛紛逃到了這裡。這個版本包含從原始《六合本》所收錄的七十士譯本翻譯而成的敘利亞語譯本，並提及《舊約聖經》的其他希臘文譯本（還有這些希臘文譯本的敘利亞語譯本）。敘利亞版本跟奧利振的《六合本》最大的差異是，它捨棄了原本的另外五欄。但是，敘利亞版的《六合本》有保留編輯記號，指出七十士譯本跟《希伯來聖經》不一樣的地方：星號表示七十士譯本的缺漏之處，

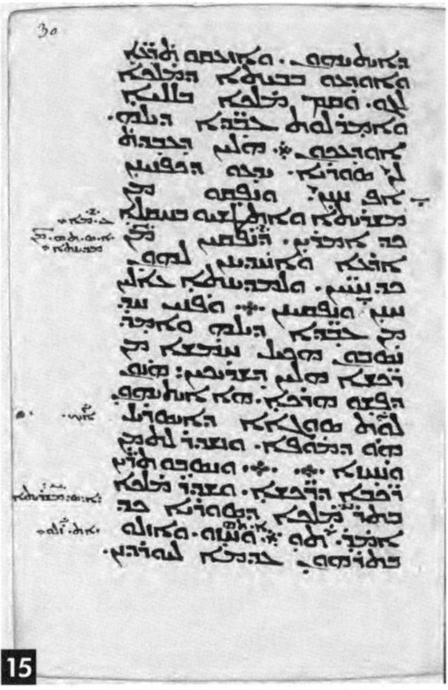

15

• 圖15：八世紀的敘利亞語《六合本》列王紀的其中一頁。
圖片來源：Paris, BnF Syr. 27, fol. 30r (705 CE).

奧利振使用其他希臘文譯本補足；除號則表示希伯來原始版本沒有出現的部分。儘管敘利亞版本的《六合本》「只有」一個主要的文本（空白處標示的文本變體除外），這仍是一項浩大的工程。在西元八世紀晚期和九世紀初期擔任東方教會宗主教的提摩太一世（Timothy I）曾經協力完成這部作品的數個副本，他說「沒有任何文本會比這個難抄寫和閱讀……我差點失去視力！」[33]

在奧利振完成《六合本》將近一百年後，一位名叫優西比烏（Eusebius）的凱撒利亞主教受到他的啟發，完成了另一種類型的索引，但是跟《聖經》無關，而是歷史方面的。優西比烏讀過《六合本》，也鑽研過許多古代編年史、史書和年表（按時間先後順序排出來的君王和官員清單，以及其他具有時間意義的序列）。在閱讀的過程中，他很驚訝地發現計算時間的系統有這麼多種，如果個別來看，每一種都只能讓人看見過去的一部分。因此，他著手完成一部規模龐大的普世史《年代表》（*Chronici canones*），為歷史紀錄做到了跟奧利振的《六合本》為《聖經》文獻所做到的同一件事：在同一個頁面排序不一致的紀年，整理成一個龐大的比較型資料庫（圖16）。這部編年史調整了時間軸，讓讀者可以參照多個定年系統的同一個事件，看著歷史的平行宇宙在眼前展開。優西比烏做得比奧利振的《六合本》更清楚，設計了特殊的媒介來強調他想傳達的訊息，他純粹透過視覺論證的力量，證實了猶太教族長的生存年代比希臘歷史和神話中的英雄人物早。此外，親身經歷第一個羅馬皇帝皈依基督教的優西比烏，也刻意將羅馬帝國的單一時間軸作為《年代表》最後的收尾：每一條時間軸都會通向羅馬（圖17）。[34]

這本書在當時肯定吸引了無數人的注意，中世紀初期的讀者看出優西比烏的政治立場（《年代表》的格式讓人很難不去注意到），有些人選擇顛覆之。例如，有一群人參考了耶柔米（就是那位在羅馬受到富人贊助、影響力非常大的僧侶，他最有名的事蹟是用拉丁文翻譯《聖經》，完成所謂的武加大譯本）撰寫的優西比烏《年代表》的拉丁文版本，在西元七世紀中葉的高盧編纂今天被稱作《弗雷德加編年史》（Fredegar Chronicle）的史書。他們沒有像優西比烏和耶柔米那樣把所有的世界史導向羅馬，而是再次擴張內容，回溯地中海地區和歐洲不同民族的不同歷史軌跡。他們不把重點放在某個帝國的歷史，而是強調中世紀初期的世界擁有許多政體和民族。如此大幅地修改優西比烏的作品，意味著原本的視覺排版也得捨棄。多個欄位和平行年表消失了，取而代之的是單一的歷史時間軸，眾多民族國家的歷史被編織成單一的文本（圖18）。格式再次強化了作者的訊息。[35]

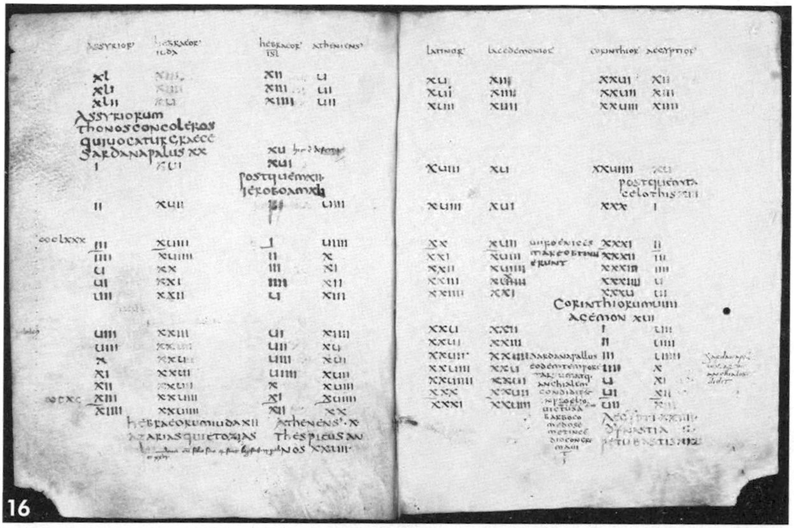

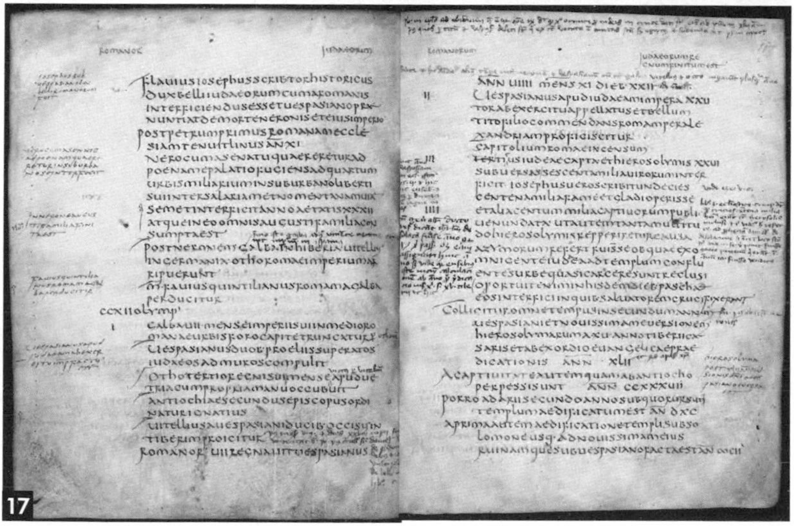

- 圖16：優西比烏的《年代表》沒有完整的希臘文版本流傳下來，只有後來的節錄和刪節版。不過，耶柔米在西元三八一年翻譯了這部作品，他的版本在拉丁語世界很受歡迎。這兩頁是優西比烏－耶柔米版本目前已知最早的副本（五世紀中葉在義大利完成），列出亞述人、猶大王國的希伯來人、以色列王國的希伯來人、雅典人、拉丁人、斯巴達人、哥林多人和埃及人的平行歷史。
  圖片來源：**Oxford, Bodleian Library, Auct. T.2.26, fols. 61v– 62r.**
- 圖17：在同一個優西比烏－耶柔米版本的副本中，多條獨立的歷史支線後來只剩下以羅馬人和猶太人為主角的單一時間軸。右邊這一頁最上面寫道：「猶太人的王國結束了。」因此敘事變成完全只有講述羅馬人的歷史。
  圖片來源：**Oxford, Bodleian Library, Auct. T.2.26, fols. 116v– 117r.**

優西比烏的另一個實驗，在書籍設計的歷史中更受歡迎，那就是替福音書製作的一種表格，今天稱作「正典表」（canon table，這個詞嚴格來說有贅字，因為kanon就是希臘文的「表格」）。福音書在過去不總被認為是四個敘事文本的固定形式，但到了西元四世紀，馬太、馬可、路加和約翰福音被視為正典，優西比烏發明一套互相參照的系統，讓基督徒可以一起閱讀和比較這四個文本，點出文本在哪些地方用自己獨特的方式敘述相同

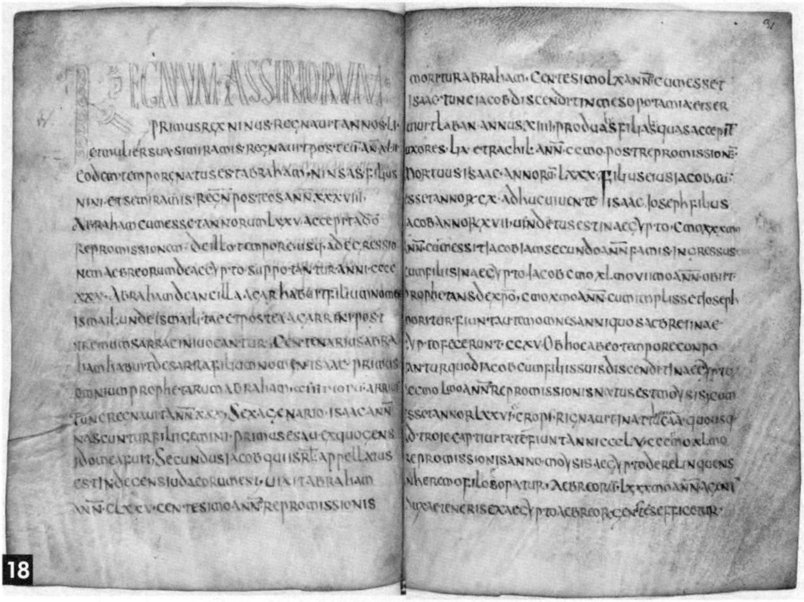

- 圖18：這是《弗雷德加編年史》目前已知最古老的手稿，在西元七〇〇年左右的高盧抄寫，距離文本內容在西元六六〇年代被創作出來，只有相差幾十年。從左邊這頁開始，編纂者寫下優西比烏－耶柔米版本的新版本，將古代歷史各自獨立的時間軸融合成單一的合成敘事，講述那個世界過去與當時多元且彼此互動的政治。圖片來源：Paris, BnF Lat. 10910, fols. 30v– 31r.

的事件或概念（圖19）。表格裡的章節數字對應了正文的數字，這樣讀者就能在索引和福音書之間切換（圖20）。這些表格也是一種記憶裝置，進階的讀者可以內化被濃縮成一頁內容（以柱子和一排排的數字呈現）的資料，在腦袋中快速搜尋這四個故事的細節。

優西比烏顯然相當內行，從衣索比亞到愛爾蘭都有福音書讀者善加利用他的裝置，並在過程中客製自己的表格。有人會多加一欄，總結《聖經》情節（以免讀者沒有記住段落數字）；有人會在每一頁底部加上迷你表格，這樣讀者就不用翻到書本前面查看索引；他們會

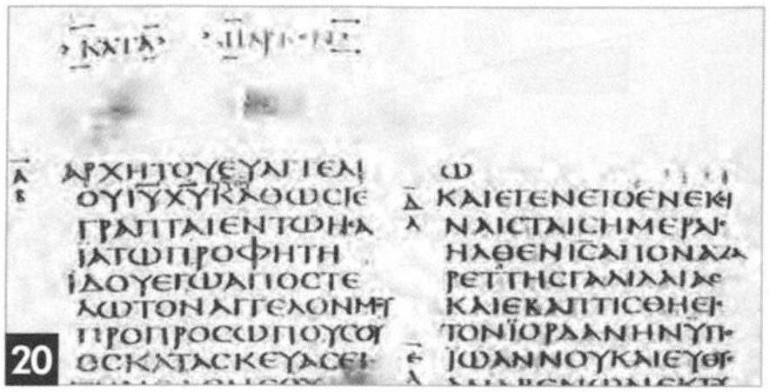

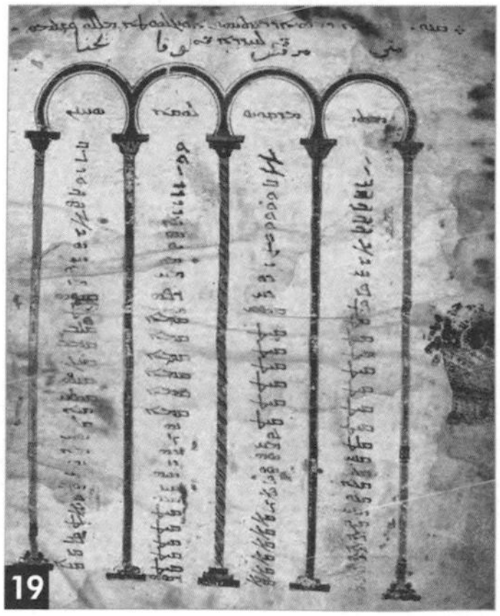

- 圖19：這個西元六世紀的別西大（敘利亞語）聖經譯本將歐西比烏的第一個正典表進行了修改。馬太、馬可、路加和約翰四福音書的欄位是由右至左排序，以因應敘利亞文書寫的方向。

  圖片來源：Paris, BnF Syr. 33, fol. 2v.

- 圖20：西奈抄本是西元四世紀中葉抄寫完成的希臘文《聖經》，是現存最早使用歐西比烏參考系統的手稿。空白處的紅色數字字母為成對出現，上面那一個指的是章節號碼，下面那一個告訴讀者應該查閱哪一個正典表。以這張圖為例，左欄最上方馬可福音的開頭處先是寫了希臘字母的第一個字母，代表這是第一章，下面寫了希臘字母的第二個字母，則告訴讀者要查閱第二個正典表（也就是整理了馬太、馬可和路加福音才有的共通素材的表格）。

  圖片來源：London, British Library, Ms. Add. 43725, fol. 217v.

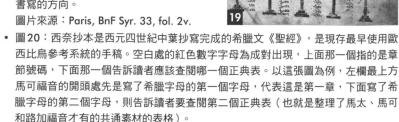

添加福音書作者的肖像或圖像記號；他們會添加更多細分的數字，增加可能的比較。但是，無論他們是否決定進行修改，中世紀初期的讀者都會使用優西比烏的系統，去留意福音文本之間更大的模式和關係。這些表格讓他們更深入書籍內容。[36]

在中世紀初期實驗圖書技術的，不只有基督徒。早期的《可蘭經》（*Qur'an*）抄寫員想出了各式各樣的裝飾形狀來標示經文小節的結束，不過其他地方都是使用沒有空格的阿拉伯文寫成；此外，他們似乎也受到敘利亞抄寫員的啟發，替原本意義不清的子音字母添加點點或線條。[37]所以，中世紀初期的僧侶其實參與了規模十分龐大的平面設計文化，橫跨中東、地中海地區和歐洲，他們為這個文化做出了非凡的貢獻，初衷是希望提升讀者與書本之間的共事關係，使文本更易讀、突顯文本的意義，並將複雜的素材濃縮成好吸收、好記憶的單位。沒錯，有些實驗沒什麼人喜歡；有時，會有難題需要解決。但是，無論成功或失敗，這些實驗都證明當時有很多人想要透過調整技術本身，來協助讀者專注在自己的書本上。[38]

當現代的分心評論家建議我們多讀點書的時候，他們其實要感謝僧侶，因為他們自己就是在試圖專注的過程中，努力把這門技術變成更有成效的夥伴。另一方面，僧侶的努力不只侷限在排版和文本的技術性調整而已。他們還研發出各種閱讀策略——慢讀、共讀、反覆閱讀等，這樣他們的技術才不會超越他們。今天有些研究人員認為，就連電玩和電視節目都能幫助我們專注（以特定的方式運用特定的遊戲和節目的話），這種對科技的觀點其實跟僧侶的態度頗有異曲同工之妙。[39]

然而，圖書設計和閱讀策略的發展雖然讓書本變得更友善使用者，但卻沒有簡化書中的內涵。特別是在修道文化中，以聰明的方式視覺化的文本目的是要協助讀者深入複雜的事物，然後持續待在那裡。[40]為了專注在那樣複雜的東西上，僧侶想出許多閱讀和思考的做法，超越與任何單一抄本的互動，這些做法要讓他們深入自己的記憶殿堂。

# 在這章我們能了解到……

①書本雖然有可能轉移讀者的思緒，卻也有辦法「淨化」他們的思想。

②應該閱讀的是自己的內心，而非任何手稿的內容。

③一個人的腦袋總是不斷翻攪各種思緒，因此倒不如經常閱讀並深入思考，改善心智所處理的素材。最終，你讀的書會把心智「塑造」成這本書的另一個版本。

④如果一天到晚只有讀書，是不可能專注在閱讀上的。

⑤僧侶的努力不只侷限在排版和文本的技術性調整而已，他們還研發出各種閱讀策略——慢讀、共讀、反覆閱讀等。

# 第四章註釋

1 Evagrius, *De octo spiritibus malitiae* 6.15, trans. Sinkewicz, p. 84. 埃瓦格里烏斯的生平因為以下這份文獻而廣為流傳：*Historia Lausiaca* (38.2–9). 這在西元四二〇年左右埃瓦格里烏斯去世約二十年之後寫成，內容寫到埃及著名苦修主義者的事蹟和遊記。

2 Matthew D. C. Larsen and Mark Letteney, "Christians and the Codex: Generic Materiality and Early Gospel Traditions," *Journal of Early Christian Studies* 27 (2019): 383–413; Anthony Grafton and Megan Williams, *Christianity and the Transformation of the Book: Origen, Eusebius, and the Library of Caesarea* (Cambridge, MA: Belknap, 2006); Caroline Humfress, "Judging by the Book: Christian Codices and Late Antique Legal Culture," in *The Early Christian Book*, ed. William Klingshirn and Linda Safran (Washington, DC: Catholic University of America Press, 2007), 141–158; Harry Y. Gamble, *Books and Readers in the Early Church: A History of Early Christian Texts* (New Haven: Yale University Press, 1995), esp. 42–81; Colin H. Roberts and T. C. Skeat, *The Birth of the Codex* (London: Oxford University Press, 1983).

3 Kim Haines-Eitzen, *Guardians of Letters: Literacy, Power, and the Transmitters of Early Christian Literature* (Oxford: Oxford University Press, 2000); Gamble, *Books and Readers*, 82–143; Hugo Lundhaug and Lance Jenott, "Production, Distribution and Ownership of Books in the Monasteries of Upper Egypt: The Evidence of the Nag Hammadi Colophons," in *Monastic Education in Late Antiquity: The Transformation of Classical Paideia*, ed. Lillian I. Larsen and Samuel Rubenson (Cambridge: Cambridge University Press, 2018), 306–325; Chrysi Kotsifou, "Books and Book Production in the Monastic Communities of Byzantine Egypt," in *The Early Christian Book*, ed. Klingshirn and Safran,

48–66; Arthur Vööbus, *History of Asceticism in the Syrian Orient: A Contribution to the History of Culture in the Near East*, vol. 2 (Leuven: CSCO, 1960), 389–393.

4 Jean-Pierre Mahé, "Les pères syriens et les origines du monachisme géorgien d'après le nouveau manuscrit sinaïtique," in *Monachismes d'Orient: Images, échanges, influences. Hommage à Antoine Guillaumont*, ed. Florence Jullien and Marie-Joseph Pierre (Turnhout, Belgium: Brepols, 2011), 51–64, p. 62n. 68提到澤達扎登尼；Muriel Debié, "Livres et monastères en Syrie-Mésopotamie d'après les sources syriaques," in *Le monachisme syriaque*, ed. Florence Jullien (Paris: Geuthner, 2010), 123–68, p. 155提到西緬；Michael Lapidge, *The Anglo-Saxon Library* (Oxford: Oxford University Press, 2005), p. 36–37提到比德；Julia Becker, "Präsenz, Normierung und Transfer von Wissen: Lorsch als 'patristische Zentralbibliothek,'" in *Karolingische Klöster: Wissentransfer und kulturelle Innovation*, ed. Becker, Tino Licht, and Stefan Weinfurter (Berlin: De Gruyter, 2015), 71–87; Tito Orlandi, "The Library of the Monastery of Saint Shenute at Atripe," in *Perspectives on Panopolis: An Egyptian Town from Alexander the Great to the Arab Conquest*, ed. A. Egberts, B. P. Muhs, and J. van der Vliet (Leiden: Brill, 2002), 211–231; Hugo Lundhaug and Lance Jenott, *The Monastic Origins of the Nag Hammadi Codices* (Tübingen: Mohr Siebeck, 2015), 207– 233; Joel T. Walker, "Ascetic Literacy: Books and Readers in East-Syrian Monastic Tradition," in *Commutatio et contentio: Studies in the Late Roman, Sasanian, and Early Islamic Near East*, ed. Henning Börm and Josef Wiesehöfer (Düsseldorf: Wellem, 2010), 307–345; Jack Tannous, *The Making of the Medieval Middle East: Religion, Society, and Simple Believers* (Princeton: Princeton University Press, 2018), 181–198; Marlia Mundell Mango, "The Production of Syriac Manuscripts, 400–700 AD," in *Scritture, libri e testi nelle aree provinciali di Bisanzio*, ed. Guglielmo Cavallo, Giuseppe de Gregorio, and Marilena Maniaci (Spoleto: Centro

Italiano di Studi sull'Alto Medioevo, 1991), 161–179; Slyvain Destephen, "Quatre études sur le monachisme asianique (IV<sup>e</sup>–VII<sup>e</sup> siècle)," *Journal des Savants* (2010): 193–264, at 232–233; Garth Fowden, "Alexandria between Antiquity and Islam: Commerce and Concepts in First Millennium Afro-Eurasia," *Millennium-Jahrbuch* 16 (2019): 233–270, at 245–249; Susana Calvo Capilla, "The Reuse of Classical Antiquity in the Palace of Madinat al-Zahra' and Its Role in the Construction of Caliphal Legitimacy," *Muqarnas* 31 (2014): 1–33, at 12–15, 22–23.

5 Shem'on d-Ṭybutheh, *On the Consecration of the Cell* 8.

6 Henrik Rydell Johnsén, "The Virtue of Being Uneducated: Attitudes towards Classical *Paideia* in Early Monasticism and Ancient Philosophy," in *Monastic Education in Late Antiquity*, ed. Larsen and Rubenson, 219–225.

7 朗讀與默讀之間的差異：Heinrich Fichtenau, "Monastisches und scholastisches Lesen," in *Herrschaft, Kirche, Kultur: Beiträge zur Geschichte des Mittelalters. Festschrift für Friedrich Prinz zu seinem 65. Geburtstag*, ed. Georg Jenal (Stuttgart: Hiersemann, 1993), 317–337, at 318; Walker, "Ascetic Literacy," 311–315, 320; 也可參見加薩的巴爾薩努菲烏斯給某位僧侶的建議——閱讀和冥想時大聲唸出來，可以防止分心 (*Letters* 431).

8 書法是上帝創造的宇宙：Claudia Rapp, "Holy Texts, Holy Men, and Holy Scribes: Aspects of Scriptural Holiness in Late Antiquity," in *The Early Christian Book*, ed. Klingshirn and Safran, 194–222, at 215. 埃瓦格里烏斯教育的脈絡：Blossom Stefaniw, "The School of Didymus the Blind in Light of the Tura Find," in *Monastic Education in Late Antiquity*, ed. Larsen and Rubenson, 153–181. 冷感病：Gabriel Bunge, *Akedia: Die geistliche Lehre des Evagrios Pontikos vom Überdruß* (Cologne: Luthe, 1989), esp. 51–68.

9 *AP/GN*, N. 185, trans. Wortley, p. 131.（「變成鋼鐵」：把性慾和書本都比作難以切割的事物）教學內容：

Stefaniw, "The School of Didymus the Blind" ; Catherine M. Chin, *Grammar and Christianity in the Late Roman World* (Philadelphia: University of Pennsylvania Press, 2008); Jean Leclercq, *The Love of Learning and the Desire for God: A Study of Monastic Culture*, trans. Catharine Misrahi (New York: Fordham University Press, 1961), 58–60, 139–184; Rita Copeland and Ineke Sluiter, eds., *Medieval Grammar and Rhetoric: Language Arts and Literary Theory, AD 300–1475* (Oxford: Oxford University Press, 2009).

10 Hugo Lundhaug, "The Dishna Papers and the Nag Hammadi Codices: The Remains of a Single Monastic Library?," in *The Nag Hammadi Codices and Late Antique Egypt*, ed. Lundhaug and Lance Jenott (Tübingen: Mohr Siebeck, 2018), 329–386; Tannous, *The Making of the Medieval Middle East*, 160–180, 187–197, 210–215; Giorgia Vocino, "A Peregrinus's Vade Mecum: MS Bern 363 and the 'Circle of Sedulius Scottus,'" in *The Annotated Book in the Early Middle Ages: Practices of Reading and Writing*, ed. Mariken Teeuwen and Irene van Renswoude (Turnhout, Belgium: Brepols, 2017), 87–123, at 97–100.

11 以撒在吐魯番的作為： Sims-Williams, *An Ascetic Miscellany*, E28/12, p. 25, excerpted from Isaac, *Discourses* 2.1. 蓬蒂尼： Leclercq, *The Love of Learning and the Desire for God*, 316, citing Auxerre, Bibliothèque municipale 50, fol. 139v; see also Walker, "Ascetic Literacy," 316–234.

12 Ferreolus, *Regula* 19. 行政技能： Roger Bagnall, "The Educational and Cultural Background of Egyptian Monks," in *Monastic Education in Late Antiquity*, ed. Larsen and Rubenson, 75–100. 沒人讀的書： *AP/GS* 10.191; *AP/PJ* 10.114; *AP/S* 1.8.250, quotation slightly modifying Budge's translation at p. 73; other *AP* variants in Arabic, Ethiopic, and Slavic noted in the *Monastica* database at https://monastica.ht.lu .se/; see also the Pachomian *Prophecy of Apa Charour* quoted in

Lundhaug and Jenott, *Monastic Origins of the Nag Hammadi Codices*, 166.

13 指定讀物：*Precepts* 139–140, 142, in *Pachomian Koinonia* 2:166; *Regulations of Horsiesios* 16, in *Pachomian Koinonia* 2:202. 關於初級閱讀教學法的概述，可參見：Lillian I. Larsen, " 'Excavating the Excavations' of Early Monastic Education," in *Monastic Education in Late Antiquity*, ed. Larsen and Rubenson, 101–124. 文本與聆聽：Paul C. Dilley, *Monasteries and the Care of Souls in Late Antique Christianity: Cognition and Discipline* (Cambridge: Cambridge University Press, 2017), 110–147; John Wortley, "How the Desert Fathers 'Meditated,' " *Greek, Roman, and Byzantine Studies* 46 (2006): 315–328. 喬納斯：*Paralipomena* 29–30, in *Pachomian Koinonia* 2:53–55.

14 Dilley, *Monasteries and the Care of Souls*, 144–145; Yvan Koenig, "Place et rôle de l'Écriture dans la prière individuelle des moines d'Égypte (IV$^{e}$– V$^{e}$ siècle)," in *La vie quotidienne des moines en Orient et en Occident (IV$^{e}$– X$^{e}$ siècle)*, vol. 2, *Questions transversales*, ed. Olivier Delouis and Maria Mossakowska-Gaubert (Cairo and Athens: Institut Français d'Archéologie Orientale and École Française d'Athènes, 2019), 239–252.

15 帕科繆修道院的常規體系：Brakke, *Demons and the Making of the Monk*, 92, following Armand Veilleux, *La liturgie dans le cénobitisme pachômien au quatrième siècle* (Rome: Herder, 1968), 262–275. 各種禮拜時程的變化：Peter Jeffery, "Psalmody and Prayer in Early Monasticism," in *The Cambridge History of Medieval Monasticism in the Latin West* ed. Alison I. Beach and Isabelle Cochelin (Cambridge: Cambridge University Press, 2020), 1:112–127. 有錢父母的房子：Evagrius, *Antirrhetikos* 3.22 (Ps. 83:11/84:11). 關於埃瓦格里烏斯透過聖經文本形塑自我的方法：Luke Dysinger, *Psalmody and Prayer in the Writings of Evagrius Ponticus* (Oxford: Oxford University Press, 2005).

16 斯多葛學派的思緒管理法：Robert E. Sinkewicz, *Evagrius of Pontus: The Greek Ascetic Corpus* (Oxford: Oxford

University Press, 2003), 145–146; Pierre Hadot, *Exercices spirituels et philosophie antique*, 2nd ed. (Paris: Études Augustiniennes, 1987), 20–27, 66–68. 埃瓦格里烏斯的魔鬼觀：David Brakke, *Demons and the Making of the Monk: Spiritual Combat in Early Christianity* (Cambridge, MA: Harvard University Press, 2006), 48–77. 手稿傳統：Brakke, introduction to *Antirrhetikos*, 1–6, 41–44; Hugo Gressmann and W. Lüdtke, "Euagrios Pontikos," *Zeitschrift für Kirchengeschichte* 35 (1914): 86–96; and more generally Paul Géhin, "D'Égypte en Mésopotamie: La réception d'Évagre le Pontique dans les communautés syriaques," in *Monachismes*, ed. Jullien and Pierre, 29–49. A similar (but longer-winded) manual circulated in the Syriac tradition of Isaiah's *Akestikon*: see Logos 16 in Draguet's ed.

17 Barsanuphius, *Letters* 427; Inbar Graiver, "The Paradoxical Effects of Attentiveness," *Journal of Early Christian Studies* 24 (2016): 199–227.

18 Cassian, *Collationes* 1.17（腦袋不斷翻攪）, 14.10（塑造）. 卡西安提出這些主張的背景脈絡：Conrad Leyser, "*Lectio divina, oratio pura*: Rhetoric and the Techniques of Asceticism in the *Conferences* of John Cassian," in *Modelli di santità e modelli di comportamento: Contrasti, intersezioni, complementarità*, ed. Giulia Barone, Marina Caffiero, and F. Scorza (Turin: Rosenberg & Sellier, 1994), 79–105; cf. Rebecca Krawiec, "Monastic Literacy in John Cassian: Toward a New Sublimity," *Church History* 81 (2012): 765–795.

19 Peter Jeffery, "Monastic Reading and the Emerging Roman Chant Repertory," in *Western Plainchant in the First Millennium: Studies in the Medieval Liturgy and Its Music*, ed. Sean Gallagher, James Haar, John Nádas, and Timothy Striplin (Aldershot, England: Ashgate, 2003), 45–103, at 53–63; Michaela Puzicha, "*Lectio divina*—Ort der Gottesbegegnung," in *Erbe und Auftrage: Monastische Welt*, ed. Beuron Archabbey (Beuron, Germany: Beuroner

Kunstverlag, 2011), 245–263; Ellen Muehlberger, *Moment of Reckoning: Imagined Death and Its Consequences in Late Ancient Christianity* (Oxford: Oxford University Press, 2019), 119–129; Niki Kasumi Clements, *Sites of the Ascetic Self: John Cassian and Christian Ethical Formation* (Notre Dame: University of Notre Dame Press, 2020), 118–122; *AP/GN*, N. 185（書本「變成鋼鐵」——本章第九條注釋也有引用）. *In cordelore*: *RM* 7.71; *RB* 5.17; Baudonivia, *Vita Radegundis* 8, 19 (among many other examples).

20 Fichtenau, "Monastisches und scholastisches Lesen," 325–329; MarieJoseph Steve, *L'Île de Khārg: Une page de l'histoire du Golfe Persique et du monachisme oriental* (Neuchâtel: Recherches et Publications, 2003), 106–108. 瀏覽書籍：*Precepts* 25, in *Pachomian Koinonia* 2:149; Shenoute, *Rules* 245–246; Augustine, *Praeceptum* 5.9–10; Eugippius, *Regula* 1.123–124; *RB* 48.15–16; *Regula monasterii Tarnatensis* 22.2–3; Isidore, *Regula* 8; monastery of St. John Stoudios, *Rule* 26, in Thomas and Hero, *Byzantine Monastic Foundation Documents*; and the hagiographic example of Bar-ʿIdta in his time at Izla: Abraham, *History of Rabban Bar-ʿIdta*, lines 146, 168–193, pp. 173–176. 毀損：Isidore, *Regula* 17. 關於對書本的佔有欲，也可參見：Cassian, *Collationes* 1.6.2, 4.21.

21 不同的閱讀習慣：Augustine, *Ordo monasterii* 3; *Regula orientalis* 24; *Regula et instituta patrum* 5; *RM* 50; Eugippius, *Regula* 1.10; *So-Called Canons of Maruta* 54.23, in Vööbus, *Syriac and Arabic Documents*; Caesarius, *Regula ad virgines* 19; Caesarius, *Regula ad monachos* 14; Aurelian, *Regula ad monachos* 28; *Regula monasterii Tarnatensis* 9.5, 9.7; Ferreolus, *Regula* 19, 26; Isidore, *Regula* 5; Fructuosus, *Regula* 4; Donatus, *Regula* 20.1; *Regula communis* 10; Shemʿon d-Ṭaybutheh, *On the Consecration of the Cell* 11; Joseph Ḥazzaya, *Lettre sur les trois étapes de la vie monastique* 3.74–76, 3.83. 晨禱期間閱讀：Hildemar, *Expositio* 10. 他的建議是根據疲累的僧侶所佔的比例而定！在閱讀和工作／禱告之間轉換：

Leander of Seville, *De institutione virginum* 15; Fructuosus, *Regula* 6. Sundays: *RM* 75; *RB* 48. 指定閱讀：*RM* 15.28–37. 防止閒聊而閱讀：*Rules of Abraham of Kaškar* 8, in Vööbus, *Syriac and Arabic Documents*. 替代工作：Ferreolus, *Regula* 28. 工作期間閱讀：Caesarius of Arles, *Regula ad virgines* 20; Leander of Seville, *De institutione virginum* 15; Donatus, *Regula* 20.7. Meals: Augustine, *Ordo monasterii* 7; Augustine, *Praeceptum* 3.2; Cassian, *De institutis coenobiorum* 4.17; *RM* 24; Eugippius, *Regula* 1.16; *RB* 38; Caesarius, *Regula ad virgines* 18; Caesarius, *Regula ad monachos* 9; Aurelian, *Regula ad virgines* 32; Aurelian, *Regula ad monachos* 48–49; *Regula monasterii Tarnatensis* 8.10–12; *Regula Pauli et Stephani* 18; Isidore, *Regula* 9; Fructuosus, *Regula* 3; Donatus, *Regula* 33.1–5; Jonas of Bobbio, *Regula cuiusdam ad virgines* 9.13–14; *The Canons of the Persians* 13, in Vööbus, *Syriac and Arabic Documents*; Dadishoʿ, *Canons* 4, in ibid.; Babai, *Rules* 6, in ibid.; monastery of St. John Stoudios, *Rule* 28, in Thomas and Hero, *Byzantine Monastic Foundation Documents*.

22 Isidore of Seville, *Regula* 5; similarly Columbanus, *Regula coenobialis*, 223D. 同樣地，應該做其他事情時不該閱讀：Joseph Ḥazzaya, *Lettre sur les trois étapes de la vie monastique* 3.68.

23 *AP/G*, Epiphanius of Cyprus 8, trans. Ward, p. 58; Leander of Seville, *Regula* 15 (lines 542–545 in the Latin ed. of Campos Ruiz).

24 *Regula communis* 10 (lines 315–318 in the Latin ed. of Campos Ruiz). 關於這段文字的背景脈絡，可參見：Pablo C. Díaz, "*Regula communis*: Monastic Space and Social Context," in *Western Monasticism ante litteram: Spaces of Monastic Observation in Late Antiquity and the Early Middle Ages*, ed. Hendrik Dey and Elizabeth Fentress (Turnhout, Belgium: Brepols, 2011), 117–135.

25 註解：Evina Steinová, *Notam superponere studui: The Use of Annotation Symbols in the Early Middle Ages* (Turnhout,

Belgium: Brepols, 2019); Teeuwen and Renswoude, eds., *The Annotated Book in the Early Middle Ages*; Kallirroe Linardou, "An Exercise in Extravagance and Abundance: Some Thoughts on the *marginalia decorata* in the Codex Parasinus graecus 216," in *Graphic Devices and the Early Decorated Book*, ed. Michelle P. Brown, Ildar H. Garipzanov, and Benjamin C. Tilghman (Woodbridge, UK: Boydell, 2017), 218–242. 塞杜利烏斯：Vocino, "A *Peregrinus*'s Vade Mecum," 94–97. 關於圖十一到十二：Charles Plummer, "On the Colophons and Marginalia of Irish Scribes," *Proceedings of the British Academy* 12 (1926): 11–144; Damian McManus, *A Guide to Ogam* (Maynooth, Ireland: An Sagart, 1997), 133（宿醉）; Martin Hellmann, "Tironische Tituli: Die Verwendung stenographischer Marginalien zur inhaltichen Erschließung von Texten des frühen Mittelalters," in *The Annotated Book*, ed. Teeuwen and Renswoude, 263–283, at 271（提洛尼安速記法的例子）.

26 薩巴：Mango, "The Production of Syriac Manuscripts," 178; William Wright, *Catalogue of Syriac Manuscripts in the British Museum Acquired since the Year 1838* (London: Gilbert and Rivington, 1870), 1:15–17. 吉絲莉爾迪絲：Henry Mayr-Harting, "Augustinus von Hippo, Chelles und die karolingische Renaissance: Beobachtungen zu Cod. 63 der Kölner Dombibliothek," in *Mittelalterliche Handschriften der Kölner Dombibliothek: Drittes Symposion* (Cologne: Erzbischöfliche Diözesan- und Dombibliothek, 2010), 25–36; see also Bernhard Bischoff, "Die Kölner Nonnenhandschriften und das Skriptorium von Chelles," in *Mittelalterliche Studien: Ausgewählte Aufsätze zur Schriftkunde und Literaturegeschichte* (Stuttgart: Hiersemann, 1961), 1:16–34; Rosamond McKitterick, "Nuns' Scriptoria in England and Francia in the Eighth Century," *Francia* 19, no. 1 (1989): 1–35, at 2–4.

27 M. B. Parkes, *Pause and Effect: An Introduction to the History of Punctuation in the West* (Berkeley: University of California

Press, 1993), esp. 9–29; Nicholas Everett, "Literacy from Late Antiquity to the Early Middle Ages, c. 300–800 AD," in *The Cambridge Handbook of Literacy*, ed. David Olson and Nancy Torrance (Cambridge: Cambridge University Press, 2008), 362–385; Gamble, *Books and Readers in the Early Church*, 48, 74, 203–204; George E. Kiraz, "Dots in the Writing Systems of the Middle East," in *Near and Middle Eastern Studies at the Institute for Advanced Study, Princeton: 1935–2018*, ed. Sabine Schmidtke (Princeton: Gorgias Press, 2018), 265–275, esp. 268–271. 龐貝烏斯：Parkes, *Pause and Effect*, 10.

28 Cassiodorus, *Institutiones* 1.15.12（"quaedam viae sunt sensuum et lumina dictionum"）. 中世紀初期西方的語言學情形：Roger Wright, *A Sociophilological Study of Late Latin* (Turnhout, Belgium: Brepols, 2002); Julia M. H. Smith, *Europe after Rome: A New Cultural History, 500–1000* (Cambridge: Cambridge University Press, 2005), 13–50.

29 *AP/G*, trans. Ward, xxxvi.

30 紅色墨水、較大字體：Parkes, *Pause and Effect*; *Comparative Oriental Manuscript Studies: An Introduction*, ed. Alessandro Bausi et al. (Hamburg: Comparative Oriental Manuscript Studies, 2015), esp. 84–85, 148, 168–169, 202–205, 259–262. 字跡轉換和修辭：Kreiner, *The Social Life of Hagiography in the Merovingian Kingdom* (Cambridge: Cambridge University Press, 2014), 282–286. 除號：Irene van Renswoude, "The Censor's Rod: Textual Criticism, Judgment, and Canon Formation in Late Antiquity in the Early Middle Ages," in *The Annotated Book*, ed. Teeuwen and Renswoude, 555–595. 十字：Cynthia Hahn, "The Graphic Cross as Salvific Mark and Organizing Principle: Making, Marking, Shaping," in *Graphic Devices*, ed. Brown et al., 100–126. 讓僧侶打起精神的人像：Éric Palazzo, "Graphic Visualization in Liturgical Manuscripts in the Early Middle Ages: The Initial 'O' in the Sacramentary of Gellone," in

ibid., 63–79.

31 多到讀不完：Braulio of Saragossa, *Vita Aemiliani* 1; Bede, prefatory letter to Acca, *In principium Genesis*, lines 18–24 (p. 66 in Kendall's translation); Hrabanus Maurus, preface to *De rerum naturis,* cols. 11–12; and more generally Ann M. Blair, *Too Much to Know: Managing Scholarly Information before the Digital Age* (New Haven: Yale University Press, 2010), 11–61. 聖經匯編：Matthias M. Tischler, "Bibliotheca: Die Bibel als transkulturelle Bibliothek von Geschichte und Geschichten," in *Die Bibliothek—The Library—La Bibliothèque*, ed. Andreas Speer and Lars Reuke (Berlin: De Gruyter, 2020), 559–580. 奧特弗里德和欄位評述：Cinzia Grifoni, "Reading the Catholic Epistles: Glossing Practices in Early Medieval Wissembourg," in *The Annotated Book*, ed. Teeuwen and Renswoude, 705–742.

32 Grafton and Williams, *Christianity and the Transformation of the Book*, 22–132; Matthew R. Crawford, *The Eusebian Canon Tables: Ordering Textual Knowledge in Late Antiquity* (Oxford: Oxford University Press, 2019), 57–74.

33 Timothy M. Law, "La version syro-hexaplaire et la transmission textuelle de la Bible grecque," in *L'ancien Testament en syriaque*, ed. Fr. Briquel Chatonnet and P. Le Moigne (Paris: Geuthner, 2008), 101–120; 提摩太說的話出現在：Ep. 71*, trans. Brock, in *A Brief Outline of Syriac Literature*, 246.

34 Grafton and Williams, *Christianity and the Book*, 132–177; R. W. Burgess and Michael Kulikowski, *Mosaics of Time: The Latin Chronicle Traditions from the First Century BC to the Sixth Century AD*, vol. 1, *A Historical Introduction to the Chronicle Genre from Its Origins to the High Middle Ages* (Turnhout, Belgium: Brepols, 2013), 119–126.

35 Helmut Reimitz, *History, Frankish Identity and the Framing of Western Ethnicity, 550–850* (Cambridge: Cambridge University Press, 2015), 222–231.

36 Crawford, *Eusebian Canon Tables*; Carruthers, *The Book of Memory*, 174; Judith McKenzie and Francis Watson, *The Garima Gospels: Early Illuminated Gospel Books from Ethiopia* (Oxford: Mana al-Athar, 2016), 145–186.

37 Lawrence Nees, "Graphic Quire Marks and Qur'anic Verse Markers in Frankish and Islamic Manuscripts from the Seventh and Eighth Centuries," in *Graphic Devices*, ed. Brown et al., 80–99, at 91–99; Nees, " 'Merovingian' Illuminated Manuscripts and Their Links with the Eastern Mediterranean World," in *East and West in the Early Middle Ages: The Merovingian Kingdoms in Mediterranean Perspective*, ed. Stefan Esders, Yaniv Fox, Yitzhak Hen, and Laury Sarti (Cambridge: Cambridge University Press, 2019), 297–317; Claude Gilliot, "Creation of a Fixed Text," in *The Cambridge Companion to the Qur'ān*, ed. Jane Dammen McAuliffe (Cambridge: Cambridge University Press, 2006), 41–57, at 47–48.

38 不受歡迎的革新：Renswoude, "The Censor's Rod," 578; Mango, "The Production of Syriac Mansucripts," 172. 難題：Reimitz, *History, Frankish Identity and the Framing of Western Ethnicity*, 226.

39 電視節目：Johann Hari, *Stolen Focus: Why You Can't Pay Attention—and How to Think Deeply Again* (New York: Crown, 2022), 89. 電玩：Adam Gazzaley and Larry D. Rosen, *The Distracted Mind: Ancient Brains in a High-Tech World* (Cambridge, MA: MIT Press, 2016), 89–92, 194–199.

40 Sinéad O'Sullivan, "Reading and the Lemma in Early Medieval Textual Culture," in *The Annotated Book*, ed. Teeuwen and Renswoude, 37–196.

第 5 章

# 記憶

## ──強化大腦，打造活用自如的寶庫

專注力第五步：啟動感官力，整理大腦裡的元素，直到可靈活運用。

「記憶會一直跟著他，供應他可以思索的東西，給他指引自己感知與經驗的模板，作為他按照倫理行動的參考點。」

約翰・卡西安非常氣惱，因為就連他在唱歌、禱告或閱讀時，他記憶裡的東西仍有辦法使他分心。卡西安年輕時讀過的詩詞不斷入侵他正在冥想的腦袋，他說那些詩詞將他的心思「染色」，不管多麼努力想要趕走大腦從這麼多首詩當中汲取的「愚蠢故事和軍事歷史」，他記憶裡的戰爭英豪仍是他心智的一部分。嚴謹地觀察心智分神的過程，是卡西安從埃瓦格里烏斯身上學到的許多事物之一。他對沙漠教父內斯特羅斯（Nesteros）坦言，他實際觀察到的結果令他感到絕望。

我們常常怪自己的記憶力一片空白，但僧侶卻比較有可能會說自己的記憶力太過活躍，對他們的專注力造成額外的威脅。不過，內斯特羅斯不怪卡西安記得那些東西，他只是認為，卡西安對付這個問題的角度錯了，要完全淨空你的腦袋是不可能的，不管你多不喜歡腦中的內容都一樣，但是你可以在腦中放不一樣的東西、重新整理它，進而讓它充滿你真正在乎的事物，同時讓自己更容易取用這些事物。他以《聖經》為模板，提供卡西安一些專屬建議：他的心智應該變成一個裝潢很少卻裝潢得巧的房間。他把這個房間想像成一艘方舟，裡面有兩塊石板、一個金水罐、耶西之樹的樹枝刻成的亞倫杖，還有兩個守衛的天使。他說，這些裝飾分別代表堅固的法律、無底的記憶、永生以及文字和性靈的知識。這就是翻新過的心智看起來的樣子，清除認知雜物之後，它就變成上帝的屋子。[1]

對內斯特羅斯、卡西安和跟他們同時代的人來說，翻新的作業就跟成品本身一樣重要，因為他們認為記憶不只是不同回憶的集合，也不只是方便日後回想事物的儲藏室。的確，記憶的內容很重要，僧侶的記憶會一直跟著他，供應他可以思索的東西，給他指引自己感知與經驗的模板，作為他按照倫理行動的參考點。但是，記憶也是他為手邊現有的素材設計和建造新的心理架構所使用的工具。[2]在古代晚期和中世紀初期，記憶是僧侶進行最複雜思考的東西。

為此，僧侶學習記憶的運作方式，不像我們今天常常把記憶當成黑盒子，他們會利用記憶的運作機制，利用這個建築工地及其機械原理來重整過去的想法、幫助自己深入現在的想法，並為未來建立新的認知模式。他們追求的是積極主動、而非消極被動的思維模式，以便從事本身就屬於深沉專注形式的活動。

僧侶會運用幫助記憶的策略來加強回想的能力，也會學著改變原有記憶的功用，同時讓心智保持運轉。這些做法相當複雜、有創意和困難，跟修道文化的其他面向一樣，會引發其好處與壞處的辯論，但這背後的目的是希望記憶的功課能讓僧侶成為自己認知的主人。藉由取代令人分心的事物，記憶力有可能讓那些事物不再出現。

## 場景記憶法

想要更熟練地運用記憶，第一步是要觀察什麼因素使事物容易記憶，再根據觀察的結果設計記憶。僧侶知道地點跟記憶密切相關，內斯特羅斯描述的方舟庇護所就是一個例子：他為卡西安構思了一個定義明確的空間，使他很容易便能在腦中重新造訪那裡。同樣地，僧侶也常常會以地理描述的形式閱讀和書寫對他們來說很重要的事物，如航程、朝聖之旅、宇宙誌、繪有地圖的清單等，透過空間牢記知識。運用想像力穿梭在那些地方，可以協助整理資訊，方便僧侶日後回想。修道院本身也可以這樣運用，對一個僧侶而言，熟悉的小室和修道院建築群隨著時間過去累積了無數層的經驗和聯想，在過程中變成記憶的倉庫，僧侶被訓練成以這些方式思考。這些技巧跟我們今天所知道的「記憶宮殿」類似，在一個建築空間放置你想記住的物品，跟內斯特羅斯的方舟一樣，只是更繁複。古代晚期和中世紀的僧侶並沒有使用跟這一模一樣的記憶法，因為他們跟同時代的人都覺得這很「麻煩、華而不實」。但是，跟記憶宮殿一樣，他們使用的方式很多與空間有關，會把概念跟有意義的地方連結起來。[3]

僧侶也知道，一次動用多種感官可以幫助記憶。卡西安和內斯特羅斯都有用感官詞彙來形容記住事物的經驗，說留在記憶裡的概念看得見、可觸摸、芳香、甜美和具有動感，這些稱不上譬喻，而是在描述事物進入記憶以及重新回想這些事物的感受。在古代晚期和中世紀初期擁有多重感官的修道院媒體文化中，可以感知的東西很多，他們的教堂格外如此，許多社群都認為，神聖空間應該讓感官充斥力與美。

以視覺為例。教堂內部基於這樣的美學觀，特別強調色彩、光線、表面和材質的交互作用，刻意要愉悅人類的視覺，同時也破壞其穩定性。裝飾密集的表面讓眼睛動個不停，布料繡有金屬和寶石；大理石與馬賽克宛如一幅畫；在布料上繪製的圖畫，似乎將它們覆蓋的石頭表面變得柔和了；自然地引進與天穹的暗示，讓室內變得像室外。西元六世紀有人評論，這些空間能「以難以抵擋的力量重擊人類的雙眼」，心智除了要被激起活力，還要受到震懾。

在上埃及的紅修道院，從五世紀晚期到六世紀，僧侶的教堂每一吋都被漆上鮮豔的色彩，成品完全體現了古代晚期的滿溢美學。這個修道院的僧侶隸屬於謝努特的聯盟，他們在這位修道院院長死後一百年左右，依循跟他的白修道院一樣宏偉的風格，建造了紅修道院建築群。紅修道院是羅馬晚期世界所流傳下來的塗漆建築中最棒的例子，這類建築很多都因為現代的品味偏好素白，導致油漆遭到刮除，包含白修道院在內，紅修道院的油漆逃過了這種命運，因為它們數百年來躲在層層的結構泥巴和磚塊之下。現在經過修復之後，修道院領袖、聖人和《聖經》人物張著大眼的畫像重現在半圓頂和聖殿的壁龕上，周圍有許多仿真和真正的建築特徵，創造出五彩繽紛、靈動跳躍的大理石表面、布料、動植物和幾何圖形。這座教堂驗證了古代晚期混合色彩與圖樣的品味，就像藝術史學家伊莉莎白・波爾曼（Elizabeth Bolman）描述的那樣，「大大增加視覺刺激的多樣性」。[4]這些刺激和這種風格不是要使人分心，而是要讓觀者沉浸其中、與之互動，提高記住這個體驗的能力。

紅修道院在某些方面是個很特殊的例子，大部分的修道院教堂並沒有謝努特和他的後繼者蓋得那麼大，有的社群無法負擔這種規模的裝潢，有的社群則基於原則反對這麼做。帕科繆擔心僧侶如果花太多注意力在這些美麗的事物上，他們的心智會「失足」；十二世紀的熙篤會僧侶則堅持物體的表面應空無一物，這樣冥想時比較容易召喚內心的圖像。想要全面探索修道院教堂的美學很困難，因為這些建築極少以原始狀態保留下來，而且很多時候考古學家連一開始要看出這是修道院都相當不容易。中世紀初期的教堂後來往往會經過擴張或翻新，也有不少遭到祝融、地震、戰爭、破壞或汙染損害或摧毀，或者純粹被棄置。

儘管如此，考古學家還是有找到蛛絲馬跡。位於伯利恆（Bethlehem）西南方幾公里處、以岩洞挖鑿建造而成的戴爾（Deir）遺址修道院教堂，便擁有整面地板的馬賽克「地毯」，而附近的庫奈特拉（Quneitira）遺址修道院則保有強盜留下的殘片，可看見圖案鮮豔的壁畫。在比德位於英格蘭北部的家園韋爾茅斯－雅羅（Wearmouth- Jarrow）雙修道院的教堂，則能找到雕像、灰泥和彩色玻璃的殘片，看得出這些空間同樣也是裝飾密集、崇尚多樣與活潑，是將近兩百年前紅修道院的僧侶會懂的品味。倭瑪亞（Umayyad）王朝征服伊比利半島（Iberia）後，有一個修道社群在托雷多（Toledo）蓋了一座教堂（聖瑪麗亞德梅爾克〔Santa María de Melque〕），他們便有使用新的統治者從黎凡特引進的建築風格。然而，他們在很多方面保有傳統，導致直到近年，教堂的裝飾樣式流傳至今的殘片，還是讓考古學家以為這些僧侶是在更早以前建造這座教堂的，因為其風格非常接近數百年前的風格。[5]

視覺是僧侶認知實踐的要素之一，但是其他感覺也是。在這些教堂裡舉行的儀式包含了歌曲、氣味、動作、乃至於味覺等強烈的刺激，這些感官經驗與裝飾無關，但是對身心的合作關係十分必要。感官觀點的疊加可協助參與者理解上帝和祂創造出來的宇宙的複雜與奧妙，也把事物變得容易記憶。[6]

文本內容也被設計成要喚起感官的交互體驗，雖然這些大部分只能給予感官提示，無法真正觸發感官。雖然卡西安和其他僧侶都曾經抱怨自己想要忘記某些故事，但他們並不認為引人入勝的故事本身就是不好，他們尊重古代的奧祕解經原則，意即以感官形式想像抽象概念的做法來幫助人們處理和記憶複雜的概念。因此，基督徒對於文本如何運用感官聯想來轉變心智的觀點特別有興趣。[7]

這個概念被一個歷史學家描述成古代晚期的「內在觀看」和「有形想像」，從聖人傳的內容中就能清楚看見。聖人傳的作者無論是在描寫中東、地中海地區或西北歐的社會，全都使用了相同的風格策略，把神學、政治、倫理相關的論點濃縮成以個人為主軸的故事，易引起讀者和聽者的共鳴。很多聖人傳的敘述都像真人實境秀一樣，有生動的動作場景、不多但好記的景色和道具、強大的演說、喜劇、衝突、血腥等。聖人傳的作者退居幕後，彷彿他們為讀者創造的記憶完全沒有受到他們的擺布。[8]

其中一個巧妙幫助記憶的風格範例，一開始是在西元七世紀以希臘語寫成。在這個例子中，作者透過一個僧侶佐西馬斯（Zosimas）的眼睛讓聖人主角登場。佐西馬斯進入巴勒斯坦的沙漠：

〔佐西馬斯〕一邊吟誦詩篇，一邊用警醒的雙眼仰望天空，突然看見他站在第六個小時進行禱告的位置右方出現陰暗的人形。起初，他有些驚嚇，懷疑自己看見的是妖魔魅影，因此他害怕得顫抖。但是，在他做了十字手勢、甩掉恐懼感之後（因為他禱告結束了），他再次定睛一看，看到原來是有個人正往南邊走去。他看見一個赤裸裸的人，身體是黑色的，彷彿被炙熱的太陽曬黑。此人的頭髮白如羊毛，十分短少，不及脖子。佐西馬斯看見這一幕，心中一喜，對這不可思議的景象感到喜悅，於是開始朝這個生物前進的方向跑去……

然而，〔那個生物〕一看見佐西馬斯遠遠跑來，就開始逃向沙漠深處……佐西馬斯的速度比較快，因此他慢慢追上逃跑〔的那個身影〕。當他跟對方的距離近到對方聽得見他的聲音時，佐西馬斯開始淚眼婆娑地大喊：「你為何要逃離我這個有罪的老人？噢，真主的僕人啊，不管你是誰，請等等我，奉那個你為了祂住在這座沙漠的上帝之名……」

……那個逃跑的生物爬下〔乾枯的河床〕，接著又爬上對岸，佐西馬斯累到無法再跑下去，因此站在那明顯的河床的另一岸，不斷掉淚，不斷哀泣，在他周遭的所有人都聽得到他的哭聲。接著，那個逃跑的生物大喊：「佐西馬斯教父，請以上帝之名原諒我，我不能轉向你，讓你看見我的臉，因為我是女人，赤裸著身體，很羞愧我的身體沒有遮蔽。但是，如果你真的願意為一個有罪的女人做一件事，就把你身上穿的衣服丟給我，這樣我可以遮住女性的弱點，轉向你，接受你的祝佑。」佐西馬斯告訴〔我們〕，說他聽見她叫他的名字「佐西馬斯」時，害怕和震驚得發抖，因為此人心智敏銳，在神聖的事物上非常睿智，知道她不可能叫出從來沒看過或聽過的人的名字，除非她真的擁有預知的天賦。[9]

雖然這一幕是故事中的故事（傳記作家在描寫佐西馬斯的經歷），但是仍有動作場景展開。追逐的戲碼發生在景色壯闊的環境；正午的太陽燒得炙熱；人物一邊直接對話，一邊表現出渴望、哭泣、羞愧、寒意和震驚；有些意象不斷轉變，陰暗的眼角餘光變成黑白生物，又變成在乾谷對岸喊叫的裸女。這個結構帶來兩個意外轉折，那個「陰影」和「生物」其實是個女人，而且這個女人雖然從來沒見過佐西馬斯，卻知道他是誰。這些轉折又預示了這個文本更大的主題，那就是身分認同可以改變。後來，我們知道這個女人叫做瑪麗，她曾經非常熱衷性愛，後來認為自己太過淫蕩，於是搬到沙漠將近五十年，以對抗自己的慾望。等到佐西馬斯碰見她時，沙漠和紀律已經把她的皮膚變黑，使她變得更男性化，也把她變成聖人。[10]這一切都濃縮成容易記憶的場景，這種藝術技巧很厲害，但並不獨特，因為中世紀初期的文學充斥著這類把複雜的論點融入生動的場面，以協助觀眾理解和記憶的敘事。

## 圖像記憶法

中世紀初期的聖人傳和其他敘事文本只有偶爾出現插圖，部分原因是這些文本說故事的方式本來就有很多活潑的視覺元素。會附帶圖畫的精裝抄本通常是《聖經》的書卷，最常見的是四福音書或創世記的副本。然而，這些圖片不是純粹裝飾用，甚至也不是完全為了幫助記憶而設計，它們還會以視覺的方式傳達論點，並邀請觀者參與畫家對內容的分析。這些圖片促使觀者更深入地思考他們早已知道並記住的事情，進而強化專注力。[11]

以西元八〇〇年左右在英國或愛爾蘭完成的福音書《凱爾經》裡面的其中一頁為例（圖21）。這一頁寫到馬可福音的兩個文本，分別是「上午九點鐘」（第十五章第二十五節）和「把他釘在十字架上，抽籤分他的衣服」（第十五章第二十四節），描述把耶穌釘死在十字架上的士兵，在早上瓜分他衣服的場景。藝術史學家班傑明．泰爾赫曼（Benjamin Tilghman）發現，這一頁的設計是要幫助觀者用更複雜的方式詮釋這兩個段落，透過文字與視覺形態的交織來記憶這層理解。

泰爾赫曼在解讀這幅插圖時指出，基督徒有時會把耶穌的衣服跟《聖經》另一個部分提到的另一塊布料聯想在一起，那就是《出埃及記》第二十六章第一節所描寫的使用藍色、紫色、朱紅色染色兩遍的紗所製成的帳幕。他們會進行這樣的聯想，是因為帳幕本身偶爾會被解讀成代表耶穌的肉，也是因為帳幕和耶穌的衣服在他受到折磨和處決時都被撕裂了（福音是如此描述）。因此，這一頁的主色才會是帳幕的顏色，像是關於耶穌衣服被分割的朱紅色文字便滿溢著紫色。

在兩側對稱的金框中間，各有一個菱形的圖案，更強化了這層聯想。這兩個菱形被一個紫色和朱紅色的圖樣所填滿，這是中世紀初期的畫家有時候描繪帳幕會用到的。此外，菱形

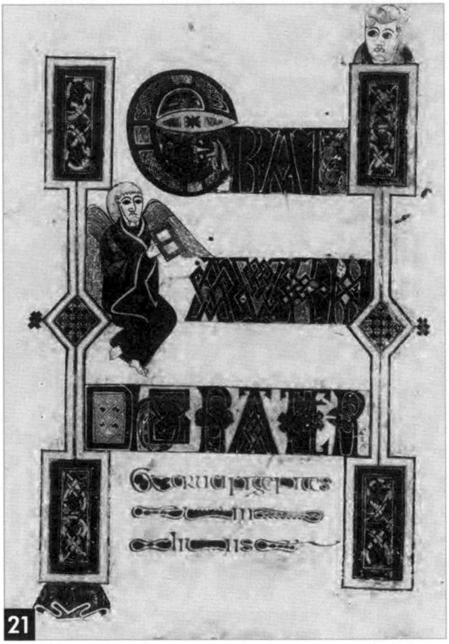

21

• 圖21：西元八○○年左右在英國或愛爾蘭完成的精美福音書抄本《凱爾經》，使用了複雜的視覺圖片來詮釋馬可福音的兩個段落（第十五章第二十四節到第二十五節）。
圖片來源：Dublin, Trinity College Library, Ms. 58, fol. 183r. Reproduced by permission of The Board of Trinity College Dublin.

這個形狀本身是象徵基督光輪（或光環）以及宇宙的常見符號，彷彿是在暗示耶穌會超脫塵世的分裂。

四個完美對稱的方形代表另一個主題的解讀，將耶穌衣服的撕裂聯想成他的身體，甚至是更具象徵意義的基督教會，因為教會後來傳播到地球的四個角落。耶穌自己也被這些圖案分裂，頭出現在右上角，腳出現在左下角，身上穿著紫色的帳幕，雖然分成兩半，但是沒有死亡。[12]

單單這一頁就塞滿了許多資訊。但是，圖像不是捷徑，而是要鼓勵讀者仔細研讀蘊含其中那些困難卻吸引人的謎題，在過程中形塑一套豐富的概念和記憶，即使手稿不在眼前也能在腦中回想。

圖像也能幫助僧侶整理記憶，以便從中學習新事物。圖片可以像《凱爾經》的創作者所理解的那樣，用來連結不同的概念，也可以用來將概念分門別類。古代和中世紀的記憶分析師知道，把記憶區分成好幾個單位（或「大卸八塊」），會比較容易擷取記憶。因此，僧侶運用真實的圖像或描述圖像給他人描繪，不只是為了連結，也是為了區別不同的概念。

比方說，他們很喜歡描繪梯子，讓每一個梯級象徵不同的倫理選擇，越高的越難實踐。

有好幾套修道院規範用這種方式討論自我謙卑的過程，將十二種謙遜的行為分配到梯子的十二個梯級。較有名的是，西奈的一個修道院院長在西元七世紀撰寫了《神聖攀登的天梯》（*The Ladder of Divine Ascent*）一書，後來在地中海東岸非常受歡迎，因此作者被暱稱為「梯子的約翰」（John of the Ladder）。約翰的作品充滿了格言、聖人傳的小品和機智的譬喻。不過，這個作品也很有記憶點，因為整套苦修指南是以三十個步驟（修道做法）組成，可幫助僧侶在腦海中記下整個苦修紀律體系，同時慢慢實踐出現在每一個梯級的細節。[13]

從十二世紀開始，學者和導師變得對樹木、天使等各種可能達到類似效果的記憶圖像特別感興趣。早在七百年前左右，內斯特羅斯用樹木和天使裝飾他心中的那艘方舟時，這兩樣東西就已經跟記憶力聯想在一起了。但是歷史學家認為，它們在中世紀全盛期變得更有吸引力，因為高等教育的興起，造成人們對資訊超載有了不同的感受，圖像幫助大學生和學者分解他們可以取得的龐大素材，並透過有策略地儲存來加以分析和記憶。

從天使這個類別的圖像舉一個例子，最標準的裝置來自以賽亞書（Isaiah）的某個段落（第六章第一到二節），當中先知說他看見了有六個翅膀的熾天使。這個「活化感官的完美典範」（一位學者這樣形容這個異象），在僧侶的記憶中是個很強大的存在。此外，這個天使也很會整理術，因為他的六個翅膀每一個都有同樣數量的羽毛（通常是五到七根，最方便記憶），每一根羽毛都可以進一步細分（圖22）。僧侶蘭托尼的克萊門特（Clement of Llanthony）很可能在十二世紀的英格蘭完成著作《六翼》（*The Six Wings*），書中便利用了這個裝置，將性

- 圖22：這是六翼天使被作為主題記憶圖像，目前所知最早出現的圖畫之一，附在蘭托尼的克萊門特所著的《六翼》中，完全符合克萊門特的概念架構。有些翅膀會交叉在一起，表示觀者必須在腦海中讓天使動起來，伸展翅膀以整理主題和子主題的排序。此外，這也是在鼓勵觀者把不同的類別連結起來。

  圖片來源：Cambridge, Corpus Christi College, Ms. 66, p. 100 (probably made at Durham, ca. 1190). Image courtesy of the Parker Library.

靈淨化的實際做法（告解、悔罪、淨化肉身、淨化心靈、愛鄰人、愛上帝）分配給天使的每一個翅膀，並將每一個子分類分配給每一根羽毛（例如，在淨化肉身這個翅膀上，個別的羽毛分別代表了對五個感官的限制）。

也有人把這個模板加以修改，代表其他形式的知識和詮釋。天使作為記憶裝置，比起主題，其實更像一個鷹架，這個鷹架一旦在腦海中架好了，思考者就能利用來深入分析他賦予這個鷹架的各種主題和子主題。講道者發現，這用來整理他們的講道文特別好用，可以安排講道重點的順序，而且還有一個額外的好處，那就是如果在講道期間忘了某一根羽毛，跳到下一個就好了。有時，他們甚至會在講道時描述自己的天使，這樣聽眾就可以利用相同的架構把概念移植到自己的記憶庫。[14]

天使或其他類似的裝置偶爾才被畫在紙上或印在書中。這些對稱的網格結構應該光用大腦就很容易描繪和回想，尤其是如果先在腦中建構這個圖像，而不是依賴某個本來就組裝好的模型的話。中世紀全盛期所使用的記憶圖像都是如此，幾百年前僧侶強調要主動形塑自己的記憶時，也是如此。[15]

## 冥想思考法

古代和中世紀的記憶技巧感覺好像已經失傳，但是今天其實有人加以復興，作為提高競爭和實用方面的用途。例如，記者喬許．弗爾（Joshua Foer）曾寫過有關現代「記憶運動員」的書籍，其中的艾德．庫克（Ed Cooke）後來共同創辦了憶術家（Memrise），這是融合古代與現代記憶術的語言學習平台。[16]但這些現代應用通常只把焦點放在死記硬背，完全不是古代和中世紀實踐者追求的目標。僧侶更有興趣的是，事物一旦進入了記憶庫之後該拿來做什麼，簡單記住事情的系統本身，對他們而言不像對我們那麼有吸引力，因為僧侶早就知道這些系統多有成效，更吸引他們的是，使用這些記憶進行冥想這一點。

他們把冥想稱作「meditatio」或「melétê」，這並不是靜止不動或捨棄放下的狀態，而是充滿動態，就像僧侶使用的那些專注譬喻一樣。冥想中的心智應該要像暖身、跳躍、伸展、緊抓等動作，他們把這聯想成採花、熬藥或是廢物利用。僧侶可以一邊閱讀一邊冥想，也可以冥想但不閱讀。「meditatio」最基礎的意義就是記憶，但更進階的「meditatio」則是要把不同的記憶連結起來，在過程中「記得」新的東西。[17]

曾有學者比較過不同性靈傳統的冥想做法，認為任何形式的冥想或許都可以形容成把內在轉變當作目標的專注技巧，但他們也注意到，冥想有很多種形式。中世紀初期的中國佛教徒會進行冥想，是希望能得到驚人的異象，證實自己的性靈成就；相較之下，同一時期西方的基督徒比較是把冥想當成有架構的分析模式。對基督教僧侶來說，冥想獨特地結合了今天的學者稱作指導性方法和主題式結構的兩種東西，他們的冥想具有目的性並講求專注，跟他們的記憶一樣是透過聯想運作。[18]要針對一個概念進行冥想，需思考某個東西是什麼或代表什麼，僧侶會搜索記憶庫中跟這有關的事物，接著根據這個聯想進行延伸，然後再進行下一個延伸。這麼做的目標是要漸漸堆積記憶，演化出比任何單一觀點還能揭露更多訊息的東西，是一種探討、摸索的思考方式。這除了是一種，僧侶會禱告形式，也是發現與創造的舉動，是更靠近上帝的一種手段，因為深入思考這個世界的同時，其實就是在解碼上帝不斷想要傳達的訊息。這也是一種策略，可以讓心智動起來，卻又不會使它漫無目的地遊走。

基督教的修道史料充斥著冥想的例子，因為在僧侶所寫的文本中，往往可以看出最初指引他們形成那些概念的冥想架構。比方說，在西元六或七世紀完成的《大師規範．前言》就是一個例子，匿名的作者在〈前言〉說明自己為何要把這個文本稱作「規範」（regula），帶有量規、尺規、規定的意思。這個詞成為他冥想的起點，使他想起保羅其中一封書信的段落。保羅向哥林多（Corinth）的居民解釋，他並沒有自封為領袖，對自我能力的信心應該侷限在「上帝劃定的界限（regula）內」。這位「大師」一開始就把同一個字的兩個不同用法透過冥想連結起來，定義這本《規範》。藉由這層聯想，他在暗示自己跟保羅一樣，是上帝指定說話可以帶有權威的導師，目的是要拯救生靈。刻意點名「使徒」（保羅通常被這樣稱呼），也是在暗示《大師規範》是以保羅的先例為依據。[19]

作者繼續延伸冥想，思考規則是如何實施的。最後，他認為是要結合畏懼和愛才能實施一項規則，並在〈前言〉的最後透過相關的關鍵詞和字源，交織串起不同的《聖經》段落：

如先知所說：「你必用鐵杖打破（原文為「統治」——reges，跟 *regula* 有同一個字根）他們。」這意思是要運用畏懼的力量。先知也說：「你們願意怎麼樣呢？要我帶著棍子到你們那裡去呢，還是帶著慈愛溫柔的心呢？」先知還說：「你國度的權杖（virga regni tui：regnum 也跟 regula 有同一個字根）是正直的權杖（virga）。你喜愛公義，恨惡罪惡。」主再次說：「我就要用杖責罰他們的過犯。」[20]

今天閱讀《大師規範》的人可能會想要跳過像這樣一連串的《聖經》引句（這在修道文獻中很常見），因為這感覺是衍生的產物，沒有獨特的歷史意義。然而，每一次的冥想、每一個《聖經》引用的組合，背後還是包含精挑細選的決定與動機。上面這個組合巧妙引用了具有多個共通元素（權杖、規定、公義）的段落，沒有依靠索引或進行查閱，就成功憑著記憶組合而成。有些《聖經》評論家先前就已經把這些經文當中的幾句湊在一起過，但是這個組合實現了不同的目的。它把不同的《聖經》主題——較不直接的、還有關於這些主題的傳統詮釋——編織在一起，好讓《大師規範》給人具有權威、跟使徒同等、含有教育意義、紀律、公允且神聖的感覺。[21]

比起距離這個子文化的脈絡和作品較遙遠的讀者，對生活在這個強烈子文化中的原始讀者而言，這種透過分類組合的方式提出的論點是相對好懂的。但就連僧侶也得放慢腳步，才能夠體會不同概念之間複雜的交互作用，像是《大師規範》這部分的簡短冥想片段，抑或是其他段落或其他書籍的內容。在西元七二一年左右，比德說有一對僧侶以一天一刀（約十六頁）的速度，一起快速看完了約翰福音，但那是因為其中一人快要死了，他們想在一週內看完整本書！比德說，截止日這麼緊迫，閱讀方式絕對只能直接了當，無法探討任何東西。

然而，冥想也有缺點。真的有花時間冥想的僧侶發現，這件事很容易從令人專注變成令人分心，因為基督教經文非常深奧，互相參照和結合的可能無限大。冥想會以很廣的範疇去探索世界隱藏的層次，但是也有可能因為可能性太多，而使僧侶招架不住。就像謝蒙・德泰布特在七世紀晚期所說的：「心智的眼如果開了，每一個字都蘊含一本書。」冥想可能變得太過令人專注，使僧侶無法專心在更重要的事情上。有些批評者說，僧侶應該要檢視自我，不是穿梭在不同的概念之間。[22]

畢竟，冥想時思考的東西不只侷限在修道主義的分析。任何主題都有可能是這種閱讀和思考形式的焦點，整個宇宙都是。馬梅斯伯里修道院的院長亞浩（Aldhelm of Malmesbury）在西元七世紀或八世紀初所撰寫的《謎語》（*Riddles*），便是以這為前提：亞浩把他的文字建構成一系列的謎題，讓宇宙的不同組成——泡泡、鴕鳥、枕頭、星座等——描述自己，超越表象的屬性，深入更複雜的觀看方式。就像文學學者愛麗卡・威佛（Erica Weaver）所指出的，這種「解經風格」可培養讀者的注意力。《謎語》「遊蕩」在晦澀單字、文字遊戲和觀點轉移之間，用困難但令人驚訝的冥想跟讀者互動。[23]

中世紀初期最全面的著作——拉巴努斯・莫魯斯（Hrabanus Maurus）的《萬物本質》

（*Natures of Things*）——也蘊含了類似的原則。這本書有二十五萬字這麼多，是《聖經》人物、地球自然特徵和生命形態、天文學和人類學（包括計時、體育、工藝、都市設計、居家空間等等）的百科全書。然而，《萬物本質》也是關於這些現象的內在意涵的指南，透過拉巴努斯自己的冥想過程，文本指引讀者去思索和專注在將宇宙拼湊在一起的神聖邏輯上。

為了這項計畫，拉巴努斯參考了很多書。我們知道中世紀的作家有時會一邊閱讀，一邊在紙片上寫筆記，但他們也時常從自己的記憶庫匯聚資訊。拉巴努斯開始撰寫《萬物本質》時，他已經有好幾十年透過閱讀和冥想累積而成的記憶可運用。他在六十幾歲的時候展開這項計畫，先前已在位於今天德國中部的富爾達修道院當了快一輩子的僧侶，那裡的圖書館在西元八四二年拉巴努斯離開之前，就已名列歐洲圖書館的前茅。但《萬物本質》不僅僅是拉巴努斯自己實行冥想的例子之一，還可以作為讀者的認知跳板。[24]

這對現在的我們來說不怎麼明顯，現代讀者很難專注在這本書曲折的段落。但是，當時的僧侶跟拉巴努斯隸屬於同一個媒體文化、知道同樣的文本和故事，也知道相同的閱讀和記憶方法，因此這種冥想模式對他們來說更有沉浸感。他們不會認為《萬物本質》是混亂的拼貼畫，而是各種熟悉的文本和主題的萬花筒，雖然跟任何冥想過程一樣，探索永遠都有可能變得令人分心。拉巴努斯的文本和其他的冥想感覺很迂迴，但這些都是為了在龐大的資訊世界中開闢合理的道路，讓受過對的訓練的人可以輕鬆依循。

比如說，如果我們仔細看看拉巴努斯針對豢養的豬隻所寫的內容，就能看出他做了很多語言和概念的聯想。他層層堆疊文本和記憶，對照它們的意義，藉此帶領讀者專注在一切事物所蘊含的神聖訊息：

> 母豬（sus）之所以叫做母豬，是因為牠們會翻動（subigat）草地；換句話說，牠們透過翻動土壤來尋找食物。公豬（verres）之所以叫做公豬，是因為牠們力氣（vires）很大。豬（porcus）之所以叫做豬，是因為牠們很髒（spurcus），因為牠們愛吃堆肥、喜歡在泥巴裡打滾、讓身體沾滿爛泥。賀拉斯（Horace）說：「母豬是泥巴的朋友。」我們用來指稱髒東西（spurcitiam）和私生子（spurios）的詞彙也是源自這個字……[25]
>
> 母豬代表罪人以及不潔和異端的人，律法確立了這一點，因為牠們的蹄是分開的、牠們不會咀嚼反芻的食物（ruminant）、虔信者不應該碰牠們的肉（carnes）。這些人可能會接受律法和福音，但是因為他們不會反芻（ruminant）性靈的糧食，他們是不潔的。同樣地，他們不

在乎悔罪，他們是會回去做他們曾經後悔的事的那種人，就像彼得在信中所說的：「『狗轉過來吃自己所吐的；』又說：『豬洗淨了，又回到爛泥裏打滾。』」[26]

狗嘔吐時，是要吐出讓胃沉重的食物，但是當牠吃自己的嘔吐物，牠又再次讓體內裝滿剛剛拋棄的東西。這跟後悔自己做錯事的人一樣，他們透過告解吐出他們吃下去、使他們內心沉重的心理罪惡，但是告解完後，他們又再次尋求邪惡，把它吃下肚。母豬在泥巴裡打滾，要把自己洗乾淨，結果只會變得更髒（sordidior）。後悔自己做錯事的人假如還是繼續做那件事，只會讓自己罪惡更深，因為他拒絕透過哭泣就能得到的原諒。因此，他就像是在泥巴水裡打滾，因為只要他吸走淚水裡生命的潔淨，在上帝的眼中他就是在把那些淚水變髒（sordidas）。[27]

「豬」也有不乾淨和墮落的人類的意思。福音書寫道：「若要把我們趕出去，就打發我們進入豬群吧。」還有：「不要把你們的珍珠丟在豬（porcos）面前。」同樣地，「豬」也有不潔的人的靈魂之意。福音書寫道：「那人打發他到田裡去放豬。」同樣地，「豬」也意味著罪人和不潔的人，詩篇這麼說他們：「你以財寶充滿他們的肚腹，他們因有豬肉（porcina）就滿足，將其餘的財物留給（relinquentur）他們的孩子。」這邊說的意思是，猶太人充滿不潔之物，也就是「財寶」——換句話說，就是上帝禁止的東西。「豬肉」指的是受到汙染的東西，因為《舊約》規定豬肉是不潔的。但是，罪人也有把其他遺物（reliquias）留給孩子，因為他們喊道：「他的血歸在我們和我們兒女的身上。」同樣地，所羅門說「母豬」（sus）是過著放蕩生活的罪人：「女人美麗卻無見識，就像金環戴在豬鼻上。」同樣地，「母豬」也有關於肉體（carnalium）的骯髒思想（sordidae）的意思。變態的行為源自這些思想，就好像這些思想被烤得完美之後的結果。以賽亞書寫道：「他們吃豬肉（carnem suillam），器皿中有不潔之肉做的湯。」[28]

這段冥想文字是原創的，但也稱不上是，因為拉巴努斯是以西元四到八世紀源自北非、義大利、西班牙、高盧和英格蘭的眾多評論作為這段文字的依據。嚴格來說，這還可以追溯到更久以前，因為這些參考來源也有自己的參考來源。中世紀初期的解經方式就是這樣：嘗試理解神聖文本時，一定要參考權威，而這些權威本身也會仰賴其他權威。不只一位修道史料的作者指出，你不能硬是要把《聖經》凹成你的觀點。[29]不過，你還是有可能在詮釋傳統中帶入一點個人色彩，拉巴努斯和大部分的解經家都是這麼做。

例如，他在冥想的過程中帶入反猶太的論點，他的參考來源並沒有真的強調這件事。他（透過卡西奧多羅斯的文字）暗示，詩篇第十六章吃豬肉的人和馬太福音第二十七章、本丟・

彼拉多（Pontius Pilate）對話的人都表示，猶太人把罪傳給了自己的孩子。到了中世紀初期，典型的基督教解經家都會檢視《舊約聖經》，從中尋找猶太人沒有好好服侍上帝的跡象，以便主張基督教才是獲得救贖的真正途徑。不過，拉巴努斯在西元八四〇年代撰寫《萬物本質》時，跟同時代的人比起來已經算是相當溫和。加洛林王朝的皇帝（他們是富爾達修道院的贊助者，統治著西歐和中歐的大片疆土）把自己的王國當作天選的民族，就像以色列的民族那樣，而且也會以非常明顯的方式支持自己的猶太子民，像是資助猶太朝臣和雇用似乎有猶太人和基督教背景的官員。他們這麼做，引起了人們強烈的反彈，因為很多人都認為猶太人和基督徒應過著彼此嚴格區隔的生活。拉巴努斯自己也因為閱讀和引用了猶太歷史學家約瑟夫斯（Josephus）的作品、以及對猶太人的解經表示興趣而遭受批評。[30]

這段文字也透露了拉巴努斯的終極目標：證明即使是宇宙中看似非常簡單的組成，也可以用很多方式加以詮釋。充斥在他的書本和環境中的那些事物並不是直白的象徵，而是會變來變去的，就連豬也是，因此探討這些事物的方式也得同樣靈活。當然，他的冥想混合了譬喻，以今天的標準來看，他的字源學研究都是胡說八道，雖然取材自生物學、史學和神學，但卻沒有全面性地看待任何一者。但拉巴努斯龐大的文本只是一個起點，或者應該說是眾多起點的組合，任何一個主題永遠都有更多可以深入探索的。就連在「豬」這個冥想主題上，拉巴努斯也沒有窮盡所有的可能：加薩隱士巴爾薩努菲烏斯和尤席米烏斯（Euthymius）三百年前互相通信時，就曾經從一些《聖經》段落中結合關於豬的不同摘錄，把他們的冥想導向非分之想的議題。[31]

宇宙實在太過龐大，無法使用單一文本或冥想囊括，一個人不管對這個世界制定什麼邏輯秩序，都不可能是絕對的，古代晚期和中世紀初期的思想家知道這點。冥想的分析風格十分主觀，但是他們一點也不感到抱歉，分析者得出的結論會受到他所選擇的認知途徑影響。[32]

然而，冥想也是一種集體努力。從普及的文化感來說，這沒有錯！我們可以湊在一起的資源和我們問的問題，永遠都會受到周遭世界有的東西所影響。但這在修道院特別是如此，因為那裡的思考活動是發生在團體之中。跟母親伊塔（Itta）一起創立尼末勒（Nivelles）修道院並擔任院長的葛楚，就背下了幾乎全部的《聖經》和一些困難的解經文本。她的傳記作者指出，她這麼做是要將自己學到的所有東西傳遞給她的僧侶。即使修道院院長沒有把關於經文的個別問題變成整個團體的教學素材，很多僧侶也會彼此分享問題和想法。

僧侶在這種時候進行的漫長對話往往會進入文本，流傳至今，卡西安和傑曼努斯請教埃及導師的對話，就是一個明顯的例子。卡西安的友人里昂的尤切里烏斯（Eucherius of Lyon）撰寫了兩本極具影響力的《聖經》詮釋著作，便是取材自他多年來身為僧侶和主教所進行過的討論。額我略一世針對《約伯記》（Book of Job）所做的重要評論，也有類似的起源故事。連凱撒利亞的巴西流在西元四世紀撰寫的修道規範本身，也是他的社群十多年來問他各種問題所累積而成的結果。我們把這些文本歸功於個別的作者，但它們其實也是由跟這些作者對話的人的想法和記憶塑造出來的，冥想的途徑會受到團體的左右。專注感覺是一件很個人的功課，但是它所培養的察覺和評估世界的方式同時也具有高度的社會性。33

## 雨果的諾亞方舟冥想記憶法

到頭來，冥想練習應該是要創造永久的專注狀態。亞爾的凱撒里烏斯在西元五三四年便說：「你內心的神聖冥想應該要永不止息。」身體在工作或休息時，心智應該從事智識活動，穿梭在各種回憶——尤其是正典文本的回憶——之間，以便更認識上帝。兩百年後，一個名叫狄奧菲洛斯（Theophilos）的僧侶甚至改造了他在努比亞（Nubia，位於今天的埃及和蘇丹邊界）的小室，以提醒自己做這件事。他把牆壁變得像是一頁頁的抄本，寫滿古埃及語文本，用方形邊框分隔，伴隨縮圖。他選的文本包括福音書的開頭、尼西亞信經（Nicene creed）、聖人人名表、《長者格言》的故事和魔法文本。壁畫成了記憶體，裝飾代表專注力。[34]

狄奧菲洛斯在西元七三八年完成這項工程。然而，記憶是一個永遠無法完工的建築工地，僧侶會在那裡建造宏偉的東西，持續不斷加以翻修和擴增，不拘泥於某一本書或某個藍圖。這種思維體現在一本嚴格來說不算修道史料、也不屬於中世紀初期的指南——聖維克多的雨果（Hugh of Saint Victor）在西元一一二五到一一三〇年之間所著的《建造諾亞方舟的小書》（*Little Book about Constructing Noah's Ark*）。雨果是奧斯定會的主教座堂議員，意即他是巴黎聖維克多教堂眾多教士的其中一人，他們全都依循他們認為是由希波的奧古斯丁所寫的指引。從某方面來說，維克多派（the Victorines，雨果和他的同僚得到的稱呼）是一個中世紀新世界的先驅，他們協助開創了都會學校、公民參與和經院神學的文化，但他們也是中世紀初期修道主義的繼承者，很認真地看待修道院的認知訓練。雨果的《小書》完美示範了僧侶是如何學會管理冥想中的心智。[35]

在書中，雨果（或者一名記下雨果指導內容的學生）建造自己客製化的諾亞方舟，藉此教導讀者應該如何解讀《聖經》。雨果有可能將自己複雜的創作畫在聖維克多修道院的牆上，但是《小書》講到畫有傳到修道院的牆外，不過在現存的許多副本中，這個文本從未出現插圖。這當中有一部分原因在於，比起小小的抄本，方舟更適合呈現在大大的牆面。無論如何，記在腦海中成效最好，中世紀的讀者也有能力內化這個練習，完全不需要把它畫出來。

雨果會選擇方舟，是因為僧侶非常喜歡點出諾亞這個名字的希伯來文（נֹחַ）意思是「休息」或「歇息」。他們把創世記的方舟解讀為某種修道院，兩者都是獲取性靈平靜與安穩的避難所。方舟是一個模型，同時也譬喻修道專注的功課。[36]

不過，《小書》裡最重要的是方舟這個模型。雨果從方舟的中心點開始，逐步描述他的創作過程，以協助之後的讀者自行產生意象。他說，他從一個小方形開始，這個方形位於另一個稍大的方形之中，因此看起來就像這個方形有一個細細的圍邊。他在小方形裡畫了一個十字架，將十字架的兩側延伸到圍邊。他把十字架填滿金色，也給小方形的四個角和十字架的交叉處之間的空白上了色，因此上面兩個方塊呈現火紅色，下面兩個方塊呈現天藍色。接著，他在圍住方形的邊框內每一邊寫上一個字母：上面寫希臘文的第一個字母，象徵開始；下面寫希臘文的最後一個字母，象徵結束；右側寫希臘文的第二十二個字母，左側寫希臘文的第十八個字母，分別代表「基督」（*Χριστός*）的第一個和最後一個字母，同時也很類似羅馬數字的十（X）和百（C），「十」象徵十誡，「百」則象徵異教徒最終接受這個信仰後可能達成的完美。他給邊框上了兩個顏色，內層是綠色，外層是紫色。接著，他把一隻羔羊放在一切的中心點，就站在十字架上，這象徵基督、始末、《舊約》與《新約》，是十字架上獻祭的羔羊。紫色代表他的鮮血，綠色是永生，紅色和藍色則代表上帝率領以色列人出走埃及的火柱和雲柱。

雨果繼續建造這艘方舟。他在這個有圍邊的方形（以及羔羊和十字架）四周畫了一個很大的長方形，這就是方舟的覆蓋面積。接著，他把中心的方形「拉」起來，好似要把它拉出頁面或原本的平面，使它現在位於一根高大柱子的頂端。接著，他為方舟建造屋頂，四個角落都有一根木頭延伸到中央那個紫綠相間邊框的方形。如果從側邊「觀看」，整個結構現在看起來就像是一個底部為長方形的金字塔，只是金字塔的尖端被削掉了，上面站著一隻羔羊。他把這座金字塔分成三層樓，方舟的基本架構就完成了。[37]

但雨果才剛要開始，這艘方舟還有無限的建造空間。例如，他決定從船首到柱頂、以及從柱頂到船尾的平面代表了神聖歷史的進程，因此他在這條線上放滿《聖經》人物和教宗的畫像，並留下空白處給未來的歷史。雨果必須針對哪些人可以被納入進行取捨，也必須思考該如何分配這些宗譜，使之能夠有意義地呼應方舟的幾何構造，每一個建造階段都是這樣運作。雨果添加了更多屋椽，並解釋這些代表什麼。他為方舟的側邊漆上一條條不同顏色的水平帶，然後加以說明。他在每一層樓的每個角落放置一把梯子，總共有十二把，其中一些堆滿《聖經》的書卷，還有一些填滿特定的經文，被他分成數個片段和顏色。他將事物的狀態擬人化，想像它們在梯子上或梯子附近做各種事：「無知」打破了罐子；「冥想」將碎片拾起；「思索」把碎片黏好。他在很多表面寫了字。他思考三層樓之間的關係，沿著每一層樓的外牆建造一個個小艙室，把每一個艙室描繪成不同的地理位置，並在方舟內牆畫了更多艙室，代表更多地理位置，使整艘方舟轉變成整個世界。他用一顆圓球包圍方舟，代表地球，並在圓球四周的輪廓想像四季、風向、黃道十二宮以及天堂和地獄，上帝則坐在最頂端的寶座，環顧一切。

《建造諾亞方舟的小書》是一場記憶與冥想技巧的藝術表演。雨果運用空間安排、子分類和刺激感官的細節等熟悉的策略，但是他這麼做是要透過令人全神貫注的冥想過程來創造新的記憶。他在腦中建好這艘方舟（而不只是在牆上畫了一幅壁畫）之後，便能隨時回到這艘方舟，從各種角度觀看它（這是圖畫做不到的）、拉近或拉遠、添加新的東西，或是針對原有的東西提出新的問題。雨果在另一個著作中寫到，冥想「喜歡跑過空曠的地方」。[38] 管教心智最好的方式之一，就是讓它嘗嘗它想要的東西。

對現在的我們來說，僧侶複雜的冥想方式、以及他們透過冥想建構的寬闊內在世界似乎相當怪異。我們大部分的人不會透過串起一個個的關鍵詞和意象，或是想像全景畫面來達到專注的目的，但這不該讓冥想變得比較不吸引人。我有一堂大一新生的課，我們會在課堂上嘗試中世紀不同的認知練習，協助學生應付大學生活的第一年。截至目前為止，他們最喜歡的練習就是雨果的《小書》使用的冥想模式。他們會從別堂課挑選一個認為值得探索的概念，像是有機化學、程式或詩詞的某個小東西，然後為這個概念想像出一個虛構的建築工地。他們必須開始進行聯想，問自己某個東西跟其他東西之間的關聯是什麼、這樣的關聯是強是弱、有沒有更多可以分析和建造的地方。這些都是高階學習的過程，但是不僅不會無聊或嚇人，還充滿冒險性和沉浸感。此外，這也非常容易記憶，學生在考試時都有體會到這點。

但就跟其他許多的修道技巧和技術一樣，這種冥想練習所涉及的認知運動可能帶來風險。卡西安早在五世紀初就已看出箇中的危險，範圍廣泛的冥想可能使人偏離原本的道路。他的導師以撒阿爸提出一個直接的解決辦法：他說，要管好自己的思緒，你應該將詩篇的一句話當作救生索緊抓著不放：「上帝啊，求你快快搭救我！耶和華啊，求你速速幫助我！」以撒告訴卡西安和傑曼努斯，只要他們難以專注時，就要想想這句話。更好的做法是，他們應該在心中不斷重複這句話，就連工作、旅行、吃飯、睡覺、如廁的時候也一樣。[39]

這個方法照理說是要提醒僧侶上帝永遠都能提供協助，同時也提醒他，他需要上帝的幫助才能堅持下去。不間斷地重複這句話，照理說也可以驅逐所有可能令人分心的事物，但傑曼努斯和卡西安很了解自己的心智，知道這個方法還是無法完全解決那個終極的問題。他們問：「我們要怎麼緊抓著這句話不放？」這個問題似乎讓以撒十分挫敗，但是他也坦承，答案又回到原點：要讓心智專注在這句話，你還是得守夜祈禱、禱告和冥想！古代晚期和中世紀初期的冥想心理學再次證明了，修道主義嚴格來說不是一種自我剝奪的做法。沒錯，僧侶被要求不要說一些會無意義停留在同伴記憶裡的話，例如帕科繆聽到有一個僧侶說，現在是葡萄的產季，便滔滔不絕地怒道：「一些無知的人聽到你提及那個水果，這下子肯定會被口腹之慾給折磨！」[40]然而，專注的功課也跟豐盛有關。在帕科繆大發雷霆約五十年後，內斯特羅斯指出，讓心智充滿新的記憶比試圖刪除已經存在的記憶還容易。從僧侶利用記憶發展出來的那些令人全神貫注的工程計畫，就能清楚看出他們的冥想過程其實非常活躍。宇宙及其道德景觀需要他們關注的一切是那麼複雜，他們必須動起來才行。

# 在這章我們能了解到……

①完全淨空你的腦袋是不可能的，不管你多不喜歡腦中的內容都一樣，但是你可以在腦中放不一樣的東西、重新整理它，進而讓它充滿你真正在乎的事物，同時讓自己更容易取用這些事物。

②想要更熟練地運用記憶，第一步是要觀察什麼因素使事物容易記憶，再根據觀察的結果設計記憶。

③圖像是要鼓勵讀者仔細研讀蘊含其中那些困難卻吸引人的謎題，在過程中形塑一套豐富的概念和記憶，即使手稿不在眼前也能在腦中回想。另外也能幫助讀者整理記憶，以便從中學習新事物。

④僧侶的冥想具有目的性並講求專注，跟他們的記憶一樣是透過聯想運作。

⑤心智的眼如果開了，每一個字都蘊含一本書。

⑥專注感覺是一件很個人的功課，但是它所培養的察覺和評估世界的方式同時也具有高度的社會性。

## 第五章註釋

1 Cassian, *Collationes* 14.9–13, quotation 14.12 (“nunc mens mea poeticis illis uelut infecta carminibus illas fabularum nugas historiasque bellorum”). See also ibid. 7.4.2.（瑟雷努斯談到利用慎選的記憶穩定心智）。內斯特羅斯設計這個空間時，是以希伯來書第九章第四到五節描述約櫃及其內容物的段落為主；這段經文則是改編自希伯來聖經的敘述（包括出埃及記第十六章第十八節、第二十五章第十八節和列王紀上第六章第二十三到二十八節）。

2 Mary Carruthers, *The Book of Memory: A Study of Memory in Medieval Culture*, 2nd ed. (Cambridge: Cambridge University Press, 2008), esp. 217–227（關於倫理和記憶）; Carruthers, *The Craft of Thought: Meditation, Rhetoric, and the Making of Images, 400–1200* (Cambridge: Cambridge University Press, 1998).（關於中世紀初期僧侶協助發展記憶術所扮演的角色）

3 Carruthers, *Book of Memory*, 153–194, quotation 153; Scott Fitzgerald Johnson, *Literary Territories: Cartographical Thinking in Late Antiquity* (Oxford: Oxford University Press, 2016); Andy Merrills, “Geography and Memory in Isidore’s *Etymologies*,” in *Mapping Medieval Geographies: Geographical Encounters in the Latin West and Beyond*, ed. Keith D. Liley and Daniel Birkholz (Cambridge: Cambridge University Press, 2013), 45–64; Darlene L. Brooks Hedstrom, “The Geography of the Monastic Cell in Early Egyptian Monastic Literature,” *Church History* 78, no. 4 (2009): 756–791; Antonio Sennis, “Narrating Places: Memory and Space in Medieval Monasteries,” in *People and Space in the Middle Ages, 300–1300*, ed. Wendy Davies, Guy Halsall, and Andrew Reynolds (Turnhout, Belgium: Brepols, 2006); Carruthers, *Craft of Thought*, 6–59, 272–276; Michel Lauwers, “Constructing Monastic Space in the Early and Central Medieval West (Fifth

to Twelfth Century)," trans. Matthew Mattingly, in *The Cambridge History of Medieval Monasticism in the Latin West*, ed. Alison I. Beach and Isabelle Cochelin (Cambridge: Cambridge University Press, 2020), 1:317–339, esp. 330; Adam S. Cohen, "Monastic Art and Architecture, c. 700–1100: Material and Immaterial Worlds," in ibid., 519–541, at 525–533.

4 Elizabeth S. Bolman, "Late Antique Aesthetics, Chromophobia, and the Red Monastery, Sohag, Egypt," *Eastern Christian Art* 3 (2006): 1–24, quotation at 20; Bolman, ed., *The Red Monastery Church: Beauty and Asceticism in Upper Egypt* (New Haven and London: Yale University Press, 2016), esp. Bolman, "A Staggering Spectacle: Early Byzantine Aesthetics in the Triconch," 119–127, at 122 (Paul Silentiarios, "irresistible force" ).

5 Yizhar Hirschfeld, "The Early Byzantine Monastery at Khirbet ed-Deir in the Judean Desert: The Excavations in 1981–1987," *Qedem* 38 (1999): i–xii, 1–180, at plate IV and pp. 107–112, 133–134; Rosemary Cramp, *Wearmouth and Jarrow Monastic Sites*, vol. 2 (Swindon: English Heritage, 2006), esp. 163–166; Luis Caballero Zoreda, "El conjunto monástico de Santa María de Melque (Toledo): Siglos VII–IX (Criterios seguidos para identificar monasterios hispánicos tardo antiguos)," in *Monjes y monasterios hispanos an la Alta Edad Media*, ed. José Angel García de Cortázar and Ramón Teja (Aguilar de Campoo, Spain: Fundación Santa María le Real—Centro de Estudios del Románico, 2006), 99–144, at 121–138; Caballero, "Un canal de transmission de lo clásico en la alta Edad Media española: Arquitectura y escultura de influjo omeya en la península ibérica entre mediados del siglo VIII e inicios del siglo X (1)," *al-Qantara* 15 (1994): 321–348, at 339–342. 對於裝飾繁複的修道空間所抱持的不同看法：Beat Brenk, "Klosterbaukunst des ersten Jahrtausends: Rhetorik versus Realität," *Annali della Scuola Normale Superiore di Pisa: Classe di Littere e Filosofia*, ser. 4, vol. 5 (2000): 317–342, esp. 330–336. 帕科繆：*Paralipomena* 32, in *Pachomian Koinonia* 2:55–56, trans. Vieilleux at p.

56. 熙篤會：Carruthers, *Craft of Thought*, 84–87, 257–261.

6 Éric Palazzo, *L'invention chrétienne des cinq sens dans la liturgie et l'art au Moyen Âge* (Paris: Cerf, 2014); Bissera V. Pentcheva, *Hagia Sophia: Sound, Space, and Spirit in Byzantium* (University Park: Pennsylvania State University Press, 2017); Mary Carruthers, *The Experience of Beauty in the Middle Ages* (Cambridge: Cambridge University Press, 2013); Carruthers, *Craft of Thought*, 116–170.

7 奧祕解經：Peter Dronke, *Imagination in the Late Pagan and Early Chris tian World: The First Nine Centuries A.D.* (Florence: SISMEL/Edizioni del Galluzzo, 2003), 5–24.

8 Patricia Cox Miller, *The Corporeal Imagination: Signifying the Holy in Late Ancient Christianity* (Philadelphia: University of Pennsylvania Press, 2009), esp. 81–115（「內在觀看」的部分引自：James Elkins at p. 104）; Kreiner, "A Generic Mediterranean: Hagiography in the Early Middle Ages," in *East and West in the Early Middle Ages: The Merovingian Kingdoms in Mediterranean Perspective*, ed. Stefan Esders, Yaniv Fox, Yitzhak Hen, and Laury Sarti (Cambridge: Cambridge University Press, 2019), 202–217; Joaquin Martínez Pizarro, *A Rhetoric of the Scene: Dramatic Narrative in the Early Middle Ages* (Toronto: University of Toronto Press, 1989).

9 *Life of St. Mary of Egypt* 10–12, trans. Maria Kouli, in Talbot, *Holy Women of Byzantium*, pp. 76–77. 也可參見Irina Dumitrescu針對這個文本的拉丁語和古英語版本所做的分析：*The Experience of Education in AngloSaxon Literature* (Cambridge: Cambridge University Press, 2018), 129–156.

10 See especially Roland Betancourt, *Byzantine Intersectionality: Sexuality, Gender, and Race in the Middle Ages* (Princeton: Princeton University Press, 2020), 1–14.

11 例如：Beatrice Kitzinger, *The Cross, the Gospels, and the Work of Art in the Carolingian Age* (Cambridge: Cambridge University Press, 2019), 99–196; Laura E. McCloskey, "Exploring *meditatio* and *memoria* in Ireland through the *Book of Durrow*: Manuscript Illumination as the Intersection of Theological and Artistic Traditions," *Eolas: The Journal of the American Society of Irish Medieval Studies* 11 (2018): 32–59; Coon, *Dark Age Bodies*, 216–246. 概要：Kurt Weitzmann, *Late Antique and Early Christian Book Illumination* (New York: George Braziller, 1977), 15–24, 73–127; Lawrence Nees, *Early Medieval Art* (Oxford: Oxford University Press, 2002), 153–171, 195–211.

12 Benjamin C. Tilghman, "Patterns of Meaning in Insular Manuscripts: Folio 183r in the Book of Kells," in *Graphic Devices and the Early Decorated Book*, ed. Michelle P. Brown, Ildar H. Garipzanov, and Benjamin C. Tilghman (Woodbridge, UK: Boydell, 2017), 163–178.

13 *RM* 10; Eugippius, *Regula* 28; *RB* 7; John Climacus, *Ladder of Divine Ascent*. 前三個文獻有稍微帶過創世記第二十八章第十二節雅各的梯子，約翰則補充了登階的意象。也可參見：Ps. 83:6 (*Ladder* 30). 也可參見：Jonathan L. Zecher, *The Role of Death in* The Ladder of Divine Ascent *and the Greek Ascetic Tradition* (Oxford: Oxford University Press, 2015), 36–48. 中世紀的區分原則：Carruthers, *Book of Memory*, 99–152.

14 Palazzo, *L'invention chrétienne des cinq sens*, quotation at 42; Mary J. Carruthers, "*Ars oblivionialis, ars inveniendi*: The Cherub Figure and the Arts of Memory," *Gesta* 48 (2009): 99–117; Lina Bolzoni, *The Web of Images: Vernacular Preaching from Its Origins to St Bernardino da Siena*, trans. Carole Preston and Lisa Chien (Aldershot, England: Ashgate, 2004), 126–135. *The Six Wings* was translated by Bridget Balint in *The Medieval Craft of Memory*, ed. Carruthers and Ziolkowski, 82–102 (where the text is attributed to Alan of Lille).

15 中世紀全盛期的記憶術：Carruthers, *Book of Memory*, 153–194, 274–337.

16 Foer, *Moonwalking with Einstein: The Art and Science of Remembering Everything* (New York: Penguin, 2011); Joshua Foer, "How I Learned a Language in 22 Hours," *The Guardian*, November 9, 2012, https://www.theguardian .com/education/2012/nov/09/learn-language-in-three-months.

17 Carruthers, *Craft of Thought*, esp. 77–81, 116–133; Rachel Fulton, "Praying with Anselm at Admont: A Meditation on Practice," *Speculum* 81 (2006): 700–733; Michaela Puzicha, "*Lectio divina*—Ort der Gottesbegegnung," in *Erbe und Auftrage: Monastische Welt*, ed. Beuron Archabbey (Beuron, Germany: Beuroner Kunstverlag, 2011), 245–263; Duncan Robertson, *Lectio divina: The Medieval Experience of Reading* (Collegeville, MN: Liturgical Press, 2011). 採花、熬藥和廢物利用都是Alcuin的譬喻（雖然不只有他使用）：John C. Cavadini, "A Carolingian Hilary," in *The Study of the Bible in the Carolingian Era*, ed. Celia Chazelle and Burton Van Name Edwards (Turnhout, Belgium: Brepols, 2003), 133–140, at 133; Carruthers, *Craft of Thought*, 117–120.

18 這種分類法源自：Halvor Eifring, "Types of Meditation," in *Asian Traditions of Meditation*, ed. Eifring (Honolulu: University of Hawai'i Press, 2016), 27–47; Halvor Eifring and Are Holen, "The Uses of Attention: Elements of Meditative Practice," in *Hindu, Buddhist, and Daoist Meditation: Cultural Histories*, ed. Eifring (Oslo: Hermes Academic Publishing, 2014), 1–26. 西元四百到七百年左右的佛教冥想：Eric M. Greene, *Chan before Chan: Meditation, Repentance, and Visionary Experience in Chinese Buddhism* (Honolulu: Kuroda Institute and University of Hawai'i Press, 2021), esp. 110–158.

19 可參見古代晚期評述對哥林多後書第十章第十三節所做的不同詮釋：Ambrosiaster, *In epistulas ad Corinthios*, pp.

276–277; Pelagius, *Ad Corinthios II*, pp. 287–288. 關於《大師規範》在七世紀可能的確切成書日期，可參見：Albrecht Diem, *The Pursuit of Salvation: Community, Space, and Discipline in Early Medieval Monasticism* (Turnhout, Belgium: Brepols, 2021), 273, 326, 331–345.

20 *RM*, prologue, quoting Ps. 2:9, 1 Cor. 4:21, Ps. 44:7–8, Ps. 88:33. The *RM* quotes the psalms of the Vetus Latina version of the Bible, so I have made a few minor changes to the Douay Rheims Challoner translation (which is based on the Vulgate).

21 See especially Hilary of Poitiers, *Tractatus super Psalmos* 2.34–38, pp. 61– 63.（牧師對 *virga* 的一種解讀）; Jerome, *Commentarioli in Psalmos* 2, pp. 181–182.（跟隨上帝）; Augustine, *Enarrationes in psalmos* 44:17–18, pp. 505–506 in Dekkers and Fraipont's Latin ed.（統治是紀律，棍子是基督）; Pelagius, *Ad Corinthios II*, p. 150.（跟修道院的反傳統主角亞拿尼亞與撒非喇連結在一起）; Arnobius the Younger, *Commentarii in Psalmos* 44, pp. 62–65.（放棄）; Cassiodorus, *Expositio psalmorum* 2.10, 88.33, vol. 1, pp. 46–47.（力量和公允）and vol. 2, p. 813.（不同的神聖管教形式）in Adriaen's Latin ed.

22 Bede, *Vita Cuthberti* 8; Shemʿon d-Ṭaybutheh, *Mystical Works* 169b, trans. Mingana, p. 20. 解經冥想令人分心：Brouria BittonAshkelony, "Pure Prayer and Ignorance: Dadishoʿ Qaṭraya and the Greek Ascetic Legacy," *Studi e materiali di storia delle religioni* 78, 1 (2012): 200–226, at 214–218; Sabina Chialà, "Les mystiques syro-orientaux: Une école ou une époque?" in *Les mystiques syriaques*, ed. Alain Desreumaux (Paris: Geuthner, 2011), 63–78, at 72–76.

23 Erica Weaver, "Premodern and Postcritical: Medieval Enigmata and the Hermeneutic Style," *New Literary History* 50.1 (2019): 43–64, "wandering" at 53; Aldhelm, *Aenigmata* 41（枕頭）, 42（鴕鳥）, 62（泡泡）, constellations *passim*.

24 筆記：Markus Schiegg, "Source Marks in Scholia: Evidence from an Early Medieval Gospel Manuscript," in *The Annotated Book in the Early Middle Ages: Practices of Reading and Writing*, ed. Mariken Teeuwen and Irene van Renswoude (Turnhout, Belgium: Brepols, 2017), 237–261, at 238, 243; Alberto Cevolini, "Making *notae* for Scholarly Retrieval: A Franciscan Case Study," in ibid., 343–367, at 351; Carruthers, *Book of Memory*, 3–8, 243–257. 關於拉巴努斯和他的冥想遊戲：Lynda L. Coon, *Dark Age Bodies: Gender and Monastic Practice in the Early Medieval West* (Philadelphia: University of Pennsylvania Press, 2010), 13–41, 216–246. 拉巴努斯還在時，富爾達修道院的圖書館：Janneke Raaijmakers, *The Making of the Monastic Community of Fulda, c. 744–c. 900* (Cambridge: Cambridge University Press, 2012), 189–198.

25 這段文字來自：Hrabanus Maurus, *De rerum naturis*, 206–207. 拉巴努斯書寫這段文字的參考來源：Isidore, *Etymologiae* 8.1.25–26 (which also embeds a passage from Horace, *Epistles* 1.2.26).

26 拉巴努斯書寫這段文字的參考來源：*Clavis sanctae scripturae* 12.2.15 (alluding to Leviticus 11:7); ibid. 12.2.17 (quoting 2 Peter 2:22), with some small differences.

27 拉巴努斯書寫這段文字的參考來源：Bede, *In epistolas VII catholicas*, pp. 275–276 (itself a condensed version of Gregory the Great, *Regula pastoralis* 1.30).

28 拉巴努斯書寫這段文字的參考來源：*Clavis sanctae scripturae* 12.2.16 (Matthew 7:6, 8:31); ibid. 12.2.18 (Luke 15:15); ibid. 12.2.20 (Psalm 16:14); Augustine, *Enarrationes in psalmos* 16 (Psalm 16:14 and Matthew 27:25); Cassiodorus, *Expositio psalmorum* 16.14 (Psalm 16:14 and Matthew 27:25); *Clavis sanctae scripturae* 12.2.19 (Proverbs 11:22); ibid. 12.2.21 (Isaiah 65:4). 也可參見：Isaiah Shachar, *The Judensau: A Medieval Anti-Jewish Motif and Its*

*History* (London: Warburg Institute, 1974), 8–10.

29 E.g., "Caueat lector bonus ne suo sensui obtemperet scripturas, sed scripturis sanctis obtemperet sensum suum" : *Regula cuiusdam patris ad monachos* 1 (echoing Cassian, *De institutis coenobiorum* 7.16).

30 在加洛林王朝的宗教爭論背景之下的拉巴努斯：Jean-Louis Ver strepen, "Raban Maur et le Judaïsme dans son commentaire sur le quatre livres des Rois," *Revue Mabillon* 68 (1996): 23–55; Bat-Sheva Albert, "*Adversus Iudaeos* in the Carolingian Empire," in *Contra Iudaeos: Ancient and Medieval Polemics between Christians and Jews*, ed. Ora Limor and Guy Stroumsa (Tübingen: Mohr Siebeck, 1996), 119–142; Bat-Sheva Albert, "Anti-Jewish Exegesis in the Carolingian Period: The Commentaries on Lamentations of Hrabanus Maurus and Pascasius Radbertus," in *Biblical Studies in the Early Middle Ages*, ed. Claudio Leondari and Giovanni Orlandi (Florence: SISMEL/Edizioni del Galluzzo, 2005), 175–192; Gerda Heydemann, "The People of God and the Law: Biblical Models in Carolingian Legislation," *Speculum* 95 (2020): 89–131.

31 Barsanuphius and John, *Letters* 60.（尤席米烏斯能夠同理對觀福音書的那些加大拉豬隻，把他的思緒比喻成附身在那些豬身上的魔鬼。）

32 主觀：Scott Fitzgerald Johnson, *Literary Territories*, esp. 1–16, 29–60; Kreiner, *Legions of Pigs in the Early Medieval West* (New Haven: Yale University Press, 2020), 69–77.

33 Eucherius of Lyon, *Instructionum libri duo*, preface; Anna M. Silvas, introduction to *The Asketikon of St Basil the Great* (Oxford: Oxford University Press, 2005); Micol Long, "Monastic Practices of Shared Reading as Means of Learning," in *The Annotated Book in the Early Middle Ages*, ed. Teeuwen and Renswoude, 501–528 (Gregory the Great, Alcuin,

Ruodulfus of Fulda—a student of Hrabanus); Michael Fox, "Alcuin the Exegete: The Evidence of the *Quaestiones in Genesim*," in *The Study of the Bible in the Carolingian Era*, ed. Chazelle and Edwards, 39–60; Hugo Lundhaug, "Memory and Early Monastic Literary Practices: A Cognitive Perspective," *Journal of Cognitive Historiography* 1 (2014): 98–120. Teaching moments: Ferrandus, *Vita Fulgentii* 24; Isidore, *Regula* 8; *Vita Geretrudis* 3.

34 "Meditatio sancta de corde non cesset"：Caesarius of Arles, *Regula ad virgines* 18; repeated by Aurelian of Arles, *Regula ad virgines* 20; Aurelian, *Regula ad monachos* 24. Similar sentiments in Isidore, *Regula* 3; Jonas of Bobbio, *Regula cuiusdam ad virgines* 12.10–11. 狄奧菲洛斯：Włodzimierz Godlewski, "Monastic Life in Makuria," in *La vie quotidienne des moines en Orient et en Occident (IVᵉ–Xᵉ siècle)*, vol. 1, *L'état des sources*, ed. Olivier Delouis and Maria Mossakowska-Gaubert (Cairo and Athens: Institut Français d'Archéologie Orientale and École Française d'Athènes, 2015), 81–97, at 83–85.

35 雨果的著作：*Libellus de formatione arche.* 維克多派：Marshall Crossnoe, "'Devout, Learned, and Virtuous': The History and Histories of the Order of St. Victor," in *A Companion to the Abbey of St. Victor in Paris*, ed. Hugh Feiss and Juliet Mousseau (Leiden: Brill, 2018), 1–51; Ursula Vones-Liebenstein, "Similarities and Differences between Monks and Regular Canons in the Twelfth Century," in *The Cambridge History of Medieval Monasticism in the Latin West*, ed. Beach and Cochelin, 2:766–782. 有人主張雨果的著作其實是針對真實存在的一幅畫所做出的一系列內容：Conrad Rudolph, *The Mystic Ark: Hugh of St. Victor, Art, and Thought in the Twelfth Century* (New York: Cambridge University Press, 2014). 有人主張這艘方舟是存在於腦海中的圖像：Carruthers, *Craft of Thought*, 243–246; Carruthers, *Book of Memory*, 293–302.

36 諾亞：Jean Leclercq, *Otia monastica: Études sur le vocabulaire de la contemplation au Moyen Âge* (Rome: Pontificium Institutum S. Anselmi, 1963), 87–88. 關於方舟可以解決不穩定的問題：*instabilitas*: Hugh, *De arca Noe* 1.1—this was a companion text to his *Libellus*.

37 前幾個注釋提到的Rudolph模型（*The Mystic Ark*）只有描述方舟的上層，但是從方舟最遠、最低的角落觸及柱子頂端的那些木頭卻創造了許多類似傾斜牆面或屋頂的平面，參見：*Libellus de formatione arche*, pp. 124–126 in Sicard's Latin ed.

38 Hugh of St. Victor, *Didascalion* 3.10: "delectatur enim quodam aperto decurrere spatio."

39 Cassian, *Collationes* 10.8–14 (Ps. 69:2/70:2); see also Conrad Leyser, "*Lectio divina, oratio pura*: Rhetoric and the Techniques of Asceticism in the *Conferences* of John Cassian," in *Modelli di santità e modelli di comportamento: Contrasti, intersezioni, complementarità*, ed. Giulia Barone, Marina Caffiero, and F. Scorza (Turin: Rosenberg & Sellier, 1994), 79–105, at 88; Brouria Bitton-Ashkelony and Aryeh Kofsky, *The Monastic School of Gaza* (Leiden: Brill, 2006), 168–174, 176–182.

40 *Bohairic Life of Pachomius* 105, in *Pachomian Koinonia* 1:146. 但是有人抱持相反的態度：*AP/G* Theodora 8; *AP/PJ* 11.13 (John the Short).

第 6 章

# 心智

## ——整合身心，思考著你的「思考」

專心力第六步：隨時思考並檢視思考，進而刺激心智自主分辨。

「在小心翼翼檢視的過程中，這個念頭就會自行毀滅和消散。當你的智識受到這層認識所抬升，魔鬼就會逃離。」

僧侶更深入自己的思緒時，會遇到心智最怪的特性，它能夠一邊處理資訊，一邊觀察自己做這件事。我們今天可能會認為這種反思能力是吵雜的干擾，但是僧侶卻把這視為一份禮物。在他們看來，思考著「思考」這件事一點也不會令人分心，反而是安定自我的終極方法。因此，他們想了各種辦法要進入自己的腦袋。

我們前面所看過的修道策略——僧侶為了應付這個世界、應付他們的社群、身體、書本和記憶所想出的各種做法——就像一個個的同心圓，中心點則是心智這個目標。但是，就算僧侶能夠制約他們的心智，他們還是很容易分心。更糟的是，對一個訓練有素的僧侶來說，令人分心的事物越來越難看出是令人分心的事物！高度運作的心智受到干擾時，那有可能是一種誤導，也有可能是一個靈感。教宗額我略一世和尼尼微的以撒分別在西元六世紀末和七世紀指出，分心和頓悟有時非常相似，都給人失控的感覺，也都給人喝醉酒的感受。為了要區分什麼是額我略所說的認知「失足」，或以撒所說的認知「結巴」，什麼是突然撞見某個令人難以招架的概念的經歷，心智必須檢視自我，才能找到答案。[1]

因此，後設認知是古代晚期和中世紀初期非常重要的修道做法。相關技巧從基礎到進階的都有，因為就像納特帕爾的亞伯拉罕（Abraham of Nathpar）在西元六〇〇年左右所說的，僧侶的「隱藏人格一開始是個小嬰兒」。[2]心智必須把原本的牙牙學語養成一種內在對話，才能熟練地監控自己的動靜，使令人分心的東西動彈不得。這個意思是，要透過逐漸困難的練習學會觀察、評估、刺激、放大自己的思緒，最終使思緒短暫靜止不動。

## 善用洞察力審視念頭

首先，最根本的一點是，僧侶必須養成習慣，觀察內心產生的任何念頭。凱撒利亞的巴西流期許負責監督年幼僧侶的成人要問他們在想些什麼，而且要常常問。在這個過程中，年幼僧侶可以學會辨別好念頭與壞念頭之間的差異，試著專注於好念頭，並開始自動監看自己的思緒。在五百年之後的西元九和十世紀，英格蘭的修道院教育家仍會傳授這些目標，只是方法變了，他們會鼓勵年幼的僧侶參與各種戲劇練習，像是老師跟分心的學生表演對話等，以幫助他們進行自我監督。[3]

有些人比其他人更認真看待這個認知習慣。例如，紅海和波斯灣地區的僧侶很喜歡分享一個故事，講述一個沙漠教父使用兩個籃子來記錄自己每天的思緒。每當他出現一個好念頭，他就在右邊的籃子放一塊石頭；每當他出現一個不好的念頭，他就在左邊的籃子放一塊石頭。假如在晚餐之前，壞念頭的石頭累積得比好念頭的石頭多，他就不吃飯以懲罰自己。[4]

他的行為實在太勤奮，因此引人注意，大部分的僧侶都沒有這麼井然有序，就連成年僧侶也是。他們仍需要有人提醒他們監視自己的思想，告訴他們這為何很重要。謝努特曾對他的僧侶強調，上帝「每天都會頻繁走過有人居住的地方，（但）總是悄悄地走」，希望這麼說可激勵僧侶改正心智，以預備上帝的來訪。謝努特在西元四六五年過世後，他的一些僧侶在聖人傳表示，謝努特有辦法窺見他的僧侶的思想。這位令人敬畏的院長所留下的記憶，可以讓僧侶有更進一步的動機實行自我監督。[5]

有些修道導師比較希望僧侶主動這麼做，因此設計了一些技巧幫助他們記錄自己分心的狀況。西元六世紀，加薩的多羅修斯建議他的僧侶每天完成一份心理清單，有點像寫日記練習：我在吟唱聖歌時有沒有專注？我有沒有被混亂的思緒給綁架？我有聆聽經文的朗讀嗎？我有提早停止吟唱聖歌或離開教堂嗎？七世紀晚期，謝蒙·德泰布特採取另一種方法，建議故意允許自己的思緒遊蕩。放它自由，就像放牛吃草那般——「接著，突然猛然趁思緒不注意時衝向它，運用洞察力聆聽、檢查、檢視它在想什麼。」假如你從這次突襲發現你的心智其實在想生意或旅行或他人，你就知道你必須加強訓練，讓心智下次被放出去時比較有可能選擇更好的念頭。6

「洞察」是這裡的關鍵詞，不只對謝蒙來說是如此，對從伊朗到愛爾蘭的許多僧侶來說也是。觀察自己的思緒只是修道後設認知的開端，僧侶還應該調查令人分心的念頭、找出它們的源頭，而「洞察」（diakrisis, discretio, purshana）正是指涉這個偵查工作的用語。本都的埃瓦格里烏斯內心充滿了洞察力，他在四世紀時推廣一個理論，那就是思緒會從不同的地方進入心智。有些念頭是源自自我，但是上帝也可以把某些念頭傳到僧侶的心智，魔鬼也是。這表示，看似隨機出現的念頭並不是全部都有問題，有些是好的，有些是不好的，僧侶的任務是要懂得分辨這兩者。

埃瓦格里烏斯寫了《回嘴》這本手冊，要反駁被僧侶察覺屬於魔鬼的思想。僧侶也曾分享一些故事，描述長者英雄在對抗壞念頭時聲音大到路人都聽得見。可是，要展開對抗，也要僧侶發覺這個念頭懷有惡意才行，這個先發制人的篩檢程序就是洞察。《紐約時報》（*New York Times*）的科技記者凱文・魯斯（Kevin Roose）主張，「專注防衛」和「數位洞察」——也就是學會評估電子裝置朝我們不斷轟炸的資訊——是人類在人工智慧和自動化的時代想要有所成就必備的策略。其實早在一千五百年前，還沒有任何人擔心人類是否過度著迷於演算法和機器人的時候，專注防衛和洞察就被認為是生存技能了。[7]

連在古代晚期，洞察也不是一件容易的事，因為這需要不間斷進行批判思考才行。僧侶必須判斷每一個浮現在腦中的念頭的內容和屬性，從脈絡尋找線索，以幫助自己釐清應該接受或拒絕某個念頭。

以一個看似良善的念頭——禁食的衝動——為例。禁食通常是有益的，但卻不是「總是」有益，假如僧侶在復活節期間產生了禁食的念頭，在這個節日不跟弟兄一起用餐，他的洞察力應該把這個念頭歸類為不恰當的。由於思緒很容易誤導人，僧侶被建議應該不間斷地進行判斷。加薩的多羅修斯在塔瓦塔修道院行醫時，認識一個非常不會反省自己可疑思緒的僧侶，導致那些思緒扭曲了他的感官知覺：他以為他看到弟兄犯罪，但是根本沒有發生那些事。卡西安也分享過一則從摩西阿爸那裡聽到的告誡故事：有一個僧侶試圖殺害自己的兒子，認為是上帝灌輸他這個想法的，就像上帝命令亞伯拉罕殺死以撒那樣。簡言之，未經檢視的念頭是很危險的，就連表面上有益或無害的念頭也必須小心分析。[8]

多羅修斯說，洞察力是上帝賦予的禮物，祂創造人類時在他們體內放了神聖的種子或火光，「以淨化靈魂，使其能夠洞察善惡」。但是，多羅修斯的意思不是說僧侶應該獨自進行這種偵查的工作，僧侶被鼓勵可以向上帝求助，例如比多羅修斯年輕的同代人高隆邦，便建議他的僧侶在試圖察覺自己的思緒時要這麼做。他們也應該詢問導師的建議，修道院期許僧侶定期跟院長分享自己的想法，其中一個主因就是僧侶需要有人協助發揮洞察力所需要的分析過程。

修道院領袖還是有提供一些法則，以幫助僧侶在念頭出現的當下，就能洞察自己的思緒。但是，他們的建議充滿矛盾，因為他們知道概括的建議是不夠的。西元六世紀，有一個逐步皈依修道主義的人曾經跟加薩長者巴爾薩努菲烏斯交換許多信件，討論這個問題。巴爾薩努菲烏斯傳遞了一個判斷某個念頭可不可信的技巧：假如你出現某個東西很好的想法，接著又出現這個東西不好的想法，那你應該禱告。然後，如果你還是認為這個東西很好，那它很可能就是好的。可是，跟他通信的對象並不滿意：要是你認為一個東西很好，但是接著沒有出現相反的想法呢？感覺百分之百很好的念頭是不是其實不好？巴爾薩努菲烏斯不願給他直接的答案，因為你沒辦法每次都能判斷。關鍵還是要求助上帝（或其他人）。[9]

今天的讀者或許會認為，巴爾薩努菲烏斯的通信對象太偏執了。他的疑慮跟現今的模擬理論有異曲同工之妙，關於魔鬼是不是在誤導我們、我們是不是活在數位模擬之中的問題，其實都是源自同樣的慾望，想要知道我們以為自己知道的東西是否被別的東西所操控，只是我們不曉得。[10]就像技術哲學家認為模擬現實的可能性不是雞毛蒜皮的小事那樣，早期的基督教僧侶也極度認真看待思緒洞察這件事，因為分心如果讓人產生認識論的疑慮，殺傷力會更大。被某個跟表面上看起來不一樣的東西所分心，落入了專注在看起來很好、實際上不好的東西上的陷阱之中，是更糟的一件事。

因此，僧侶相信我們應該持續努力尋找確定性，永無止盡地將自己的良知跟上帝和導師進行對照。不像禁食、閱讀或社交等其他管教形式，僧侶從來沒有說思考過度或洞察過度會造成反效果。如果一個僧侶出現看似太過執著的症狀，如長時間糾結在某一個侵入性的念頭或感覺被思緒困住，問題不是出在洞察過度，而是沒有正確洞察事物。僧侶並不擔心所謂的「分析癱瘓」。[11]

在僧侶看來，洞察本身不可能是問題，因為問題是靠洞察找到的。或者就像神經科學家亞當．葛薩利所說的，洞察好比是舞廳的保鑣。嚴格來說，葛薩利是在講大腦前額葉皮質的功能，不是在講洞察，但活在現代以前的僧侶肯定會喜歡這個比喻。不受歡迎的念頭，一出現就把它找到或逐出是分外重要的，因為僧侶相信念頭可以自行繁殖，念頭會在心中「築巢」或「發芽」，它們還會出現相剋作用。壞念頭會像殺蟲劑（或像於澤的費羅勒斯所說的「人工材料的合成物」）那樣殺死好念頭的種子。此外，念頭在一個人的心智或內心待的時間越長，就會越難剷除它，準確的洞察能帶來的好處是，它可以防止令人分心的念頭生根、轉移，最後做出真正的傷害。[12]

然而，洞察必須發生得很快，才不會讓念頭演變成有害的心理問題。奇瓦泰的希爾德瑪在西元九世紀撰寫的《本篤規範》評論中說到，就算只是小小的邪念也必須在僧侶一察覺到就馬上擊碎，否則這個念頭會變得越來越大、越來越強，需要龐大的努力才能消除。多羅修斯也指出，如果不理會看似微不足道的念頭，可能造成嚴重的道德疏忽，他也主張，如果僧侶沒有定期練習洞察，這會越來越難實踐。後設認知好比身材，沒有鍛鍊也有可能走樣。[13]

埃瓦格里烏斯認為，成功辨識邪念就有辦法消除其殺傷力。假設黃金的意象突然出現在僧侶的心智，僧侶除了應該注意到這個令人分心的念頭，還應該問問自己，這個念頭為什麼如此令人躁動：令人分心的是黃金本身，還是想要積攢財富的衝動？如果他確定貪婪是帶來刺激的主因，他就可以把這個念頭回溯到魔鬼的力量，因為他知道貪念對人類和上帝有害。

在他做出這個關聯的那刻，這個念頭就無法再困擾他：「在小心翼翼檢視的過程中，這個念頭就會自行毀滅和消散。當你的智識受到這層認識所抬升，魔鬼就會逃離。」要打敗魔鬼，不讓他們的思緒入侵，僧侶只需要揭穿他們即可。[14]

僧侶被認為應該要持續不斷地監控自我和保持警戒，這或許讓人感覺很累，但是很多人也覺得這其實令人寬慰。洞察使僧侶在察覺自己的思緒之後，能夠跟思緒保持距離，這樣如果一閃而過的是邪念，他們就不用嚴厲地批評自己。希臘語世界的僧侶甚至常常把自己的思緒說成積極主動的主詞，他們自己則是直接或間接的受詞，諸如「這個念頭告訴我」、「使我痛苦」、「吞噬我」或「暗示我」等說法，都在強調僧侶不必把自己跟每一個進入心智的念頭畫上等號。

阿帕米亞的約翰（John of Apamea）在西元五世紀也用類似的方式安慰僧侶赫西丘斯（Hesychius）。「掠過心智表面」的壞念頭很容易就能拂掉，除非你允許它入侵你的心智，上帝才會批判你。就算是反覆出現的念頭，只要有妥善處理，就不會造成大礙。據說，想了很多比喻來應付分心的沙漠教父波門曾經更直白地對一個煩惱的僧侶說：「每當這個念頭來找你，就說：『這不干我的事。撒旦，願你的褻瀆繼續留在你身上，我的靈魂不想要它。』靈魂不想要的東西不會久留。」[15]

## 培養後設認知能力

思考著「思考」這件事在禱告時也應該繼續。更準確地說，禱告不順利時，僧侶應該要仰賴後設認知的策略。

僧侶時常被告知要盡量多禱告。《長者格言》裡一位匿名的僧侶說：「如果僧侶只有站起來禱告時才禱告，他等於根本沒有在禱告。」從最基本的定義來說，禱告是專注的理想狀態。僧侶可能會把禱告分成讚美、感恩、祈求或跟上帝之間的對話，但是不管哪一種禱告都是溝通和聯繫的舉動，是心智在試圖接近神聖。因此，僧侶試著不間斷地禱告，理由是持續的禱告會擠掉其他一切思緒，讓僧侶的專注力固定下來。但僧侶觀察自己禱告的樣子時，發現自己還是難以專心，這不僅令人氣惱，也叫人萎靡不振。約翰．克利馬庫斯指出：「魔鬼透過讓人分心的手段，試圖使我們的禱告無法發揮作用。」[16]

僧侶之所以那麼強調分心是件壞事，就是因為他們在禱告期間經歷過動搖。身為哲學家與神學家的奧利振曾提出一個比較，便可以說明這一點。雖然奧利振的著作在之後的世代開始出現爭議（他活躍於西元三世紀），但仍為修道主義和整個基督教產生強大的影響。可是，奧利振沒那麼擔心分心的問題，他知道基督徒禱告時會難以專注，例如他便建議不要在臥室禱告，以免想到性愛，同時也不認同某些基督徒面對窗外的美景進行禱告，只因為他們覺得這「比面對牆壁還更吸引人」。此外，他也假定會禱告的人應該很常遇到隨機的念頭轉移他們對上帝的專注力。但是，他比較努力試著說服基督徒擠出時間禱告是值得做的一件事，他也十分肯定他們只要把禱告當成一種積極的練習，需要他們付出真誠的努力，他們就有辦法成功專注。

從這方面來說，奧利振的觀點在那個時代算是蠻常見的，就連在基督教以外也是。例如，亞歷山大港等地的新柏拉圖主義者似乎跟奧利振一樣，不怎麼擔心分心的風險。這些通常只稱自己是柏拉圖主義者的哲學家認為，萬物都有單一的神聖來源，他們要努力攀升，看見那神聖的唯一，其中一個方式就是禱告。雖然他們沒有一致同意成功的禱告需要什麼（有些人強調儀式，有些人強調靈魂自身的溝通核心），但是他們都有信心自己的設備會使他們成功遇見神聖的一體。[17]

然而，在奧利振提出建議的一百年後，僧侶還是非常氣惱地發現，儘管他們已經把專注和禱告當作畢生的志業，令人分心的念頭還是會糾纏他們。他們認為最好的禱告方式是純粹因為愛良善的東西而禱告，也就是純粹因為他們愛上帝，所以專注於上帝，[18]但是他們也承認，實際上大部分的僧侶都需要額外的協助。所以，考量到人類的侷限，修道理論家創造各式各樣充滿想像力的練習和譬喻，要協助心智禱告時能夠專注一點。僧侶再次做出有違直覺的行為，為了全神貫注在思考著「思考」這件事。

在他們為了改善禱告的品質而構思的後設認知做法之中，最簡單的一個就是想像心智把它的思緒全部集中在一起，作為專注的前置作業。如敘利亞作家薩赫多納（Sahdona）在西元七世紀所說的，這指的是「從四面八方把心智的念頭給集中起來」。如果思緒跟謝蒙想的一樣，可以像牛那般放任吃草，那它們也可以像牛那般被趕回來。約翰．克利馬庫斯跟讀者分享了相同的策略：有一次，他造訪亞歷山大港附近的一間修道院，發現那裡有一位僧侶禱告特別投入。約翰要他解釋他為什麼有辦法如此深沉地專注，那位僧侶坦言：「我習慣在開始時聚集我的思緒、心智和靈魂。我會對它們大喊：『來吧！讓我們來敬拜，在我們的王和上帝基督的面前下跪。』」[19]

刻意設定目標是另一種暖身方式。凱撒利亞的巴西流在四世紀指出，工匠會設定目標把工作完成，僧侶也可以因為培養同樣的方向感受益。鐵匠在鍛造斧頭或鐮刀時會想著客戶及其委託的任務；同樣地，目標可以讓僧侶的心智在禱告或做其他事情時有東西可想。也有人引用安東尼所說的類似的話：「任何人要捶打一塊鐵，首先必須決定他要用這塊鐵做什麼，是一把鐮刀、劍或是斧頭。因此，我們應該決定我們想要鍛造哪一種美德，否則只會徒勞無功。」

這個主題有很多變化。卡西安所著的《選集》（*Collationes*）記錄了他與摯友傑曼努斯請教導師的過程，書中一開始就寫到摩西阿爸的建議，主張每一位僧侶都必須對自己的短期和長期目標非常清楚。沙漠教父狄奧斯科魯斯（Dioscorus）則是出了名地喜歡立下新年新希望，例如不說話或不吃熟食。有人引用了另一位長者的話，他告訴一個喪氣的僧侶，他必須在心中描繪出「終點柱」——這又是一個使用古羅馬的體育用語所做的修道譬喻。[20]

有些策略把視野拉得更遠。有些僧侶不僅會想像自己的思緒，還會想像自己在思索這些思緒的樣子，以便重塑禱告的過程，不使內容扭曲（這個技巧有點類似今天的心理學練習「抽離」）。古代晚期和中世紀初期一個很受歡迎的變化是，把抽象的禱告行為比作具體的日常互動，想像你正在跟某人對話，如果對方沒有專心聽你說話，你會有什麼感覺？假設你是在跟一個很有權勢的人說話，如果你沒有專心，是不是會不尊重他？或者，想像你在法庭上對法官辯護自己的立場，你會分心嗎？這些假設性的情境被不斷地重提，暗示分心就等於是沒有想像力。無法專注的僧侶並沒有真的明白上帝就在他面前。[21]

此外，這也是一種感受的失敗，無法感受到神性在禱告時值得獲得在其他平凡時刻很容易就能得到的注意力。因此，若要判斷一個僧侶是不是真的專注於上帝，最寶貴的診斷方式就是看他哭的狀況。這背後的假設是，真正體會到上帝的創造、犧牲以及寬恕能力的僧侶，一定會不由自主地因為愧疚和感激而哭泣，這個狀態的專業術語是「自責」（katanyxis, compunctio）。有產生這種感受的僧侶就會專心，被鎖定在宇宙的道德定位和他在宇宙間的位置。或者，若使用中世紀的譬喻來說明，這個僧侶是被「解鎖」了，謝蒙．德泰布特說：「被懺悔打破的悔悟之心是開啟通往一切美德的大門的主鎖。」他說，心沒有被打碎，僧侶就「無法免於遊蕩的命運」。淚水能使心智專注。

自責是專注於上帝的要素，因此沒有產生這種感受的僧侶，便試圖創造一種應該要自動浮現的感受。一位沙漠教父建議，想要哭泣的僧侶可先想想會讓他們哭出來的任何事物（就像某種方法演技）或是把自己弄痛，這樣就能將淚水轉移到更重要的思緒和禱告上，但有些人認為這是很有問題的捷徑做法。以撒阿爸便告訴卡西安和傑曼努斯，強迫自己流淚跟自然而然流淚不一樣，並說擔心自己有沒有感受到自責反倒會弄巧成拙。或者就像巴爾薩努菲烏斯所說的，自我中心正是僧侶感受不到自責的原因。[22] 學習專注是自我反省和自我輕視的矛盾過程，需要正確的心理框架，協助僧侶跳脫主觀，使專注變成一種直覺本能。

中世紀初期的修道主義還盛行另外一類策略，把焦點放在死亡，尤其是思考自己的死亡及其後果這件事。就像其他試圖改善僧侶禱告專注力的練習一樣，以死亡為焦點的思維是一種後設認知方法，可以重新指引僧侶的思想和感受。這是源自「記得你一定會死」（memento mori / meléte thanatou）的健全古老思想，斯多葛學派特別倡導這個理念，以專注於自我。這也延伸自羅馬帝國每一個學生都很熟悉的課堂練習，那就是想像自己身處在悲劇英雄的險境，替他們寫出想要講的話。他們的功課要回答類似這樣的問題：「奧德修斯看見獨眼巨人吃掉自己的朋友，會說些什麼？」

然而，死亡思考不只是其他傳統的遺風而已。古代晚期的基督教知識分子讓這些練習帶有一些末世論的色彩，把跟死亡有關的念頭和跟永生結局有關的問題串連起來。人應該思索自己的死亡來調整人生的方向，但他也應該思考來世，把神聖的報應系統納入長遠的計畫之中。[23]

雖然有很多基督徒這麼想，但是僧侶針對這個議題採取了典型的認知方法。他們在思索死亡和上帝的審判時，認為就連當下短暫浮現的念頭，也會影響靈魂的未來，他們會提醒並敦促彼此把思考想成生死交關的事情。例如，卡西安告訴讀者（他引用了狄奧納斯阿爸〔Theonas〕的話），要想像自己走在高空鋼索上，一分心就可能致命。一個名叫巴拜（Babai）的人，則建議僧侶濟肋亞谷（Cyriacus）想像自己站在峽谷上方的一把劍的邊緣。在西元七世紀晚期，達狄修則建議一個僧侶想像右手邊是天使、左手邊是魔鬼，禱告時把頭轉到不同的方向，在自我、天使、魔鬼以及心中描繪的釘在十字架的上帝意象之間盤旋。[24]

這些練習也能提醒僧侶，一旦他們真的死了，他們會比較能為接下來的一切做好準備。約翰．克利馬庫斯（有一位歷史學家說，他能理解「僧侶死後的整個環境」）主張，上帝之所以讓死亡這麼難預測，就是為了讓人類的行為可以檢點一些。假如人類知道自己確切的死亡日期，他們肯定到最後一秒才會改正自己。因此，為了避免生命突然終結，僧侶努力隨時隨地保持道德上和心智上的警戒。就像埃瓦格里烏斯從自己的導師身上學到的：「僧侶必須隨時準備好，彷彿明天就會死去。」[25]

想想靈魂在肉身死去後的未來，是這個策略的延伸。僧侶會想像自己身在天堂，以對自己的目標感到充滿活力和透徹清晰。一名僧侶說：「當我感到沮喪，我會升上天，思索天使的美妙。」這個小祕訣來自一個很受歡迎的故事，故事中有十二位隱士聚在一起，根據自己的獨居經驗提供彼此意見和指導。有些僧侶還去過更多地方：帕科繆瞥見天堂很多次，看見了到處都是聖人的美麗城市、永遠都在結果的樹木、完美的天氣和永日。至於在《大師規範》眾多為有規範的修道生活提供詳盡建議的內容之中，則夾雜一個壯闊的全景畫面，那裡永遠是春天、永遠有你想吃的食物，而且沒有消化不良的問題——甚至根本沒有消化這件事！[26]

有時，僧侶會想像最糟的情況。一個在修道院的麵包坊工作的僧侶老是看著烤爐的火，想到「即將來臨的永恆之火」。卡帕多奇亞有一個名叫西緬的隱士在居住空間的牆上書寫有關死亡的沉思，其中一句話寫道：「死神的火追著我們，那是送赤裸著身子的我們到下一個世界的死神。」西緬甚至在自己的墳墓上寫了墓誌銘；他的墳墓完成後就在禮拜堂等著他。如果沒有現成的墳墓，僧侶可以拿手邊的東西湊合。例如，總是有很多死亡想法可以提供的約翰．克利馬庫斯，便建議讀者把自己的床鋪想成墳墓：「這樣你就不怎麼能睡覺了。」[27]

有些修道院領袖會鼓勵僧侶想像可怕的永恆天譴，使他們更有韌性。然而，僧侶不需要院長的協助，也很會想像嚇人的情景。有一個僧侶在睡夢中來到最後的審判，驚愕地看見自己的母親在那裡，她大罵他為了修道主義費盡功夫拋棄她，最後卻沒有努力拯救自己。[28]

僧侶常被鼓勵想像天堂或地獄，或者單純思索肉身會死的事實，但是在這些練習的過程中有一件事他們不應該感受到，那就是自信。尼尼微的以撒舉了一個例子，有一位可敬的僧侶腦海中出現了一些想法告訴他，他很快樂、值得稱讚。但是，因為他洞察力很好，所以這位僧侶知道要抗拒這些想法。現世的快樂太早來了，僧侶也永遠不應該感到自豪，他們被教導自豪是「魚鉤」，會害他們困在自我之中：「魚」是僧侶告訴內心浮現的想法：「我還活著，你為什麼說我很快樂？在死之前，我不知道我可能發生什麼事。」

阿帕米亞的約翰指出，確信自己會得救的風險是，「這個想法會讓你的專注鬆懈。」一個名叫湯瑪斯的僧侶在西元六世紀向以弗所的約翰解釋，這就是為何他不願受到干擾：人生就像一系列的書籍，上帝會小心檢閱。想到上帝的評斷就令他惶恐不已，使他「有效地控制自己的思緒和整理自己的心智，將之導向上帝……進而排斥、畏懼、害怕浪費任何一個小時。」[29]

《衛報》（*Guardian*）的專欄作家和書籍作者奧利佛·柏克曼（Oliver Burkeman）便曾經探

討「記得你一定會死」的思想，認為人生有限（平均四千個星期），應該促使我們專注在對我們來說重要的事物。[30] 這樣的指引雖然缺少一千五百年前使僧侶如此認真看待並監控認知的末日急迫感，卻也揭示了類似的教誨：約翰會寫下自己跟湯瑪斯的對話，正是因為他很佩服這個僧侶在思考死亡的過程中所產生的心理紀律，這樣的後設認知天分使湯瑪斯成為模範。必會到來的死亡和神聖審判可協助僧侶把自己的心智導向上帝，無論是在禱告期間或任何事情上。

## 專注引發的超驗經歷

關於死亡的思考和來世的想像顯然能帶來很充分的動機，可以提供大格局，幫助僧侶專注於當下，特別是他們在跟上帝對話的時候。但這些也是充滿冒險精神的練習，可以把僧侶拋到心智通常能夠抵達的範疇之外，讓他們瞥見建構萬物的神聖邏輯。後設認知不一定表示要將心智封閉起來，其實後設認知也可以將僧侶的視野擴大到自我以外，擴大到他們的心智、記憶、書本、肉體、社群和世界之外，納入整個宇宙。

最著名的一個宇宙經驗，就是教宗額我略一世在《對話》所提到的努西亞的本篤看見的異象。有一次，本篤半夜來到臥室的窗前準備禱告，從高塔往外望，看見整個世界被光照亮，還看見同僚卡普亞的傑曼努斯（Germanus of Capua）被天使護送到天堂（本篤後來得知，傑曼努斯就是在那一刻離世）。額我略把這個故事告訴他的執事彼得，彼得想知道怎麼可能一次看見整個世界，額我略回答，視野是相對的。對於看得見造物主的靈魂來說，被創造出來的萬物相形之下感覺都很迷你。額我略解釋，當一個人經歷本篤看見的異象，「心智的迴圈會被拉直」（mentis laxatur sinus），延伸到整個宇宙。不是世界變小了，而是本篤的心智變大了。[31]

優越的修道視野既是微觀的，也是宏觀的，僧侶能看出表面上極其微不足道的行為，如何影響到物質世界之外、改變他的命運。例如，七世紀有一個名叫姬碧楚德（Gibitrude）的僧侶在發燒期間來到天堂，上帝便告訴她，她不能再對另外三個僧侶懷恨在心。還有一個名叫貝倫圖斯（Barontus）的僧侶在西元六七〇年代也得以短暫造訪天堂，但是天界的居民在意的不是他的三段婚姻或多段戀情，因為他在放棄貴族生活成為僧侶之後，就已經改掉這些缺點。反之，其中一個死去的弟兄斥責他沒有讓修道院教堂裡的燭火燒一整晚，聖彼得本人則告訴貝倫圖斯，他最大的過失就是在加入修道院後偷偷存了十二枚金幣，他必須放棄那些金幣才行。

有些異象並沒有那麼清楚明白。修道院院長撒拉伯加出現天堂的異象時，她認不出自己在地球上認識的人，因此他們得向她重新自我介紹！就像教宗額我略一世指出的，僧侶必須練習洞察自己的夢。有時「異象」只是吃太多造成的，或者是過分關注某些事或魔鬼的產物；有時這些真的是上帝的啟示，但是心智必須很謹慎，因為錯誤解讀異象的起源會導致異象要傳達的訊息被錯誤應用。[32]

額我略會提供這個建議，是因為知道讀者早已把異象當作寶貴的導航系統。僧侶會一而再再而三積極分享這些異象，而這也是我們會知道這些故事的原因。比方說，大概是在西元八世紀初期的時候，溫洛克修道院（Wenlock，位於今天英格蘭的西密德蘭〔West Midlands〕）有一個僧侶得到這樣的異象，他的經歷被轉述給另一間修道院的院長，這個院長又告訴在英吉利海峽對岸傳教的僧侶，然後這個僧侶又寫信告訴英格蘭的另一個修道院院長。這條傳遞鏈的每一個人（當然還有其他許多知道這件事的僧侶）都對這個僧侶的經歷感到興奮，他感覺自己好像被抽離身體，脫掉了正常感官感知「無法穿透的防護」（densissimo tegmine），使用超人類的清晰視野看見整個世界及來世的平行地帶。他們會分享這些故事也是因為，就像同時代的中國佛教僧侶所觀察到的那樣，異象需要詮釋的協助。看見異象儘管令人興奮顫慄，異象所代表的意義卻不一定很明顯，就連擁有強大洞察力的僧侶也不見得理解。[33]

在基督教的修道文化中，這類以死亡為焦點的異象從西元六世紀後期以降變得越來越常見，當時地中海地區的基督徒開始激烈爭辯，有哪些可行的選項可協助決定靈魂在肉身死亡後的去向。像貝倫圖斯或溫洛克修道院的僧侶所經歷的那些異象（靈魂來到了亡者居住的地方），都能夠協助讀者分析影響自身命運的選擇和力量。雖然每一個異象對於什麼有可能或是建議怎麼做的看法都不一樣，但是若放在一起看，就會看出它們呈現了人類生活的全景視野，強調渺小和雄偉事物、過去與未來之間的連結。這種後設認知觀點不但描繪了心智前進的道路，也激勵僧侶警戒地堅守那條路。[34]

在中世紀初期，宇宙視野變得非常吸引人，因此不限於無肉身靈魂的死亡或瀕死經驗。有些僧侶把這種視野融入他們所說的「純粹禱告」的心智狀態，那是任何人能夠到達的最高階的禱告狀態。

純粹禱告又稱作「不分心的禱告」，是西元四世紀那位對修道認知文化造成深遠影響的敏銳理論家埃瓦格里烏斯所想出來的概念，但他的後繼者不斷修改這個概念，帶入新的問題、傳統和專業。在敘利亞語的世界，尤其是西元七和八世紀的波斯灣和美索不達米亞，僧侶帶著其他地方無可匹敵的熱忱，探索和描述純粹禱告所涉及的心理過程。[35]

除了這些僧侶的事蹟之外，我們對他們所知不多。他們對心智比對外在生活更感興趣，因此他們所寫的東西雖然私密活潑，但是除此之外，我們對他們幾乎一無所知。除了他們書寫的文字之外，我們對他們的粗淺認識主要源自傳記綱要的簡短敘述，這些大部分都是在他們生存年代的幾百年後編撰的。然而，儘管史料是如此片斷零碎，我們還是可以清楚看出這些東敘利亞僧侶教育程度極高，並在他們的小室之外發展了重疊的社交網絡。

因此，這些僧侶都知道歐洲、地中海和中東地區包含教宗額我略一世在內的許多人，都有參與關於靈魂死後去向的辯論。在這些辯論中，東敘利亞的基督徒所採取的立場是，靈魂依賴肉身的感知功能，因此一個人死後，他的靈魂會陷入睡眠狀態，直到所有的靈魂都得接受最後審判的那天為止。在這種「麻醉」（某位歷史學家這樣形容）的狀態中，靈魂無法產生認知頓悟。雖然東方教會的僧侶對於靈魂死後的異象不怎麼感興趣，他們卻會探討心智在禱告的過程所產生的宇宙視野。[36]

他們不是寫給新手看的；純粹禱告是專家才做得到的。[37] 這些理論家認為，唯有離群索居好幾個星期、甚至好幾年的僧侶，才有辦法實踐這件事。只有已經能在比較基礎的修道層面監控、管教自己的隱士，才適合進行這個最高階的練習。實現這個禱告形式的僧侶，不僅可以從更高的層次觀看整座宇宙，還能跳脫宇宙，進入完全專注的狀態。

想出純粹禱告這個概念的僧侶，把它視為禱告認知與性靈層級的終極階段。要在這個層級取得進展，僧侶必須做好準備。禱告是「不靠書本」跟上帝說話的一種行為——以及思維，但內容不應該是僧侶想到什麼就說什麼。僧侶越努力進行生理、社交、抄本和心理等其他訓練，他的禱告越能夠進步，大部分的僧侶都這麼相信。額我略在述說本篤的異象時，便暗示只要你先把書讀好，不靠書本禱告是有可能做到的。閱讀《聖經》，並搭配從多個層次詮釋經文的解經習慣，可以幫助讀者看見宇宙的深層內涵，尼尼微的以撒一定會再次認同他的說法。以撒在卡達出生，後來活躍於伊朗西南部和美索不達米亞北部，在說敘利亞語的基督徒之間影響力極大。他認為，僧侶越是內化經文，就越可以逐漸脫離書本和冥想。反之，不曾深度閱讀或冥想就進行禱告，會讓心智通往天堂的道路變得泥濘不堪。[38]

然而，只要做好充分的準備，僧侶就能進展到比較進階的禱告階段，跟上帝談到萬物蘊含的概念和道德體系，在過程中瞥見整個宇宙。西元五世紀初，亞斯特里烏斯跟僧侶雷納圖斯（Renatus）說：「就算撇開來世的獎勵，光是雙腳站在地面、心智卻跟群星一起穿過蒼穹，這種體驗就很棒了！」僧侶聽過很多像這樣令人興奮的例子。《長者格言》寫道：「他們曾說，有一個偉大的長者住在珀爾菲萊特（Porphyrites），當他抬頭看向天空，他會看見天上的一切，當他低頭俯瞰，把注意力轉向地球，他會看見地底深淵和裡面的一切。」東敘利亞人寫到這些高階的階段時，語氣更熱血，他們認為這些是通往純粹禱告的經歷。達里亞薩的約翰在西元八世紀曾說，僧侶有可能漫遊在比天空還高、比海洋和深淵還深的地方，有時持續一個小時，有時甚至是一整天。約瑟夫．哈扎亞（他比約翰年輕一個世代）則說，成功在禱告期間擊退魔鬼攻擊的僧侶會贏得「兩個世界的景色」，那就是當下的世界和「新世界」（敘利亞語對天堂的稱呼）。這些視野還能看穿漫長的時間。謝蒙．德泰布特說，升高的心智看得到過去發生的所有事件，還有現在正在發生的一切；約瑟夫．哈扎亞更進一步地主張，處於進階禱告狀態的僧侶甚至能夠看見未來。[39]

這些後設認知時刻（即心智看見自己位於宇宙之間的時刻）令人興奮的部分原因是，一次望見整個世界竟會給人意料之外的清澈感。所有的一切都在眼前，但是心智卻是安穩的，沒有飄忽不定。東敘利亞的僧侶特別喜歡突顯單一和多重之間的這種驚人反差。達里亞薩的約翰說，僧侶是透過自己寂靜的內心獲得這些萬物的廣闊視野：宇宙的龐大就在自我裡面。馬爾・夏姆利（Mar Shamli）曾經在他位於卡都（Qardu）山區（今天的伊拉克庫德斯坦（Iraqi Kurdistan））的隱居小室寫信給學生，描述心智極為平靜、心靈擴張到彷彿天地都納入體內的那種感覺。

在心智專注的純量視野中，就算只是檢視這個世界上最小的東西，也能通往所有的一切。實體世界的任何一丁點都是一把認知鑰匙，可以開啟上帝一絲不苟設計出來的龐大體系，東敘利亞的僧侶跟更西邊的基督徒都抱持這種看法。西元七世紀初，愛爾蘭的修道院院長高隆邦甚至在米蘭講道時表示，抱持不同的看法是很不負責任的：「誰會探索天上的現象，卻對地上的一切一無所知？」然而，僧侶不應貿然跳進兔子洞，在裡面走失，而是應該像尼尼微的以撒所說的那樣，把這些「個別事實」或「細節」合成為將它們「集體」納入考量的「單一視野」。在西元八世紀大量閱讀以撒著作的貝西修・卡穆拉亞（Behishoʿ Kamulaya），他寫到僧侶該如何開始建立這些認知連結：「當他試著注視自然萬物的建設，他的認知（即心智，madʿa）立刻就會延伸到上帝的創造之上，像閃電一般快速返回。」[40]

貝西修認為，人類在亞當墮落之前都能夠以這種方式看待一切。教宗額我略一世（等人）也這麼想。僧侶只是在試著修復損害，他們認為宇宙破裂了，應該再次把它變完整。矛盾的是，僧侶越是縮小焦點，他們的視野就越寬廣。[41]

但這些令人頭暈目眩的練習只是整趟旅程的倒數第二個階段。在大大小小的概念之間跳躍，或是逐漸融合宇宙的眾多片段，這些理論上會帶來更吸引人的靜止不動經歷。最終，靜止不動才是純粹禱告的狀態，在那個狀態之中，你不會「看見」任何東西。埃瓦格里烏斯堅持，心智如果要到達純粹禱告的狀態，「就必須超越一切跟物體有關的心理表現」——雖然心智仍得先思索「身體和世界的多元性」。或者就像約瑟夫．哈扎亞所說的，性靈的視角提高很多，甚至超越了「有形事物的思考」。結果是，一切萬物變得無法區別。[42]

有形的概念本身在這個狀態之中消失了，僧侶受到約束的自我感也是，人類的正常侷限消失了。加薩的巴爾薩努菲烏斯說，抵達這種巔峰狀態的僧侶「變成全是智識、全是眼睛、全是萬物、全是光芒、全是完美、全是神祇」。經歷過這種狀態的僧侶說，他們忘了自我。因為忘卻自我，他們得以像馬布格的菲洛克森努斯（Philoxenus of Mabbug）在六世紀初所描述的那樣，變得「完全吞沒在〔上帝裡〕，完全混入他的全部。」約瑟夫．哈扎亞認為自我在這最後一個禱告階段已經完全消滅，心智跟神聖的光芒和真理無法互相區分。達里亞薩的約翰也說，在這些時刻，靈魂和上帝被照亮到靈魂看見自己跟上帝的相似之處，完全與神聖的光芒融合。沒有任何一個描述寫得跟另一個一模一樣，因為如同尼尼微的以撒所指出的，這個經歷沒辦法令人滿意地準確捕捉：「只有地球上的事物才能精準敘述。」[43]

這也是專注和分心出現異曲同工之妙——一種心理陶醉形式可能被誤認為另一種心理陶醉形式——的時候，因為經歷這件事的僧侶可能感到無力招架，而這種麻木狀態也會使他們無法工作和禮拜。他們在這個階段得到的建議，有時會跟他們在社群中接受訓練時學到的東西相悖：他們被告知，不用把固定的誦經和行事曆放在第一位，而是跳過這些活動。當僧侶越來越接近純粹禱告的狀態，就連例行的修道功課也被視為令人分心的事物。至少，達里亞薩的約翰和約瑟夫．哈扎亞是這麼認為，但並不是每個人都同意。我們在這方面仍舊無法確定什麼才是最好的做法。[44]

不過，洞察或決定終究是不重要的。這麼深入思考過「思考」這件事的僧侶表示，當僧侶達到最高的禱告狀態時，他們其實已經沒有在禱告。在純粹的禱告狀態中，動詞已經失去意義。尼尼微的以撒認為，這時候就連名詞也會誤導人：「當思想不復存在，要怎麼談論禱告這件事——或其他任何事？」心智完全靜止不動，導致思考也停止了。這已經超越我們今天所說的「心流」，因為心流雖然指的是無意識的全神貫注狀態，但是處於心流狀態的心智還是有在運轉。反之，純粹禱告是一種完全透徹的靜止狀態。

到了這個時候，就連後設認知也不可能實現。對修道心理訓練來說非常重要的自我監控活動也中止了，因為自我消失時，反思的能力也消失了。貝西修形容身心擊敗了它們的挑戰者，隨後心智終於擠過進入內心最深處的小門，僧侶得以面對自己和靈魂的模樣。但那只是中間會經過的階段，在純粹禱告的終極狀態裡，次級觀察——反思著「反思」這件事——是不可能的。如同約瑟夫·哈扎亞在西元八世紀所說的：「在這個狀態的智識會跟他內在運作的活動結合，兩者融為一體。沒錯，智識的光芒不會跟它泅泳的海洋分離。」心智跟它所想的事物完全融合。[45]

很可惜，純粹禱告只是一個短暫的狀態。就像保羅阿爸數百年前告訴卡西安和傑曼努斯的那樣，沒有人可以不間斷地看著上帝。僧侶的心智最後都將走回頭路，踉蹌、失足、滑倒、墜落，然後被帶走。這就是身為人類的殘缺之一。僧侶認為這表示，他們需要上帝的加持（他們稱之為恩典）才能經歷那些神魂超拔的時刻。尼尼微的以撒直接歸功上帝：「沒有您的恩典所蘊含的力量，我沒辦法進入自我、察覺到我的汙點，並且因為看見這些汙點而靜止不動，不受強大的分心所影響。」[46]

寫下這些純粹禱告相關建議的人，提供其他僧侶很多鼓勵，但也坦言說出自己的挫敗感，因為在至高的禱告時刻之後出現的分心現象，可能連教育程度極高又經驗豐富的僧侶也壓垮。約瑟夫·哈扎亞警告，心智在經歷靜止的狀態後，特別容易受到「分心的魔鬼」入侵，這溫柔的提醒是要告訴他的讀者，即使是最高階的僧侶也會經歷這令人挫敗的心理翻轉。隱居僧侶馬爾·夏姆利（他可能是約瑟夫的學生）曾經寫信給自己的學生，形容他在純粹禱告的時刻經歷的上帝異象，但他沒有在這個精采的時刻打住，而是接著描述回歸正常時令人崩潰的感受：訪客又開始造訪他的小室時，馬爾·夏姆利說他感覺自己像個「剛埋葬自己愛人的寡婦」。謝蒙·德泰布特曾經極富同情心地將僧侶的心境轉變比作天氣變化：有時感覺太陽照在心上，有時感覺悲傷像一大片烏雲遮蔽了靈魂。這些感受都是很正常的，也很短暫，但這並沒有讓人比較容易承受，因此謝蒙建議僧侶多閱讀他們的修道英雄所分享的經歷，這能帶給他們安慰。謝蒙自己其實就有仰賴長者的經歷，他提到，他是從安東尼最受讚譽的學生馬卡利烏斯阿爸那裡借用天氣的譬喻的。[47]

然而，這些經歷雖然看似超驗，深入探索純粹禱告這個主題的東敘利亞僧侶，其實也深受對這個主題特別有興趣和感到爭議的時代和地點所影響。他們其中一些人遭到了指責，因為他們暗示，純粹禱告的個人經歷使其他權威和冥想形式失去作用。僧侶自己當然不會同意這種說法，但他們知道有些基督徒不認為還在人世間的時候，有可能用這種方式察知或體會上帝。他們也承認，要用人類的語言描述這個經歷，會對本身擁有無限可能的事物加諸限制。尼尼微的以撒嘆道：「想要準確描述這件事，墨水和字母的力量是多麼脆弱！」這大概是他為什麼會如此多產的原因之一。

基督教社群很有興趣地閱讀東敘利亞人的著作，但對他們卻有不一的定論。例如，謝蒙的其中一個讀者在抄寫他的著作時列出資格條件，試圖緩解謝蒙實驗性質較重的概念。東方教會的宗主教甚至在西元七八六或七八七年譴責達里亞薩的約翰和約瑟夫·哈扎亞的著作，這位宗主教就是抱怨抄寫奧利振《六合本》的敘利亞文版本對他視力造成傷害的提摩太一世。不過，提摩太之後的宗主教在五十年後取消了譴責，甚至在那之前，約翰的著作就已經很受西敘利亞基督徒的歡迎，因此他們給他取了「撒巴」（Saba）的綽號，意思是「神聖長者」——但是東敘利亞和西敘利亞的基督徒嚴格上其實應該視彼此為異端。[48]

約翰和約瑟夫的著作所得到的評價提醒了我們，在古代晚期和中世紀初期，基督教文化同質性不高且爭論成分大，表面上的宗派區隔實際上也經常不存在，彼此互有結盟和同情的情況。雖然認真檢視各種禱告狀態只有在敘利亞語的世界特別盛行，而且只適用於最高階的僧侶，但這仍是廣大修道文化的一部分，認為心智是紀律和獎勵的終極所在。

這也體現了當時的另一個文化：能在宇宙的宏觀和微觀視野之間跳來跳去，不僅對僧侶來說很興奮刺激，對其他基督徒來說也是。希波的奧古斯丁曾經在講道時「模擬」死亡給北非信眾聽，激勵他們以很快的速度在不同的時空、從不同的角度看待自己。凱撒利亞的巴西流則在講道時描述物質世界的美妙，鼓勵信眾從世間最微小的細節觀看上帝的偉大計畫，當他不小心漏講小鳥這個主題時，聽眾還打手勢提醒他別省略這可愛的動物。再舉一個規模更小的例子：在由一個亞歷山大港的糖果家族所買下的古代晚期埃及藝術收藏品（施塔德勒〔Stadler〕收藏）之中，有一個雕刻精細的髮夾，上面是一個放在地球上的小小聖壇。這是一種圖像速記法，把基督教的宇宙變成迷你版，置於一名女子纖細的象牙髮夾上，讓她插在髮絲之間。[49]

僧侶思索宇宙的方式特別的地方在於，這個認知訓練的核心是以完全專注於上帝為目標。僧侶在穿過修道主義的層層紀律訓練時，就連最老到的那些人也需要鼓勵，因為專注的功課十分矛盾、難以理解。散文家和小說家約書亞・科恩（Joshua Cohen）曾經說：「意識到專注就是在創造專注；意識到專注就是在摧毀專注。」但是不僅如此，修道主義在專注這方面的矛盾之處，更確切地說是身為宇宙的一部分、同時又跟宇宙有所區隔所造成的結果。為了專注於上帝所做出的努力既磨利了自我，也抹滅了自我。認識和掌控自我這個微妙的功課會允許他們逃離自我，跟本質無法分割的神性重新連結。[50]但是，那些辛苦得到、上帝賜予的全神貫注時刻只是短暫的。心智是一個被創造出來的東西，因此注定跟其他被創造出來的東西一樣，再度分裂。

## 在這章我們能了解到……

①深入自己的思緒時，會遇到心智最怪的特性，它能夠一邊處理資訊，一邊觀察自己做這件事。

②思考著「思考這件事」一點也不會令人分心，反而是安定自我的終極方法。

③觀察自己的思緒只是後設認知的開端，還應該調查令人分心的念頭、找出它們的源頭，而「洞察」正是指涉這個偵查工作的用語。洞察使僧侶在察覺自己的思緒後，能跟思緒保持距離，這樣如果一閃而過的是邪念，他們就不用嚴厲地批評自己。

④看似隨機出現的念頭並不是全部都有問題，有些是好的，有些是不好的，任務是要懂得分辨這兩者。

⑤心智是一個被創造出來的東西，因此注定跟其他被創造出來的東西一樣，再度分裂。

## 第六章註釋

1 Gregory, *Dialogi* 2.3.5–9 (*cogitationis lapsum* at 2.3.9); Isaac of Nineveh, *Discourses* 2.3.4.65 (= *Centuries on Knowledge* 4.65), trans. Brock, *Syriac Fathers*, p. 267. 分心就像酒醉：Cassian, *Collationes* 4.2, 10.13; Isaac of Nineveh, *Discourses* 2.5.4. 高度專注就像酒醉：Pseudo-Macarius, *Logoi* 8.4 (collection 2); Isaac of Nineveh, *Discourses* 2.10.35; John of Dalyatha, *Letters* 7.1; Joseph Ḥazzaya, *Lettre sur les trois étapes de la vie monastique* 3.94. 後面這個譬喻在東敘利亞的神祕主義文本中非常普遍，雖然酒醉的主題可以回溯到猶太哲學家亞歷山大港的斐洛（Philo of Alexandria）：Hans Lewy, *Sobria ebrietas: Untersuchungen zur Geschichte der antiker Mystik* (Giessen, Germany: Töpelmann, 1929).

2 Abraham of Nathpar, *On Prayer* 4, trans. Brock, *Syriac Fathers*, p. 194; likewise Behishoʿ Kamulaya, *Memre* 3, p. 295 (= 54a).

3 Basil, *Great Asketikon*, LR 15.3; Erica Weaver, "Performing (In)Attention," *Representations* 152 (2020): 1–24.

4 ʿEnanishoʿ, *Book of Paradise* 2.21, p. 390; Dadishoʿ Qaṭraya, *Compendious Commentary* 60–61; likewise the Geʿez version, *Filekseyus* 30.

5 Tudor Andrei Sala, "Eyes Wide Shut: Surveillance and Its Economy of Ignorance in Late Antique Monasticism," in *La vie quotidienne des moines en Orient et en Occident (IVe–Xe siècle)*, ed. Olivier Delouis and Maria Mossakowska-Gaubert, vol. 2, *Questions transversales* (Cairo and Athens: Institut Français d'Archéologie Orientale and École Française d'Athènes, 2019), 283–300, quoting Shenoute at 289 (= *Canons* 3, ZC 302–3).

6 Dorotheus, *Didaskalia* 11.120; Shemʿon d-Ṭaybutheh, *Book of Medicine* 191a, trans. Mingana, p. 54.

7 E.g., *AP/GN*, N. 56, 227; *AP/S* 1.8.249; Kevin Roose, *Futureproof: 9 Rules for Humans in an Age of Automation* (New York: Random House, 2021), e.g., 168, 172–75. 關於「洞察」的語義範疇，可參見：Antony D. Rich, *Discernment in the Desert Fathers: Diakrisis in the Life and Thought of Early Egyptian Monasticism* (Bletchley, England: Paternoster, 2007).

8 Dorotheus, *Didaskalia* 9.99; Cassian, *Collationes* 1.19–21, 2.5（關於脈絡的重要性，也可參見 21.11–17），2.7（跟亞伯拉罕有關的幻覺）.

9 Dorotheus, *Didaskalia* 3.40; Columbanus, *Regula Columbani* 8; Barsanuphius and John, *Letters* 407–8. 關於不確定性是洞察不可或缺的一部分，可參見：especially Lorenzo Perrone, " 'Trembling at the Thought of Shipwreck': The Anxious Self in the Letters of Barsanuphius and John of Gaza," in *Between Personal and Institutional Religion: Self, Doctrine, and Practice in Late Antique Eastern Christianity*, ed. Brouria Bitton-Ashkelony and Perrone (Turnhout, Belgium: Brepols, 2013), 9–36. 接受長者指導：請參見第二章以及 Rich, *Discernment*, 189–202.

10 哲學家 David J. Chalmers 在以下文獻進行了這樣的比較：*Reality+: Virtual Worlds and the Problems of Philosophy* (New York: Norton, 2022), 51–55, 452–53.

11 關於把魔鬼的圍攻比喻成現代的執著，可參見：Inbar Graiver, *Asceticism of the Mind: Forms of Attention and SelfTransformation in Late Antique Monasticism* (Toronto: Pontifical Institute of Mediaeval Studies, 2018), 129–62. "Paralysis by analysis"：Ethan Kross, *Chatter: The Voice in Our Head, Why It Matters, and How to Harness It* (New York: Crown, 2021), 27.

12 舞廳的保鑣：Johann Hari, *Stolen Focus: Why You Can't Pay Attention—and How to Think Deeply Again* (New York:

Crown, 2022). p. 43–44收錄了訪談葛薩利的內容。築巢：John of Apamea, *Letter to Hesychius* 41–42, in Brock, *Syriac Fathers*. 發芽：Cassian, *Collationes* 4.3. 殺蟲劑：Ferreolus, *Regula* 9（"ne in mente sua bonum semen sparsum enecet adulterina permixtio"）.

13 Hildemar, *Expositio*, prol.28; Dorotheus, *Didasaklia* 3.42.

14 Evagrius, *Peri logismon* 19, trans. Sinkewicz, p. 166; see also Michel Foucault, *Les aveux de la chair*, ed. Frédéric Gros, vol. 4 of *Histoire de la sexualité* (Paris: Gallimard, 2018), 140–142.

15 John of Apamea, *Letter to Hesychius* 41, trans. Brock, p. 91; *AP/G* Poemen 93, trans. Ward, p. 180（波門的譬喻收錄在導論的部分）; Inbar Graiver, "The Paradoxical Effects of Attentiveness," *Journal of Early Christian Studies* 24 (2016): 199–227, at 216–227; Graiver, " 'I Think' vs. 'The Thought Tells Me': What Grammar Teaches Us about the Monastic Self," *Journal of Early Christian Studies* 25 (2017): 255–279.

16 *AP/GN*, N. 104, trans. Wortley, pp. 76–77; John Climacus, *Klimax* 4, trans. Luibheid and Russell, p. 113. 擠掉：Evagrius, *Ad monachos* 14, 37, 98; Isidore, *Regula* 6; Conrad Leyser, *Authority and Asceticism from Augustine to Gregory the Great* (Oxford: Clarendon, 2000), 95–100.

17 Origen, *Peri euches* 31–32, quotation at 32, trans. Greer, p. 168; Lorenzo Perrone, *La preghiera secondo Origene: L'impossibilità donata* (Brescia: Morcelliana, 2011), esp. 51–122, 321–322, and 530–545（談到了亞歷山大港的克萊門特抱持著跟柏拉圖主義者類似的自信）; Brouria Bitton-Ashkelony, *The Ladder of Prayer and the Ship of Stirrings: The Praying Self in Late Antique East Syrian Christianity* (Leuven: Peeters, 2019), 21–51. 但這也不是說，新柏拉圖主義者從來不會分心。例如，哲學家波爾菲利（Porphyry）認為他的老師普羅提諾（古代晚期柏拉圖主義的領先提倡

者）在跟別人談話時還能專注在內心的思緒，是非常卓越的 (*Life of Plotinus* 8)。然而，對話或者哲學家工作時可能跟思考過程爭奪注意力的其他層面，和禱告期間心智遭遇的挑戰並不相同。

18 Cassian, *Collationes* 11.6–8.

19 Sahdona, *Book of Perfection* 2.8.3, trans. Brock, *Syriac Fathers*, 202; John Climacus, *Klimax* 4, trans. Luibheid and Russell, pp. 104–105 (see Ps. 95:6).

20 Basil, *Great Asketikon*, LR 5.3.82–93; *AP/G* Antony 35, trans. Ward, p. 8; Cassian, *Collationes* 1.4–5; *AP/G* Dioscorus 1; *AP/GN*, N. 92, trans. Wortley, p. 73.

21 對話：Sahdona, *Book of Perfection* 2.8.25, in Brock, *Syriac Fathers*. 有權勢的人，法官：Basil, *Great Asketikon*, SR 21, 201, 306; PseudoMacarius, *Logoi* 15.19 (collection 2); Cassian, *Collationes* 23.6.2; Theodoret, *Historia religiosa* 21.33; Gerontius, *The Life of Melania the Younger* 42; *RB* 20; Donatus, *Regula* 18; *On Prayer*, in Brock, *Syriac Fathers*, p. 175; Hildemar, *Expositio* 52. 這個策略或許是來自Origen, *Peri euches* 8.2: 可參見see Perrone, *La preghiera secondo Origene*, 160–163. 抽離：Kross, *Chatter*, 51–61.

22 Shemʿon d-Ṭaybutheh, *Book of Medicine* 171b, trans. Mingana, p. 23; Shemʿon, *Profitable Counsels* 20, trans. Kessel and Sims-Williams, p. 293 (and see also 285); *AP/GN*, N. 548（"graft" trans. Wortley, p. 373); Cassian, *Collationes* 9.27–32; Barsanuphius and John, *Letters* 237.

23 Pierre Hadot, "Exercices spirituels," in *Exercices spirituels et philosophie antique*, 2nd ed. (Paris: Études Augustiniennes, 1987), 13–58, at 37–47; Ellen Muehlberger, *Moment of Reckoning: Imagined Death and Its Consequences in Late Ancient Christianity* (Oxford: Oxford University Press, 2019), p. 129–142談到古典教學法, quotation 132 (= Libanius,

*Progymnasamata* 24); Jonathan L. Zecher, *The Role of Death in* The Ladder of Divine Ascent *and the Greek Ascetic Tradition* (Oxford: Oxford University Press, 2015), 52–79.

24 Cassian, *Collationes* 23.9; Babai, *Letter to Cyriacus* 55, in Brock, *Syriac Fathers*; Dadishoʿ, *Shelya*, 54a–55a.

25 John Climacus, *Klimax* 6; similarly Anastasios of Sinai, *Eratopokriseis* 17; Zecher, *The Role of Death*, 217; Evagrius, *Praktikos* 29, trans. Sinkewicz, pp. 102–103. See more generally Alan E. Bernstein, *Hell and Its Rivals: Death and Retribution among Christians, Jews, and Muslims in the Early Middle Ages* (Ithaca: Cornell University Press, 2017), 67–98.

26 天使：*AP/GN*, N. 487, trans. Wortley, p. 319 (likewise Isaiah, *Asketikon* 2.9 and Dadishoʿ Qaṭraya, *Commentaire du livre d'abba Isaïe* 2.10); *Bohairic Life of Pachomius* 114, in *Pachomian Koinonia* 1:167–168; *RM* 10.92–120 (drawing on *Passio Sebastiani* 13, in PL 17:1027). See more generally Jean Leclercq, *The Love of Learning and the Desire for God: A Study of Monastic Culture*, trans. Catharine Misrahi (New York: Fordham University Press, 1961), 65–86.

27 John Climacus, *Klimax* 4（烤爐）, 7（床鋪）, trans. Luibheid and Russell, pp. 96, 138; Catherine Jolivet-Lévy, "La vie des moines en Cappadoce (VI$^{e}$–X$^{e}$ siècle): Contribution à un inventaire des sources archéologiques," in *La vie quotidienne des moines en Orient et en Occident (IV$^{e}$–X$^{e}$ siècle)*, vol. 1, *L'état des sources*, ed. Olivier Delouis and Maria Mossakowska-Gaubert (Cairo and Athens: Institut Français d'Archéologie Orientale and École Française d'Athènes, 2015), 215–249, p. 291–320提到西緬.

28 *AP/GN*, N. 135. See also Paul C. Dilley, *Monasteries and the Care of Souls in Late Antique Christianity: Cognition and Discipline* (Cambridge: Cambridge University Press, 2017), 148–185; Zecher, *The Role of Death*, 104–109.

29 Isaac of Nineveh, *Discourses* 1.58.407, trans. Wensinck, p. 273; Antony of Choziba, *Bios Georgiou* 1.5, trans. Vivian and

Athanassakis, p. 38（魚鉤）; John of Apamea, *Letter to Hesychius* 68, trans. Brock, *Syriac Fathers*, 97; John of Ephesus, *Lives of the Eastern Saints* 13, trans. Brooks, 1:202.

30 Oliver Burkeman, *Four Thousand Weeks: Time Management for Mortals* (New York: Farrar, Straus and Giroux, 2021), esp. 57–69.

31 Gregory, *Dialogi* 2.35. 關於斯多葛和新柏拉圖學派的影響，可參見：Pierre Courcelle, "La vision cosmique de saint Benoît," *Revue d'Études Augustiniennes et Patristiques* 13 (1967): 97–117. 關於晚上的時間的重要性，可參見：Basilius Steidle, "Intempesta noctis hora: Die mitternächtliche 'kosmische Vision' St. Benedikts (Dial. 2,25.2)," *Benediktinische Monatschrift* 57 (1981): 191–201.

32 *Visio Baronti* 11, 13; Jonas, *Vita Columbani* 2.12; *Vita Sadalbergae* 26; Gregory, *Dialogi* 4.50.6.

33 Boniface, *Letters* 10 (quotation p. 8 in Tangl's Latin ed.). 其他呼籲在夢境和異象中運用洞察力的情形：Rich, *Discernment*, 184–188. 中世紀初期的中國：Eric M. Greene, *Chan before Chan: Meditation, Repentance, and Visionary Experience in Chinese Buddhism* (Honolulu: Kuroda Institute and University of Hawai'i Press, 2021), esp. 57–109.

34 關於中世紀初期異象文獻的激增：Claude Carozzi, *Le voyage de l'âme dans l'Au-delà d'après la littérature latine (Ve–XIIIe siècle)* (Rome: École Française de Rome, 1994), 13–297; Matthew Dal Santo, *Debating the Saints' Cult in the Age of Gregory the Great* (Oxford: Oxford University Press, 2012), esp. 21–148; Kreiner, "Autopsies and Philosophies of a Merovingian Life: Death, Responsibility, Salvation," *Journal of Early Christian Studies* 22 (2014): 113–152; Peter Brown, *The Ransom of the Soul: Afterlife and Wealth in Early Western Christianity* (Cambridge, MA: Harvard University Press, 2015), esp. 65–79, 158–167, 197–204. 古代晚期的先例：Muehlberger, *Moment of Reckoning*, 147–182.

35 Bitton-Ashkelony, *The Ladder of Prayer*; Brouria Bitton-Ashkelony, "Pure Prayer and Ignorance: Dadishoʿ Qaṭraya and the Greek Ascetic Legacy," *Studi e materiali di storia delle religioni* 78, 1 (2012): 200–226, p. 204提到「不分心的禱告」；Perrone, *La preghiera*, 564–587; Columba Stewart, "Imageless Prayer and the Theological Vision of Evagrius Ponticus," *JECS* 9 (2001): 173–204.

36 Vittorio Berti, *L'Au-delà de l'âme et l'en-deça du corps: Approches d'anthropologie chrétienne de la mort dans l'Église syro-orientale* (Fribourg: Academic Press Fribourg, 2015), 73–135, quotation at 123. 教育與網絡：Sabina Chialà, "Les mystiques syro-orientaux: Une école ou une époque?" in *Les mystiques syriaques*, ed. Alain Desreumaux (Paris: Geuthner, 2011), 63–78.

37 達狄修對此有不太一樣的看法：BittonAshkelony, "Pure Prayer and Ignorance," 209–214.

38 Isaac of Nineveh, *Discourses* 3.9.9–11, 3.9.15. 額我略和解經異象：Conrad Leyser, *Authority and Asceticism from Augustine to Gregory the Great* (Oxford: Clarendon, 2000), 181–185. 對埃瓦格里烏斯和卡西安有類似的觀點：Luke Dysinger, *Psalmody and Prayer in the Writings of Evagrius Ponticus* (Oxford: Oxford University Press, 2005), 59–60, 62–103.

39 Asterius, *Liber ad Renatum* 9.19（"Ut de praemio futurae uitae taceam, quam magnum est huic solo fixis haerere uestigiis, et animum per caelum cum sideribus ambulare!"）; *AP/GN*, N. 371, trans. Wortley, p. 241; John of Dalyatha, *Memre* 6.16, 8.8; Joseph Ḥazzaya, *Lettre sur les trois étapes de la vie monastique* 4.140; Shemʿon d-Ṭaybutheh, *Book of Medicine* 166a; Joseph Ḥazzaya, *On Spiritual Prayer*, in Brock, *Syriac Fathers*, 316–317.

40 John of Dalyatha, *Memre* 1.3; Mar Shamli, *Letter* 9; Columbanus, *Sermones* 1.4（"Qui enim, rogo, terrena ignorat,

caelestia cur scrutatur?" ); Isaac of Nineveh, *Discourses* 3.5.6, trans. Chialà p. 44 and Hansbury p. 321; Behishoʿ Kamulaya, *Memre* 3, trans. Blanchard, pp. 306–307 (68a); see also Columba Stewart, *Cassian the Monk* (New York: Oxford University Press, 1998), 51–54. 這裡談到埃瓦格里烏斯和卡西安主張的漸進式冥想。關於貝西修的著作如何定年在西元八世紀後期，可參見：Sabino Chialà, "La *Lettre* de Mar Šamli à un de ses disciples: Écrit inédit d'un auteur méconnu," *Le Muséon* 125 (2012): 35–54, at 40–45. 關於這個時期 *madʿa* 的語義範疇：Winfried Büttner, *"Gottheit in uns": Die monastische und psychologische Grundlegung der Mystik nach einer überlieferten Textkollektion aus Werk des Šem'on d-Ṭaibuteh* (Wiesbaden: Harrassowitz, 2017), 210–216, 286–298.

41 Behishoʿ Kamulaya, *Memre* 3, p. 309 (72a); Gregory, *Dialogi* 4.1.1.

42 Evagrius, *Peri logismon* 40, trans. Sinkewicz, p. 180; Evagrius, *Scholia on the Psalms* 8 on Ps. 138:16, trans. Dysinger, in *Psalmody and Prayer*, 175, and see more generally 172–184; Joseph Ḥazzaya, *Lettre sur les trois étapes de la vie monastique* 5.142.

43 Philoxenus of Mabbug, *Excerpt on Prayer*, in Brock, *Syriac Fathers*, p. 129; Barsanuphius and John, *Letters* 207, trans. Chryssavgis, 1:215; BittonAshkelony, *The Ladder of Prayer*, 198（約瑟夫・哈扎亞）; John of Dalyatha, *Memre* 6.15; Isaac of Nineveh, *Discourses* 1.22, trans. Brock, in *Syriac Fathers*, p. 257.

44 麻木和沒去禮拜：Robert Beulay, *L'enseignement spirituel de Jean de Dalyatha, mystique syro-oriental du VIIIe siècle* (Paris: Beauchesne, 1990), 215–239.

45 Isaac of Nineveh, *Discourse* 2.32.5, trans. Brock, p. 143; Behishoʿ, *Memre* 4, pp. 326–327 (91a); see also Bitton-Ashkelony, *Ladder of Prayer*, 88–101（尼尼微的以撒）, 174（達里亞薩的約翰）, 197–203（約瑟夫・哈扎亞）;

Joseph Ḥazzaya, *Letter* 49, trans. Hansbury, in John of Dalyatha, *Letters*, p. 298. 埃瓦格里烏斯沒有討論心智在純粹禱告時的限制：Brouria Bitton-Ashkelony, "The Limit of the Mind (*nous*): Pure Prayer according to Evagrius Ponticus and Isaac of Nineveh," *Zeitschrift für antikes Christentum* 15, no. 2 (2011): 291–321, at 312. 心流的概念起初是由心理學家奇克森特米哈伊・米哈伊（Mihaly Csikszentmihalyi）發展出來的：*Beyond Boredom and Anxiety: The Experience of Play in Work and Games* (San Francisco: Jossey-Bass, 1975), 伊莎貝拉・米哈伊（Isabella Csikszentmihalyi）也有貢獻.

46 Cassian, *Collationes* 23.5.7–9 (*labere, decidere, lubricis cogitationibus, conruere, abducere*); Isaac of Nineveh, *Discourses* 2.5.4, trans. Brock, p. 7.

47 Mar Shamli, *Letter* 13; Joseph Ḥazzaya, *Letter* 49, in John of Dalyatha, *Letters*; Shemʿon d-Ṭaybutheh, *On the Consecration of the Cell* 17 (see also Isaac of Nineveh, *Discourses* 1.72.495, also citing Macarius).

48 Isaac of Nineveh, *Discourses* 2.3.2.18 (= *Centuries on Knowledge* 2.18); Büttner, *Gottheit in uns*, 132–134, 299–300; Beulay, *L'enseignement spirituel*, 423–464; Khayyat, introduction to John of Dalyatha, *Les homélies I–XV*, pp. 13–23; Bitton-Ashkelony, *The Ladder of Prayer*, 159–188.

49 Basil, *Hexaemeron* 8.2. 奧古斯丁：Muehlberger, *Moment of Reckoning*, 65–104 ("simulations of death" at 68). 髮夾：Asen Kirin and Katherine Marsengill, *Modernism Foretold: The Nadler Collection of Late Antique Art from Egypt* (Athens, GA: Georgia Museum of Art, 2020), 59, 194–195 (catalog no. 52). 關於古代晚期和中世紀初期的人進行純量思考的傾向：Kreiner, *Legions of Pigs in the Early Medieval West* (New Haven: Yale University Press, 2020), 44–77.

50 Peter Brown, *The Body and Society: Men, Women, and Sexual Renunciation in Early Christianity* (New York: Columbia University Press, 1988), 235–240; Foucault, *Les aveux de la chair*, 106–145; Joshua Cohen, *Attention: Dispatches from a

*Land of Distraction* (New York: Random House, 2018), 558.

# 結論——專注力是永恆的功課

宛如蒼蠅、匪徒和風暴般的分心狀態會有消失的一天嗎？僧侶對此並不樂觀。連在死後，分心還是存在。一位敘利亞詩人便是這麼想像的：

靈魂離開肉身，
卻仍痛苦不堪，
感到哀慟莫名；
對於該往何方，
她依然會分心，

左右搖擺不定；
因為邪靈希望
她能跟他們走，
進入欣嫩子谷；
但是天使希望，
她能跟他們去，
前往光明地帶。[1]

靈魂不只在魔鬼和天使的指令之間躊躇，這首韻詩接著又說到靈魂會分心是源自自己內心互相衝突的感受。她很難過要跟愛她的肉身分開，她仍深愛那些在世的人，但她也不想要這個世界，同時害怕自己的罪過會受到懲罰，所以「對於該往何方，她依然會分心」，她無法決定該往哪裡走。

在早期基督教修道主義的認知文化中，唯有回歸上帝才能夠永遠解決分心的問題。只要靈魂還是一個獨立的自我，位於以變和動為特徵——擁有許多選擇、差異和變化——的宇宙，其注意力就是會反覆無常。

因此，我們雖然假定自己在專注力方面遇到的困難，是二十一世紀的壓力和誘惑所造成的，但是古代晚期和中世紀初期的基督教僧侶肯定會說，分心是身為人類固有的經歷，儘管令人分心的事物在每個文化都不一樣。他們大概不會很驚訝，道教和佛教僧侶也同樣在那幾百年面對了類似的挑戰：中國和中亞的僧侶也會在禱告和禮拜時分心，偶爾在酒精和性愛中淪陷，並擔心身心訓練可能帶來的不良結果。（不少中國的規範、評論和冥想文獻也證實，這些古代晚期的修道文化也同樣投入大量心力實驗各種解決他們特有問題的方法。）[2]

不用說，現代以前的僧侶所過的生活跟我們很不一樣，他們認為自己會分心的原因也跟我們通常會歸咎的事物不同。今天的研究把分心怪罪於睡眠不足、無聊、設計不良的職場文化和科技誘因等，而基督教僧侶則是責怪魔鬼和缺陷、意志力，還有導致人類最初跟上帝分開的事件。然而，我們都非常糾結在分心的問題（當初把分心視為道德危機的僧侶發揮了不小的影響），也都懷疑生存年代比我們早的人較懂得應付分心。在西元七世紀，猶地亞（Judea）最顯赫的修道院院長有句話被引述：「在我們先父的時代，避免分心是非常重要的事情，但是現在，做菜和手作統治了我們。」[3] 這種越來越衰微的敘事至少跟基督教修道主義一樣悠久，被記錄在讚美帕科繆不理會魔鬼、西緬一隻腳感染仍屹立不搖、莎拉從不看身旁的河流、埃爾皮迪烏斯踩死蠍子也不停止誦經的故事之中。跟這些模範相比之下差得遠的，不只有比賽看誰先跑到教堂、讀書讀到睡著或是惡意模仿彼此的那些二流僧侶，就連專家級的僧侶也對朋友坦承自己表現不到位，如哀嘆自己怠忽職守的達里亞薩的約翰，或是因為純粹禱告有其侷限而悲傷的馬爾・夏姆利。

但是，雖然先人設立了令人敬畏的典範，僧侶仍決定善加利用。他們認為，仔細研究前幾代人的成就可以幫助他們改進自我，包括改善專注力。這便是僧侶為什麼都這麼博覽群書，也是為什麼在他們那個多元又爭論成分大的世界裡，仍有可能找到共同的經驗。僧侶被他們共享的故事世界所連結，儘管這層連結可能很薄弱。《長者格言》和其他早期敘事傳統中的那些沙漠教父是整個地中海、中東和歐洲各地僧侶都很熟悉且喜愛的導師，雖然他們彼此之間相隔了好幾百年。從後世所引用和提及的文字、甚至是手稿的片段便可證實，本書反覆出現的修道指南，有很多也受到廣泛地閱讀；這些史料包括高加索的安東尼（Antony in the Caucasus）所寫的信件、埃瓦格里烏斯在基督教位於西班牙的前哨站所寫的著作，或是東敘利亞的神祕主義者在吐魯番的綠洲翻譯成粟特語的機智妙語。[4]

畢竟，修道主義的專注功課從來不應該具有排他性。僧侶認為分心會發生在許多面向——心理、生理、社會、文化、宇宙等，而他們對於專注的目標也同樣多元廣闊。他們確信，專注的心智更能讓自我與上帝產生連結，同時繪製出一條穿越宇宙的倫理途徑。做這件事除了可以帶來個人益處，也能讓支持並信任他們的社群受益：專注的奮鬥可幫助他們在城市的監獄做事、治好賽馬身上的魔咒或替其他靈魂代禱。雖然僧侶從不滿意自己的成就，但在專注這方面，他們確實為他人提供了榜樣，就算不需要仿效得一模一樣，但是至少讓我們知道認知是具有道德意涵的。

種種跡象顯示，西元一世紀還有除了僧侶以外的人在擁護思考著「思考」這件事的修道模式。前面曾經提過，贊助聖蓋爾修道院的皇帝因為沒辦法使那裡的僧侶分心而感到很開心；特希的哥哥法蘭吉在法老墳墓隱居，便仰賴她忠誠的支持；還有，那位亞歷山大港的寡婦儘管被客人欺負，仍能保持冷靜，令沙漠長者十分佩服。然而，受到修道認知模式啟發的不只有空閒時間很多的皇帝、親屬或有錢寡婦。薩珊（Sasanian）王朝的拉比（Rabbis）在《巴比倫塔木德》（*Babylonian Talmud*）寫到對分心的擔憂，便是改寫了他們在波斯西部的猶太社群所讀到的修道文獻。再舉一個例子，七世紀有一個基督徒問西奈的阿納斯塔修，活在俗世之中、有房子和孩子要考量的人，要如何不間斷地禱告？這顯示，認知的倫理觀估據的不只有僧侶的心智。阿納斯塔修說，相關的技巧也不只有僧侶能運用，他表示不需要成為僧侶也可以不間斷地禱告，在日常生活中帶著專注的心行動，就能達到類似的效果。[5]

比較在意認知練習枝微末節的僧侶，會爭辯實際和倫理層面的每一個細節，從冥想方法、行事曆到睡覺的毯子都是。結果就是，出現一大堆的策略，有的很標準，但也有很多是客製化的，像是那位無名僧侶的兩籃「念頭」石頭；馬爾．尤南趁進行醫學田野研究、父母無法監視時，半途落跑就皈依修道主義的做法；吉絲莉爾迪絲寫在手稿上的註腳，還有狄奧菲洛斯房內看起來像抄本書頁的牆面。

我們可以試試其中一些策略，雖然僧侶發現很多策略也有令人分心的風險，但是它們的效果總比什麼都不試來得好。我們可以檢視自己的一天，找出分心的時候；我們可以在思緒浮現時，判斷那些念頭值不值得我們浪費時間；我們可以牢記自己有一天會死亡，把重要的事情變成焦點，或至少設定目標給自己方向；我們可以為回憶建造有意義的圖像，或者賦予原本就存在的圖像概念，或者連結和堆疊不同的概念，把它們變得更龐大；我們可以使用能幫助我們專注的格式和版面，閱讀對我們來說重要的內容；我們可以養成新的科技習慣；我們可以訓練自己的身體來更加支持我們的心智，雖然我們大概不會為此就不睡覺或洗澡，但僧侶對節制的強調或許還是有道理的；我們可以制定在變化與固定之間取得平衡的行事曆，或定期向我們尊敬的人回報我們分心的狀況；我們可以不要一直想著自己的事；我們甚至可以用兩個籃子裝石頭！

然而，僧侶肯定會說，要是我們也能從結構上看事情，這些個別的策略會更有效。他們知道分心不只是個人的問題，也是這個世界歪斜的一部分。應付分心就表示得應付家庭、工作、政府和公共事務等互相衝突的要求，這便是為何有那麼多僧侶在自己能做得到的範圍內拋棄俗世，打造另外專注於神聖的社交網絡和社群。

到頭來，對今天的我們來說最有用的或許是僧侶系統化的分心觀點。他們在某些通則上確實有達成共識，儘管只是大致的共識。其中最根本的是，對付分心的關鍵在於找出值得完全專注的東西，這個東西必須值得你奮鬥才行。若非因為專注的焦點是神聖秩序，專注就不會是必要的道德因子，也不會是他們那個衝突與控制文化的宗旨。由於僧侶將倫理認知定義成自我與體系之間（或他們所說的靈魂與上帝之間）的關係，他們將專注視為各種狀態和程度的自相矛盾——專注必須透過活動來尋求穩定，透過縮小焦點來擴大視野。

此外，專注也結合了個人與環境。這是僧侶的認知倫理學比較專業的特性：心智必須在環境、社會團體、實體化身、媒體、記憶、情感和後設認知的操作等脈絡中進行評估。這就是為何他們需要多種互相重疊的專注策略，而不是單一絕對的解決辦法，摒棄世界、前進荒野是一個令人欽佩的開始，但不是必須的。所謂的「世界」其實說穿了只是修道主義的婉轉用詞，指涉任何令人身心分心、使人遠離上帝的事物。因此，如同某位僧侶在七世紀對另一位僧侶所說的，使僧侶成為僧侶的是「改變」（tropos），不是「地方」（topos）；最重要的是僧侶生活的「方式」，不是「地點」。阿納斯塔修給那位煩惱的家長提供的建議便符合這種思維。[6]

最後，專注的功課理論上要持續不斷，因為心智永遠動個不停，綁著心智的宇宙也一直都在運轉。困難會不斷出現，僧侶永遠有新的理由感到挫敗，所以就連專家也需要鼓勵。這指的可以是慶祝小成就，或是明白連聖人也會有掙扎的時候，或是承認這個問題本身就不可能消失。波斯傳記作家阿布．努艾姆（Abu Nuʿaym）在西元十一世紀記錄的一則故事便強調了最後這點：一個苦修的穆斯林曾經要一個基督教僧侶給他講個道理，雖然這件事本身沒有很不尋常，但是這位苦修者（還有阿布．努艾姆）卻認為僧侶的答覆值得記錄。這位僧侶說，由於這個世界和住在世界之中的肉身不斷在改變，「你我永遠都有很多道理可以學習，就算我們遵循所有的道理也一樣。」[7]跟許許多多的修道道理一樣，這個道理既直白又迂迴。僧侶知道怎麼讓彼此繼續奮鬥，他們對心智改變的能力很有信心，因此不斷尋找更多的道理，縱使他們已經遵循了所有的道理，縱使分心似乎永遠不會消失。

## 結論註釋

1 "The Parting of Body and Soul," in *Necrosima*, trans. Burgess, p. 29.

2 Livia Kohn, *Monastic Life in Medieval Daoism: A Cross-Cultural Perspective* (Honolulu: University of Hawai'i Press, 2003), 185.（在禱告和禮拜時分心）；Eric M. Greene, *Chan before Chan: Meditation, Repentance, and Visionary Experience in Chinese Buddhism* (Honolulu: Kuroda Institute and University of Hawai'i Press, 2021), 159–60, 174–176.（酒精和性愛）；Greene, *The Secrets of Buddhist Meditation: Visionary Meditation Texts from Early Medieval China* (Honolulu: Kuroda Institute and University of Hawai'i Press, 2021), 61–69, 81–86.（身心風險）大量參考來源：Kohn, *Monastic Life in Medieval Daoism*, esp. 203–25; Greene, *Chan before Chan*; Ann Heirman and Mathieu Torck, *A Pure Mind in a Clean Body: Bodily Care in Buddhist Monasteries of Ancient India and China* (Ghent: Academia Press, 2012).（出家戒律／毗奈耶）

3 Moschos, *Pratum spirituale* 130, trans. Wortley, p. 108. 現代診斷：e.g., Johann Hari, *Stolen Focus: Why You Can't Pay Attention—and How to Think Deeply Again* (New York: Crown, 2022); Adam Gazzaley and Larry D. Rosen, *The Distracted Mind: Ancient Brains in a High-Tech World* (Cambridge, MA: MIT Press, 2016); James Danckert and John D. Eastwood, *Out of My Skull: The Psychology of Boredom* (Cambridge, MA: Harvard University Press, 2020), esp. 42–43, 90–100, 148–157; Cal Newport, *A World without Email: Reimagining Work in an Age of Communication Overload* (New York: Portfolio/Penguin, 2021).

4 Samuel Rubenson, "The Formation and Re-Formation of the Sayings of the Desert Fathers," *Studia Patristica* 55

(2013): 3–22; Zachary B. Smith, *Philosopher-Monks, Episcopal Authority, and the Care of the Self: The Apophthegmata Patrum in Fifth-Century Palestine* (Turnhout, Belgium: Brepols, 2017); Brouria Bitton-Ashkelony and Aryeh Kofsky, *The Monastic School of Gaza* (Leiden: Brill, 2006), 99–100; Sabina Chialà, "Les mystiques syroorientaux: Une école ou une époque?" in *Les mystiques syriaques*, ed. Alain Desreumaux (Paris: Geuthner, 2011), 63–78, at 70–72; Gianfrancesco Lusini, "Le monachisme en Éthiopie: Esquisse d'une histoire" and Florence Jullien, "Types et topiques de l'Égypte: Réinterpréter les modèles aux VI^e^–VII^e^ siècles," both in *Monachismes d'Orient: Images, échanges, influences. Hommage à Antoine Guillaumont*, ed. Jullien and Marie-Joseph Pierre (Turnhout, Belgium: Brepols, 2011), 133–47, 151–63; Samuel Rubenson, *The Letters of St. Antony: Monasticism and the Making of a Saint* (Minneapolis: Fortress Press, 1995), 14–34; J. Leclerq, "L'ancienne version latine des Sentences d'Évagre pour les moines," *Scriptorium* 5 (1951): 195–213; SimsWilliams, *An Ascetic Miscellany*.

5 Anastasios, *Eratopokriseis* 24. See further John Haldon, "The Works of Anastasius of Sinai: A Key Source for the History of Seventh-Century East Mediterranean Society and Belief," in *The Byzantine and Early Islamic Near East*, vol. 1, *Problems in the Literary Source Material*, ed. Averil Cameron and Lawrence I. Conrad (Princeton: Darwin Press, 1992), 107–47, at 131–32. 拉比：Michal Bar-Asher Siegal, *Early Christian Monastic Literature and the Babylonian Talmud* (Cambridge: Cambridge University Press, 2013), 77–86.

6 地方／改變：Anthony of Choziba recounting George of Choziba's comments to him: *Bios Georgiou* 8.33.

7 Abu Nu'aym, *Ḥilyat al-awliya* 10:136–47, trans. Suleiman A. Mourad, "Christian Monks in Islamic Literature: A Preliminary Report on Some Arabic Apophthegmata Patrum," *Bulletin of the Royal Institute for InterFaith Studies* 6 (2004):

81–98, at p. 92. 動個不停的心智：Cassian, *Collationes* 1.18; John Climacus, *Klimax* 4; Isaac of Nineveh, *Discourses* 2.15; Beh Isho‘, *Memre* 6. 小成就：e.g., *AP/GN*, N. 211; Isaac of Nineveh, *Discourses* 2.1.

# 謝辭

我有兩個朋友很會使我從工作上分心，但是也很會讓我對工作持續保持興趣——我能夠寫出這本書，都要感謝亨利・考爾斯（Henry Cowles）和克勞迪奧・桑特（Claudio Saunt），他們不斷叫我嘗試不一樣的東西，亨利甚至讀完了整份書稿；我能夠出版這本書，都要感謝我的編輯丹・格斯特（Dan Gerstle）和我的經紀人麗莎・亞當斯（Lisa Adams）認真看待現代以前的歷史；在喬治亞大學（University of Georgia）修了我的課程「中世紀心智遊戲」（Medieval Mind Games）的學生測試了這本書收錄的複雜認知技巧，喬治亞大學的館際借閱員工也提供了不可或缺的幫助；克莉絲・夏農（Chris Shanron）對我敘述的僧侶故事哈哈大笑——但是只有好笑的才笑；彼得・布朗（Peter Brown）暖心地閱讀書稿，讓我感覺我們在疫情期間好像不是住在不同的州似的；一路上有許多歷史學家和考古學家協助過我，我要特別感謝貝琪・波曼（Betsy Bolman）、伊娜・艾希納（Ina Eichner）、達爾・黑德斯壯姆（Dar Hedstrom）、安德里亞斯・科斯托普洛斯（Andreas Kostopoulos）、米歇爾・勞威爾斯（Michel Lauwers）、艾蒂安・路易（Étienne Louis）、瑪莉亞・莫薩科夫斯卡－戈貝爾（Maria Mossakowska-Gaubert）和約瑟夫・派翠克（Joseph Patrich）協助找到相關資料。最後，我要感謝我在科羅拉多大學波德分校（University of Colorado Boulder）四年期間擔任我單簧管教授的丹・希爾維（Dan Silver）。我在念大學的時候有太多課業，在練習室待的時間沒有我期望的多。丹教會我，只要有一些紀律，兩個小時的時間就很長了。那是我的皈依故事，改變了我的一生。

# 古代和中世紀的參考書目

在這裡，我替非專業領域的讀者列出了重要的英文和其他現代語言的譯本，不過在正文中若無特別註明，所有的翻譯都是我翻的。專家學者會知道該去哪裡找到批判性的參考來源。


Abraham. *The History of Rabban Bar- 'Idta*. Translated by E. A. Wallis Budge. In vol. 2 of *The Histories of Rabban Hormizd the Persian and Rabban Bar-'Idta*. London: Luzac, 1902.

*Aithbe damsa bés mara*. Edited and translated by Donncha Ó hAodha, "The Lament of the Old Woman of Beare." In *Sages, Saints and Storytellers: Celtic Studies in Honour of Professor James Carney*, edited by Donnchadh Ó Corráin, Liam Breatnach, and Kim McCone. Kildare, Ireland: An Sagart, 1989.

Aldhelm of Malmesbury. *Aenigmata*. Translated by A. M. Juster, *Saint Aldhelm's Riddles*. Toronto: University of Toronto Press, 2015.

Ambrose of Milan. *Exameron*. Translated by John J. Savage, *Saint Ambrose: Hexameron, Paradise, and Cain and Abel*. Washington, DC: Catholic University of America Press, 1961.

Ambrosiaster. *In epistulas ad Corinthios*. Edited by Heinrich Joseph Vogels. CSEL 81.2. Vienna: Hölder- Pichler-Tempsky, 1968.

Anastasios of Sinai. *Diegeseis peri tou Sina* and *Diegemata psychophele*. Edited and translated by André Binggeli, "Anastase le Sinaïte: *Récits sur le Sinaï* et *Récits utiles à l'âme*." PhD diss., University of Paris– Sorbonne, 2001.

—. *Eratopokriseis*. Translated by Joseph A. Munitiz, *Questions and Answers*. Turnhout, Belgium: Brepols, 2011.

Antonius. *Bios kai politeia tou makariou Symeon tou Stylitou*. Translated by Robert Doran, "The Life and Daily Mode of Living of the Blessed Simeon the Stylite." In *The Lives of Simeon Stylites*. Kalamazoo: Cistercian Publications, 1992.

Antony. *Letters*. Edited and translated by Samuel Rubenson, in *The Letters of St. Antony: Monasticism and the Making of a Saint*. Minneapolis: Fortress Press, 1995.

Antony of Choziba. *Bios kai politeia tou en hagiois patros hemon Georgiou.* Translated by Tim Vivian and Apostolos N. Athanassakis, *The Life of Saint George of Choziba and the Miracles of the Most Holy Mother of God at Choziba*. San Francisco: International Scholars Publications, 1994.

*Apophthegmata patrum.* Alphabetical Collection [*AP/G*]. Translated by Benedicta Ward, *The Sayings of the Desert Fathers*. Rev. ed. Kalamazoo: Cistercian Publications, 1984.

—. Anonymous Collection [*AP/GN*]. Edited and translated by John Wortley, *The Anonymous Sayings of the Desert Fathers: A Select Edition and Complete English Translation*. Cambridge: Cambridge University Press, 2013.

—. Systematic Collection [*AP/GS*]. Edited and translated by Jean- Claude Guy, *Les Apophtegmes des pères: Collection systématique*. 3 vols. SC 387, 474, 498. Paris: Cerf, 1993– 2005.

—. Pelagius and John's Latin Collection [*AP/PJ*]. PL 73:851– 988. Paris: Migne, 1849.

—. 'Enanisho''s Syriac Collection [*AP/S*]. Translated by Ernest A. Wallis Budge, *The Wit and Wisdom of the Christian Fathers of Egypt: The Syrian Version of the* Apophthegmata patrum *by 'Ânân Îshô' of Bêth 'Âbhe*. London: Oxford University Press, 1934.

Arnobius the Younger. *Commentarii in Psalmos*. Edited by Klaus- D. Daur. CCSL 25. Turnhout, Belgium: Brepols, 1990.

Asterius. *Liber ad Renatum monachum*. Edited by S. Gennaro. In *Scriptores "Illyrici" minores*. CCSL 85. Turnhout, Belgium: Brepols, 1972.

Athanasius of Alexandria. *Vita Antonii / Bios kai politeia tou hosiou patrios hemon Antoniou*. Translated by Robert C. Gregg, *The Life of Saint Antony*. New York: Newman Press, 1980.

Augustine of Hippo. *Enarrationes in psalmos*. Translated by Maria Boulding and edited by John E. Rotelle, *Expositions of the Psalms*. Part 3, vols. 15– 20 of *The Works of Saint Augustine: A Translation for the 21st Century*. Hyde Park, NY: New City Press, 2000.

—. *De Genesi ad litteram*. Translated by Edmund Hill, "The Literal Meaning of Genesis." In *On Genesis*. Part 1, vol. 13 of *The Works of Saint Augustine: A Translation for the 21st Century*. Brooklyn, NY: New City Press, 2002.

—. *De opere monachorum*. Translated by Mary Sarah Muldowney, "The Work of Monks." In *Saint Augustine: Treatises on Various Subjects*, edited by Roy J. Defarri. Washington, DC: Catholic University of America Press, 1952.

—. *Ordo monasterii*. Translated by George Lawless. In *Augustine of Hippo and His Monastic Rule*. Oxford: Oxford University Press, 1987.

—. *Praeceptum*. Translated by George Lawless. In *Augustine of Hippo and His Monastic Rule*. Oxford: Oxford University Press, 1987.

Aurelian of Arles. *Regula ad monachos*. PL 68:385– 95. Paris: Migne, 1847.

—. *Regula ad virgines*. PL 68:399– 406. Paris: Migne, 1847.

Barsanuphius and John of Gaza. *Letters*. Translated by John Chryssavgis. 2 vols. Washington, DC: Catholic University of America Press, 2006–7.

Basil of Caesarea. *Great Asketikon*. Translated by Anna M. Silvas, *The Asketikon of St Basil the Great*. Oxford: Oxford University Press, 2005.

—. *Hexaemeron*. Edited and translated by Stanislas Giet, *Homélies sur l'Hexaéméron*. 2nd ed. SC 26. Paris: Cerf, 1968.

Baudonivia. *Vita Radegundis*. Translated by Jo Ann McNamara and John E. Halborg with E. Gordon Whatley, "Radegund: II." In *Sainted Women of the Dark Ages*. Durham, NC: Duke University Press, 1992.

Bede. *In epistolas VII catholicas*. Edited by M. L. W. Laistner. CCSL 121. Turnhout, Belgium: Brepols, 1983.

—. *In principium Genesis*. Translated by Calvin B. Kendall, *On Genesis*. Liverpool: Liverpool University Press, 2008.

—. *Vita beatorum abbatum Benedicti, Ceolfridi, Eosterwini, Sigfridi, atque Hwaetberhti*. Translated by J. F. Webb, "Lives of the Abbots of Wearmouth and Jarrow." In *The Age of Bede*. London: Penguin, 1998.

—. *Vita Cuthberti*. Translated by Bertram Colgrave. In *Two Lives of Saint Cuthbert*. New York: Greenwood, 1969.

Behishoʿ Kamulaya. *Memre*. Edited and translated by Monica J. Blanchard, "Discourses on the Monastic Way of Life." PhD diss., Catholic University of America, 2001.

Boniface. *Letters*. Translated by Ephraim Emerton. New York: Columbia University Press, 1940.

Braulio of Saragossa. *Vita Aemiliani*. Translated by A. T. Fear, "The Life of Aemilian the Confessor." In *Lives of the Visigothic Fathers*. Liverpool: Liverpool University Press, 1997.

Brock, Sebastian P. *A Brief Outline of Syriac Literature*. Kottayam, India: St. Ephrem Ecumenical Research Institute, 1997.

—. *The Syriac Fathers on Prayer and the Spiritual Life*. Kalamazoo: Cistercian Publications, 1987.

Brock, Sebastian P., and Susan Ashbrook Harvey, trans. *Holy Women of the Syrian Orient*. Updated ed. Berkeley: University of California Press, 1998.

Boud' hors, Anne, and Chantal Heurtel. *Les ostraca coptes de la TT 29: Autour du moine Frangé*. 2 vols. Brussels: Centre de Recherches en Archéologie et Patrimoine, 2010.

Caesaria of Arles. Letter to Richild and Radegund. Translated by Jo Ann McNamara and John E. Halborg with E. Gordon Whatley. In *Sainted Women of the Dark Ages*. Durham, NC: Duke University Press, 1992.

Caesarius of Arles, Letter to Caesaria. Edited and translated by Adalbert de Vogüé and Joël Courreau. In *Oeuvres pour les moniales*. SC 345. Paris: Cerf, 1988.

—. *Regula ad monachos*. Edited and translated by Adalbert de Vogüé and Joël Courreau, *Oeuvres pour les moines*, SC 398. Paris: Cerf, 1994.

—. *Regula ad virgines*. Edited and translated by Adalbert de Vogüé and Joël Courreau, *Oeuvres pour les moniales*. SC 345. Paris: Cerf, 1988.

Cassian, John. *Collationes*. Translated by Boniface Ramsey, *The Conferences*. New York: Newman Press, 1997.

—. *De institutis coenobiorum*. Translated by Boniface Ramsey, *The Institutes*. New York: Newman Press, 2000.

Cassiodorus, *Expositio psalmorum*. Translated by P. G. Walsh, *Explanation of the Psalms*. 3 vols. New York: Paulist Press, 1990– 91.

—. *Institutiones*. Translated by James W. Halporn, *Institutions of Divine and Secular Learning*. Liverpool: Liverpool

University Press, 2004.

Chrysostom, John. *Adversus oppugnatores vitae monasticae*. Translated by David G. Hunter, "Against the Opponents of the Monastic Life." In *Two Treatises by John Chrysostom*. Lampeter, Wales: Edwin Mellen Press, 1988.

*Clavis sanctae scripturae*. Edited by Jean- Baptiste Pitra. In *Patres antenicaeni*. Vol. 2 of *Analecta sacra spicilegio Solesmensi parata*. Paris: Typis Tusculanis, 1884.

Clement of Llanthony. *De sex alis*. Translated by Bridget Balint, "On the Six Wings of the Seraph." In *The Medieval Craft of Memory: An Anthology of Texts and Pictures*, edited by Mary Carruthers and Jan M. Ziolkowski. Philadelphia: University of Pennsylvania Press, 2002.

Columbanus. *Paenitentiale*. Edited and translated by G. S. M. Walker. In *Sancti Columbani Opera*. Dublin: Dublin Institute for Advanced Studies, 1970.

—. *Regula coenobialis*. Edited and translated by G. S. M. Walker. In *Sancti Columbani Opera*. Dublin: Dublin Institute for Advanced Studies, 1970. My endnotes refer to the Latin version found in PL 80:216– 224 (Paris: Migne, 1850), which is closer to the manuscript tradition.

—. *Regula Columbani*. Edited and translated by G. S. M. Walker. In *Sancti Columbani Opera*. Dublin: Dublin Institute for Advanced Studies, 1970.

—. *Sermones*. Edited and translated by G. S. M. Walker. In *Sancti Columbani Opera*. Dublin: Dublin Institute for Advanced Studies, 1970.

*Consensoria monachorum*. Translated by Claude Barlow, "Monastic Agreement." In vol. 2 of *Iberian Fathers*. Washington,

DC: Catholic University of America Press, 1969.

*Consultationes Zacchei christiani et Apollonii philosophi*. Edited and translated by Jean Louis Feiertag with Werner Steinmann, *Questions d'un païen à un chrétien*. SC 401– 2. Paris: Cerf, 1994.

Cyril of Scythopolis. *Bioi*. Translated by R. M. Price. In *Lives of the Monks of Palestine*. Kalamazoo: Cistercian Publications, 1991.

Dadisho' Qaṭraya. *Commentaire du livre d'abba Isaïe*. Translated by René Draguet. CSCO 327. Leuven, Belgium: CSCO, 1972.

—. *Compendious Commentary*. Translated by Mario Kozah, Abdulrahim Abu- Husayn, and Suleiman Mourad, *Dadisho' Qaṭraya's Compendious Commentary on the Paradise of the Egyptian Fathers in Garshuni*. Piscataway, NJ: Gorgias Press, 2016.

—. *Filekseyus* [Ge'ez version of the *Compendious Commentary*]. Translated by Robert Kitchen, "Introduction to Selections from the Ge'ez *Filekseyus*: Questions and Answers of the Egyptian Monks." In Kozah et al., *An Anthology of Syriac Writers from Qatar*.

—. *Shelya*. Edited and translated by Alphonse Mingana, "A Treatise on Solitude." In *Early Christian Mystics* = *Woodbrooke Studies* 7 (1934): 70–143 (ET), 201–247 (Syriac).

Donatus of Besançon. *Regula ad virgines*. Translated by Jo Ann McNamara and John E. Halborg, "The Rule of St. Donatus of Besançon." *Vox Benedictina* 2 (1985): 85–107, 181–203.

Dorotheus of Gaza. *Didaskalia*. Edited and translated by L. Regnault and J. de Préville, *Oeuvres spirituelles*. SC 92. Paris:

Cerf, 1963.

Ekkehard IV. *Casus sancti Galli*. Edited and translated by Hans F. Haefele and Ernst Tremp with Franziska Schnoor, *St. Galler Klostergeschichten*. Darmstadt: Wissenschaftliche Buchgesellschaft, 2020.

ʿEnanishoʿ. *The Book of Paradise*. Translated by E. A. Wallis Budge. 2 vols. London: Drugulin, 1904.

Eucherius of Lyon. *Instructionum libri duo*. Edited by C. Mandolfo. CCSL 66. Turnhout, Belgium: Brepols, 2004.

Eugippius of Castellum Lucullanum. *Regula*. Edited by Fernando Villegas and Adalbert de Vogüé. CSEL 87. Vienna: Hölder- Pichler- Tempsky, 1976.

—. *Vita Severini*. Translated by George W. Robinson, *The Life of Saint Severinus*. Cambridge, MA: Harvard University Press, 1914.

Evagrius of Pontus. *Ad monachos*. Translated by Robert E. Sinkewicz, "To Monks in Monasteries and Communities." In *Evagrius of Pontus: The Greek Ascetic Corpus*. Oxford: Oxford University Press, 2003.

—. *Antirrhetikos*. Translated by David Brakke, *Talking Back: A Monastic Handbook for Combating Demons*. Collegeville, MN: Liturgical Press, 2009.

—. *De octo spiritibus malitiae / Peri ton okto logismon*. Translated by Robert E. Sinkewicz, "Eight Thoughts." In *Evagrius of Pontus: The Greek Ascetic Corpus*. Oxford: Oxford University Press, 2003.

—. *Praktikos*. Translated by Robert E. Sinkewicz. In *Evagrius of Pontus: The Greek Ascetic Corpus*. Oxford: Oxford University Press, 2003.

—. *Peri logismon*. Translated by Robert E. Sinkewicz, "On Thoughts." In *Evagrius of Pontus: The Greek Ascetic Corpus*.

Oxford: Oxford University Press, 2003.

Ferrandus of Carthage. *Vita Fulgentii*. Translated by Robert B. Eno, "Life of the Blessed Bishop Fulgentius." In *Fulgentius: Selected Works*. Washington, DC: Catholic University of America Press, 1997.

Ferreolus of Uzès. *Regula*. Edited by Vincent Desprez, "La *Regula Ferrioli*: Texte critique." *Revue Mabillon* 60 (1982): 117–48.

Florentius. *Vita Rusticulae sive Marcia abbatissae Arelatensis*. Edited by Bruno Krusch. MGH Scriptores rerum Merovingicarum 4. Hanover and Leipzig: Hahn, 1902.

Fortunatus, Venantius. *Carmina*. Edited and translated by Michael Roberts, *Poems*. Cambridge, MA: Harvard University Press, 2017.

—. *Vita Radegundis*. Translated by Jo Ann McNamara and John E. Halborg with E. Gordon Whatley, "Radegund: I." In *Sainted Women of the Dark Ages*. Durham, NC: Duke University Press, 1992.

—. *Vita Paterni*. Edited by Bruno Krusch. MGH Auctores Antiquissimi 4.2. Berlin: Weidmann, 1885.

Fructuosus of Braga. *Regula*. Translated by Claude Barlow, "Rule for the Monastery of Compludo." In vol. 2 of *Iberian Fathers*. Washington, DC: Catholic University of America Press, 1969.

Fulgentius of Ruspe. *Letters*. Translated by Robert B. Eno, in *Fulgentius: Selected Works*. Washington, DC: Catholic University of America Press, 1997.

Gerontius. *Vita Melaniae iunioris*. Translated by Elizabeth A. Clark, *The Life of Melania, the Younger*. New York and Toronto: Edwin Mellen Press, 1985.

Gregory the Great. *Dialogi / De miraculis patrum italicorum*. Translated by Odo John Zimmerman, *Saint Gregory the Great: Dialogues*. New York: Fathers of the Church, 1959.

Gregory of Tours. *Historiae*. Translated by Lewis Thorpe, *The History of the Franks*. New York: Penguin, 1974.

—. *Liber in gloria confessorum*. Translated by Raymond Van Dam, *Glory of the Confessors*. Corr. ed. Liverpool: Liverpool University Press, 2004.

—. *Liber vitae patrum*. Translated by Edward James, *Life of the Fathers*. 2nd ed. Liverpool: Liverpool University Press, 1991.

Hilary of Poitiers. *Tractatus super Psalmos*. Edited by J. Doignon. CCSL 61. Turnhout, Belgium: Brepols, 1997.

Hildemar of Civate. *Expositio in regulam Sancti Benedicti*. Edited and translated by the Hildemar Project. http://hildemar.org .

*Historia monachorum in Aegypto*. Translated by Norman Russell, *The Lives of the Desert Fathers*. Kalamazoo: Cistercian Publications, 1981.

*History of Mar Yawnan*. Translated by Sebastian Brock. In Kozah et al., *An Anthology of Syriac Writers from Qatar.*

Hrabanus Maurus. *De rerum naturis/De universo.* PL 111: 9– 614. Paris: Migne, 1852.

Hugh of St. Victor. *De arca Noe*. Edited by Patrice Sicard. CCCM 176. Turnhout, Belgium: Brepols, 2001.

—. *Didascalion*. Edited by Charles Henry Buttimer. Washington, DC: Catholic University Press, 1939.

—. *Libellus de formatione arche*. Translated by Conrad Rudolph. In *The Mystic Ark: Hugh of St. Victor, Art, and Thought in the Twelfth Century*. New York: Cambridge University Press, 2014.

*Intexuimus*. Edited by Michael Gorman, "The Visigothic Commentary on Genesis in Autun 27 (S. 29)." *Recherches Augustiniennes et Patristiques* 30 (1997): 167– 277.

Isaac of Kalamun. *The Life of Samuel of Kalamun*. Edited and translated by Anthony Alcock. Warminster, England: Aris & Phillips, 1983.

Isaac of Nineveh. *Discourses* 1. Translated by A. J. Wensinck, *Mystic Treatises by Isaac of Nineveh*. Amsterdam: Koninklijke Akademie van Wetenschappen, 1923.

—. *Discourses* 2.1– 2. Translated by Sebastian Brock, "St Isaac the Syrian: Two Unpublished Texts." *Sobornost* 19 (1997): 7– 33.

—. *Discourses* 2.3 [= *Centuries on Knowledge/Kephalaia gnostica/Rīšē dīda ʿtā*]. Translated by Paolo Bettiolo, *Isacco di Ninive: discorsi spirituali*. 2nd ed. Magnano, Italy: Edizioni Qiqajon, 1990.

—. *Discourses* 2.4– 41. Translated by Sebastian Brock, *Isaac of Nineveh: "The Second Part," Chapters IV– XLI*. CSCO 555. Louvain: Peeters, 1995.

—. *Discourses* 3. Translated by Mary Hansbury, "Isaac the Syrian: The *Third Part*." In Kozah et al., *An Anthology of Syriac Writers from Qatar*.

—. *Discourses* 5. Translated by Mary Hansbury, "Two Discourses of the *Fifth Part* in Isaac the Syrian's Writings." In Kozah et al., *An Anthology of Syriac Writers from Qatar*.

Isaiah of Scetis. *Asketikon*. Translated by René Draguet, *Les cinq recensions de l'Ascéticon syriaque d'Abba Isaïe*. CSCO 293–94. Louvain: CSCO, 1968.

Ishoʿdenaḥof Basra. *Ktaba d- nakputa.* Edited and translated by J.-B. Chabot, *Le livre de la chastité*. Rome: École Française de Rome, 1896.

Isidore of Seville. *Etymologiae sive origines*. Translated by Stephen A. Barney, W. J. Lewis, J. A. Beach, and Oliver Berghof, *Etymologies*. Cambridge: Cambridge University Press, 2006.

—. *Regula*. Translated by Aaron W. Godfrey, "The Rule of Isidore." *Monastic Studies* 18 (1998): 7– 29.

Jerome. *Commentarioli in Psalmos.* Edited by D. Germain Morin. CCSL 72. Turnhout, Belgium: Brepols, 1959.

—. *Vita Hilarionis*. Translated by Carolinne White, "Life of Hilarion." In *Early Christian Lives*. New York: Penguin, 1998.

John Climacus. *Klimax / Plakes pneumatikai*. Translated by Colm Luibheid and Norman Russell, *The Ladder of Divine Ascent*. Mahwah, NJ: Paulist Press, 1982.

John of Dalyatha. *Memre*. Edited and translated by Nadira Khayyat, *Les Homélies I– XV*. Antelias, Lebanon: Centre d'Études et de Recherches Orientales; Hadath, Lebanon: Université Antonine, 2007.

—. *Letters*. Translated by Mary T. Hansbury. Piscataway, NJ: Gorgias Press, 2006.

John of Ephesus. *Lives of the Eastern Saints*. Edited and translated by E. W. Brooks. PO 17– 19. Paris: Firmin- Didot, 1923– 26.

John Moschos. *Pratum spirituale*. Translated by John Wortley, *The Spiritual Meadow*. Kalamazoo: Cistercian Publications, 1992.

John Rufus. *Vita Petri Iberi.* Edited and translated by Cornelia B. Horn and Robert R. Phenix Jr., *The Life of Peter the*

*Iberian*. Atlanta: Society of Biblical Literature, 2008.

Jonas of Bobbio. *De accedendo ad Deum*. Edited and translated by Albrecht Diem, in *The Pursuit of Salvation: Community, Space, and Discipline in Early Medieval Monasticism, with a Critical Edition and Translation of the* Regula cuiusdam ad uirgines. Turnhout, Belgium: Brepols, 2021.

—. *Vita Columbani abbatis discipulorumque eius*. Translated by Alexander O'Hara and Ian Wood, *Life of Columbanus and His Disciples*. Liverpool: Liverpool University Press, 2017.

—. *Regula cuiusdam ad virgines*. Edited and translated by Albrecht Diem, in *The Pursuit of Salvation*. Turnhout, Belgium: Brepols, 2021.

Joseph Ḥazzaya. *Lettre sur les trois étapes de la vie monastique*. Edited and translated by Paul Harb and François Graffin. PO 45.2. Turnhout, Belgium: Brepols, 1992. The book cites this edition; there is also an English translation by Gunnar Olinder, *A Letter of Philoxenus of Mabbug Sent to a Friend*. Gothenburg: [Wettergren and Kerber], 1950.

Kozah, Mario, Abdulrahim Abu- Husayn, Saif Shaheen Al- Murikhi, and Haya Al Thani, eds. *An Anthology of Syriac Writers from Qatar in the Seventh Century*. Piscataway, NJ: Gorgias Press, 2015.

Leander of Seville. *De institutione virginum*. Translated by Claude Barlow, "The Training of Nuns and the Contempt of the World." In vol. 1 of *Iberian Fathers*. Washington, DC: Catholic University of America Press, 1969.

*The Life of Simeon of the Olives*. Edited by Robert Hoyland and Kyle Brunner, translated by Sebastian Brock. Piscataway, NJ: Gorgias Press, 2021.

Mark the Monk. *Traités*. Edited and translated by George- Matthieu de Durand. SC 445, 455. Paris: Cerf, 1999– 2000.

The book cites the section numbers of this edition; there is also an English translation by Tim Vivian and Augustine Casiday, *Counsels on the Spiritual Life*. Crestwood, NY: St Vladimir's Seminary Press, 2009.

Mar Shamli. *Letter*. Edited and translated by Sabino Chialà, "La *Lettre* de Mar Šamli à un de ses disciples: Écrit inédit d'un auteur méconnu." *Le Muséon* 125 (2012): 35– 54.

*Necrosima*. Translated by Henry Burgess. In *Select Metrical Homilies of Ephrem Syrus*. London: Blackader, 1853.

Novatus. *Sententia*. Edited by Fernando Villegas, "Les Sentences pour les moines de Novat le Catholique." *Revue Bénédictine* 86 (1976): 49– 74.

Origen. *Peri euches*. Translated by Rowan A. Greer, *On Prayer*. New York: Paulist Press, 1979.

*Pachomian Koinonia*. Translated by Armand Veilleux. 3 vols. Kalamazoo: Cistercian Publications, 1980– 82.

Palladius. *Historia Lausiaca*. Translated by John Wortley, *The Lausiac History*. Collegeville, MN: Liturgical Press, 2015.

Pelagius. *Ad Corinthios II*. Edited by J. Armitage Robinson, in *Expositions of Thirteen Epistles of St. Paul*. Cambridge: Cambridge University Press, 1926.

Plutarch. *Peri polupragmosunes*. Edited and translated by W. C. Helmbold, in *Plutarch's Moralia* 6. Loeb Classical Library. London: Heinemann; Cambridge, MA: Harvard University Press, 1939.

Porphyry. *Life of Plotinus*. Translated by A. H. Armstrong. Loeb Classical Library 440. Cambridge, MA: Harvard University Press, 1969.

Pseudo- Macarius. *Logoi*. Translated by George A. Maloney, *The Fifty Spiritual Homilies and the Great Letter*. New York: Paulist Press, 1992.

*Pseudo- Matthei Evangelium*. Edited and translated by Jan Gijsel, in *Libri de nativitate Mariae*. Corpus Christianorum Series Apocryphum 9. Turnhout, Belgium: Brepols, 1997.

*Regula Benedicti* [*RB*]. Translated by Bruce L. Venarde, *Th Rule of Benedict*. Cambridge, MA: Harvard University Press, 2011.

*Regula communis*. Translated by Claude Barlow, "General Rule for Monasteries." In vol. 2 of *Iberian Fathers*. Washington, DC: Catholic University of America Press, 1969.

*Regula cuiusdam patris ad monachos*. Edited by Fernando Villegas, "La 'Regula cuiusdam Patris ad monachos' : Ses sources littéraires et ses rapports avec la 'Regula monachorum' de Colomban." *Revue d'Histoire de la Spiritualité* 49 (1973): 3– 36.

*Regula et instituta patrum*. Edited and translated by Adalbert de Vogüé. In *Les règles des saints pères*. SC 298. Paris: Cerf, 1983.

*Regula magistri* [*RM*]. Translated by Luke Eberle, *The Rule of the Master*. Kalamazoo: Cistercian Publications, 1977.

*Regula monasterii Tarnatensis*. Edited by Fernando Villegas, "La 'Regula Monasterii Tarnatensis' : Texte, sources et datation." *Revue Bénédictine* 84 (1974): 7– 65.

*Regula orientalis*. Edited and translated by Adalbert de Vogüé. In *Les règles des saints pères*. SC 298. Paris: Cerf, 1983.

*Regula Pauli et Stephani*. Translated by H. Hagan, "The Rule of Paul and Stephen." *American Benedictine Review* 58, no. 3 (2007): 313–342.

*Regula sancti Macharii abbatis*. Edited and translated by Adalbert de Vogüé. In *Les règles des saints pères*. SC 297. Paris:

Cerf, 1982.

*Regula sanctorum patrum Serapionis, Macharii, Pafnutii, et alterius Macharii*. Edited and translated by Adalbert de Vogüé. In *Les règles des saints pères*. SC 297. Paris: Cerf, 1982.

*Regula sanctorum patrum Serapionis, Macharii, Paunuti, et alii Machari*. Edited and translated by Adalbert de Vogüé. In *Les règles des saints pères*. SC 298. Paris: Cerf, 1983.

Rufinus. *Regula Basilii*. Translated by Anna M. Silvas, *The Rule of Saint Basil in Latin and English*. Collegeville, MN: Liturgical Press, 2013.

*Rule of Naqlun*. Translated by Michel Breydy, "La version de *Règles et préceptes de St. Antoine* vérifiée sur les manuscrits arabes." In *Études sur le christianisme dans l'Égypte de l'antiquité tardive*, edited by Ewa Wipszycka. Rome: Institutum Patristicum Augustinianum, 1996.

Severus, Sulpicius. *Gallus: Dialogi de virtutibus sancti Martini*. Translated by Bernard M. Peebles, *Dialogues*. Fathers of the Church 7. Washington, DC: Catholic University of America Press, 1949.

—. *Vita Martini*. Translated by F. H. Hoare, "Life of Saint Martin of Tours." In *Soldiers of Christ: Saints and Saints' Lives from Late Antiquity and the Early Middle Ages*, edited by Thomas F. X. Noble and Thomas Head. University Park: Pennsylvania State University Press, 1995.

Shemʿon d- Ṭaybutheh. *On the Consecration of the Cell*. Translated by André Louf, "Discours sur la cellule de Mar Syméon de Taibouteh." *Collectanea Cisterciensia* 64 (2002): 34– 55.

—. *Book of Medicine*. Edited and translated by Alphonse Mingana, "Mys tical Works of Simon of Ṭaibutheh." In *Early*

*Christian Mystics* = *Woodbrooke Studies* 7 (1934): 1– 69 (English), 281– 320 (Syriac).

—. *Profitable Counsels*. Edited and translated by Grigory Kessel and Nicholas Sims- Williams, "The *Profitable Counsels* of Šemʿōn d-Ṭaibūtēh: The Syriac Original and Its Sogdian Version." *Le Muséon* 124 (2011): 279– 302.

Shenoute of Atripe. *Discourses*. Translated by David Brakke and Andrew Crislip. In *Selected Discourses of Shenoute the Great: Community, Theology, and Social Conflict in Late Antique Egypt*. Cambridge: Cambridge University Press, 2015.

—. *Rules*. Edited and translated by Bentley Layton. In *The Canons of Our Fathers: Monastic Rules of Shenoute*. Oxford: Oxford University Press, 2014.

Sims- Williams, Nicholas, ed. *An Ascetic Miscellany: The Christian Sogdian Manuscript E28*. Turnhout, Belgium: Brepols, 2017.

Smaragdus of St. Mihiel. *Expositio in regulam sancti Benedicti*. Translated by David Barry, *Commentary on the Rule of Saint Benedict*. Kalamazoo: Cistercian Publications, 2007.

*Statuta patrum*. Edited and translated by Adalbert de Vogüé. In *Les règles des saints pères*. SC 297. Paris: Cerf, 1982.

*The Syriac Life of Saint Simeon Stylites*. Translated by Robert Doran. In *The Lives of Simeon Stylites*. Kalamazoo: Cistercian Publications, 1992.

Talbot, Alice- Mary, ed. *Holy Women of Byzantium: Ten Saints' Lives in English Translation*. Washington, DC: Dumbarton Oaks, 1996.

Theodoret of Cyrrhus. *Historia religiosa / Philotheos historia*. Translated by R. M. Price, *A History of the Monks of Syria*. Kalamazoo: Cistercian Publications, 1985.

Thomas, John Philip, and Angela Constantinides Hero, eds. *Byzantine Monastic Foundation Documents: A Complete Translation of the Surviving Founders' Typika and Testaments*. Vol. 1. Washington, DC: Dumbarton Oaks, 2000.

Valerius of Bierzo. *De genere monachorum*. Edited and translated by Manuel C. Díaz y Díaz. In *Valerio del Bierzo: Su persona, su obra*. León: Caja España de Inversiones; Archivio Histórico Diocesano de León, 2006.

*Visio Baronti*. Translated by J. N. Hillgarth. In *Christianity and Paganism, 350–750: The Conversion of Western Europe*. Rev. ed. Philadelphia: University of Pennsylvania Press, 1986.

*Vita Ceolfridi abbatis*. Translated by J. F. Webb, "The Anonymous History of the Life of Ceolfrith." In *The Age of Bede*. London: Penguin, 1998.

*Vita Fructuosi*. Translated by A. T. Fear, "The Life of Fructuosus of Braga." In *Lives of the Visigothic Fathers*. Liverpool: Liverpool University Press, 1997.

*Vita Geretrudis*. Translated by Jo Ann McNamara and John E. Halborg with E. Gordon Whatley, "Gertrude, Abbess of Nivelles." In *Sainted Women of the Dark Ages*. Durham, NC: Duke University Press, 1992.

*Vita Landiberti vetustissima*. Edited by Bruno Krusch and Wilhelm Levison. MGH Scriptores rerum Merovingicarum 6. Hanover and Leipzig: Hahn, 1913.

*Vita patrum Iurensium*. Translated by Tim Vivian, Kim Vivian, and Jeffery Bur ton Russell, *The Life of the Jura Fathers*. Kalamazoo: Cistercian Publications, 1999.

*Vita Sadalbergae*. Translated by Jo Ann McNamara and John E. Halborg with E. Gordon Whatley, "Saint Sadalberga." In *Sainted Women of the Dark Ages*. Durham, NC: Duke University Press, 1992.

*Vita Wandregiseli*. Edited by Bruno Krusch and Wilhelm Levison. MGH Scriptores rerum Merovingicarum 5. Hanover and Leipzig: Hahn, 1910.

Vööbus, Arthur, ed. and trans. *The Synodicon in the West Syrian Tradition*. 4 vols. CSCO 367–368, 375–376. Louvain: CSCO, 1975–76.

—, ed. and trans. *Syriac and Arabic Documents Regarding Legislation Relative to Syrian Asceticism*. Stockholm: ETSE, 1960.

Wimbush, Vincent L., ed. *Ascetic Behavior in Greco-Roman Antiquity: A Sourcebook*. Minneapolis: Fortress Press, 1990.

Zacharias Scholasticus. *History of Severus*. Edited and translated by M.-A. Kugener, *Vie de Sévère, par Zacharie le Scholastique*. PO 2.1. Paris: Firmin-Didot, 1903. The book cites the page numbers from this edition; there is also an English translation by Lena Ambjörn, *The Life of Severus by Zachariah of Mytilene*. Piscataway, NJ: Gorgias Press, 2008.

## 全書註釋縮寫說明

*AP* = *Apophthegmata patrum*

*AP/G* = *Apophthegmata patrum*, Alphabetical Collection

*AP/GN* = *Apophthegmata patrum*, Anonymous Collection

*AP/GS* = *Apophthegmata patrum*, Systematic Collection

*AP/PJ* = *Apophthegmata patrum*, Pelagius and John's Latin Collection

*AP/S* = *Apophthegmata patrum*, 'Enanisho''s Syriac Collection

CCCM = Corpus Christianorum Continuatio Mediaevalis

CCSL = Corpus Christianorum Series Latina

CSCO = Corpus Scriptorum Christianorum Orientalium

CSEL = Corpus Scriptorum Ecclesiasticorum Latinorum

MGH = Monumenta Germaniae Historica

PL = Patrologia Latina

PO = Patrologia Orientalis

*RB* = *Regula Benedicti*

*RM* = *Regula magistri*

SC = Sources Chrétiennes

人文

# 是誰偷走我的專注力?

## 鍛鍊大腦、閱讀抄寫，中世紀僧侶如何抵抗分心的技巧

*The Wandering Mind: What Medieval Monks Tell Us About Distraction*

作　　者 — 潔咪．克雷納（Jamie Kreiner）
譯　　者 — 羅亞琪
發 行 人 — 王春申
選書顧問 — 陳建守
總 編 輯 — 張曉蕊
責任編輯 — 何宣儀
封面設計 — 盧卡斯工作室
內頁設計 — 林曉涵
版　　權 — 翁靜如
業　　務 — 王建棠
資訊行銷 — 劉艾琳、謝宜華
出版發行 — 臺灣商務印書館股份有限公司
23141 新北市新店區民權路 108-3 號 5 樓（同門市地址）
電話：(02)8667-3712
傳真：(02)8667-3709
讀者服務專線：0800056193
郵撥：0000165-1
E-mail：ecptw@cptw.com.tw
網路書店網址：www.cptw.com.tw
Facebook：facebook.com.tw/ecptw



局版北市業字第 993 號
初　　版：2024 年 3 月
印 刷 廠：沈氏藝術印刷股份有限公司
定　　價：新台幣 450 元

國家圖書館出版品預行編目(CIP)資料

是誰偷走我的專注力?：鍛鍊大腦、閱讀抄寫,中世紀僧侶如何抵抗分心的技巧 / 潔咪.克雷納(Jamie Kreiner)著；羅亞琪譯. -- 初版. -- 新北市：臺灣商務印書館股份有限公司, 2024.03
368面；14.8×21公分. -- (人文)
譯自：*The wandering mind : what medieval monks tell us about distraction.*
ISBN 978-957-05-3557-0(平裝)

1.CST: 修身 2.CST: 注意力 3.CST: 宗教心理 4.CST: 基督教史

176.32　　113001694

法律顧問 — 何一芃律師事務所